AMRA

BARBARA MARCINIAK

VORWORT VON PAVLINA KLEMM

SCHLÜSSEL ZUM WISSEN DER ERDE

LICHTBOTSCHAFTEN VON DEN PLEJADEN

In Zusammenarbeit mit
Karen Marciniak & Tera Thomas

Aus dem Amerikanischen von
Margarete Scheipner

AMRA

Besuchen Sie unseren Shop:
www.AmraVerlag.de

Ihre 80-Minuten-Gratis-CD erwartet Sie.
Unser Geschenk an Sie … einfach anfordern!

Amerikanisches Original:
Earth – Pleiadian Keys to the Living Library

Überarbeitete Neuausgabe im AMRA Verlag
Kunden-Hotline: + 49 (0) 61 81 – 18 93 92
Kontaktservice: Info@AmraVerlag.de

Herausgeber & Lektor	Michael Nagula
Umschlaggestaltung	Guter Punkt
Layout & Satz	Birgit Letsch
Covermotiv	Josephine Wall
Druck	Tschechien

ISBN Printausgabe 978-3-95447-624-4
ISBN eBook-Ausgabe 978-3-95447-625-1
ISBN Übungs-CD zum Buch 978-3-95447-548-3

Folgende Bücher zum Plejaden-Thema sind bei uns erhältlich:
Pavlina Klemm – Lichtbotschaften von den Plejaden (9 Bände)
Eva Marquez – Heilungscode der Plejader – Anleitung (3 Bände)
Pavlina Klemm – Kosmische Heilapotheke (Farbbuch & Kartenset)
Daniella Fenton – Hybride Menschen – Vorwort: Erich von Däniken
Susanne Hirsch – Semjase bringt Kosmische Heilung von den Plejaden
Monika Cardinal – Kosmisches Wissen von den Plejaden – Anleitungen
Pavlina Klemm – Heilsymbole & Zahlenreihen 1 & 2 (Buch & Kartenset)

Inhalt

Der Anmut der Erde
und denjenigen gewidmet,
die nach ihren Schlüsseln suchen.

Liebe Leserin, lieber Leser,

schon beim ersten Buch von Barbara Marciniak, einem wahrhaft bedeutenden Channeling-Werk, das der AMRA Verlag neu herausbrachte, durfte ich in einem Vorwort meine große Anerkennung zum Ausdruck bringen. Jetzt freue ich mich sehr über die Gelegenheit, meine Gedanken zu ihrem zweiten Werk niederzuschreiben, das randvoll mit spirituellen Weisheiten und Geheimnissen ist.

Als ich *Schlüssel zum Wissen der Erde* aus diesem Grund erneut las, stellte ich fest, dass ich in einen Zeitraum und eine Energie geführt wurde, die mir gut bekannt und sehr vertraut war.

Beim Lesen hatte ich oft das Gefühl, als bliebe die irdische Zeit stehen und als gäbe es zwischen den Informationen dieses Buches von Barbara und den Informationen in meinen Plejadenbüchern gar keinen zeitlichen Abstand. Mit unglaublicher Präzision führten die Plejader, mit denen ich kommuniziere, die Themen fort, die in Barbaras Büchern behandelt werden. Faszinierend!

Und dass die Themen meiner eigenen Bücher auf unglaubliche Weise perfekt an jene aus Barbaras Plejaden-Werken anknüpfen, erstaunte mich umso mehr, als Barbara mit der Veröffentlichung ihrer Bücher über zwanzig Jahre vor mir begann.

Es war, als wäre meine Aufklärungsarbeit auf den Schultern dieser Riesin entstanden, obwohl mir das bis zur erneuten Lektüre ihrer Bücher keinen Moment lang bewusst war.

Der Stil, in dem Barbara die Informationen für *Schlüssel zum Wissen der Erde* von den Plejadern empfing, ist dem Stil »meiner« Plejadengruppe, mit der ich kommuniziere, sehr ähnlich. Die Art und Weise, wie sie Informationen übermitteln, ist sehr durchdacht, geistreich und voll von verborgenen Wahrheiten. Die Plejader sind unsere Vorfahren und unsere Lehrer, unsere Brüder und Schwestern, und sie verstehen es meisterhaft, uns so anzuleiten, dass wir ganz von selbst auf gewisse Erkenntnisse stoßen, auf die wir dann aus einer höheren Perspektive blicken dürfen. Das ist ihre große Gabe – uns bei unserem Erinnerungsprozess zu begleiten und uns die Möglichkeit zu lassen, dass wir eine gegebene Sache selbst entdecken.

Auch in meinen Seminaren bin ich dieser Eigenschaft der Plejader immer wieder begegnet. Bei den Channelings übertragen sie den Teilnehmern Wortinformationen oder Wortfrequenzen, die alle Anwesenden dazu bringen, ihr Wissen in sich selbst zu entdecken. Sie führen ihnen hilfreiche Frequenzen zu, die unseren Zeitraum durchdringen und von den Teilnehmern sofort verstanden und begriffen werden. Dabei sind ihre Informationen immer klar und tragen eine enorme Weisheit in sich. Sie lassen uns entdecken und erkennen, und gleichzeitig geben sie uns die Zeit, die wir für unsere Entwicklung benötigen. Mit jedem von uns gehen sie nach unserem eigenen Tempo vor. Und stets sind sie von Mitgefühl und bedingungsloser Liebe erfüllt.

Die Plejader lieben tiefsinnigen Humor, und ihre Aussagen sind oft auf geheimnisvolle Art und Weise zweideutig. Sie wählen ihre Formulierungen sehr bewusst und lieben Wortspiele. Sie lieben die Schwingung von Worten, wie ich es liebe, mit den Plejadern zu kommunizieren. Ihre Energie und ihre Frequenz, die beim Channeling oder beim energetischen Kontakt mit ihnen zu mir kommen, erhöht und durchleuchtet stets meine Gegenwart und meine eigene Lebensenergie.

Und noch etwas ist mir aufgefallen: Häufig teilen die Plejader mit, dass alles, was der Mensch lernt, einfach sein muss. Alles, was schwer geht, gehört nicht zum natürlichen Prozess des Lernens und Erkennens. Diese Weisheit fand ich auch im vorliegenden Buch wieder: »Alles muss einfach und mühelos gehen.«

Dafür schätze ich die Plejader sehr, weil es den Zugang und das Miteinander enorm erleichtert, und ich bin sicher, dass alle Menschen, die mit den Plejadenbüchern und ihren Informationen arbeiten, es genau deshalb so gerne tun – weil sie diese schlichte und doch so große Weisheit ebenfalls zu schätzen wissen.

Die Worte im vorliegenden Buch sind kodierte Schlüssel, die Wissen in sich tragen. Diese Schlüssel öffnen den Heiligen Raum des Herzens eines jeden einzelnen Menschen.

Und im Grunde geht es nie um etwas anderes als um das menschliche Herz, das die Plejader »Schlüssel« nennen. Ist das nicht wundervoll? *Schlüssel zum Wissen der Erde* lässt sich dadurch lesen als »Zugang zum Wissen der Erde durch das menschliche Herz«. Was Sie hier in Händen halten, benötigt einzig dein Herz, um sein Wissen zu erschließen – ein Wissen, das jeder Mensch in sich trägt.

Dieses Buch ist randvoll mit wichtigen Informationen. Die Plejader informieren uns über eine energetische Quarantäne, in der wir alle lange Zeit gehalten wurden, das gesamte Sonnensystem. Sie lassen uns entdecken, wie mächtig und umfassend die Manipulation war. Sie führen uns zu der Erkenntnis, wie viele Bereiche der menschlichen Gesellschaft sie umfasste. Sie zeigen uns, wie stark die Systeme unseres Körpers, unserer Seele und unseres Geistes davon betroffen waren. Doch das ist nun vorbei. Diese traurigen Umstände werden abgelöst von Weisheiten, die in ihrer Tiefe sehr komplex sind. Wir dürfen jetzt unsere eigene Frequenz finden und erhalten universelle »Anleitungen« für die Verbindung mit dem Kosmos.

Immer wieder erwähnen die Plejader die Bedeutung von Tönen und Farben. Es entspricht meiner Erfahrung, dass auch ich sehr oft ähnliche Informationen von den Plejadern erhalte. Die Plejader berichten, dass diese Informationen grundlegend und für die Heilung der menschlichen Systeme unerlässlich sind. Sie teilen auch mir ein ums andere Mal mit, dass wir in naher Zukunft in der Lage sein werden, uns mit Hilfe von Tönen, Farben und Frequenzen selbst zu heilen. Dank der Schwingung der eigenen Frequenz werden wir uns mit den Lichtschwingungen des Kosmos und der göttlichen Quelle verbinden. Sie wiederholen immer wieder, dass die Komplexität und das Komplizierte beim Heilungsprozess des menschlichen Wesens bald hinfällig sein werden. Alles wird einfacher und ohne Anstrengungen vonstatten gehen.

Anstrengung und Kompliziertheit wurden durch das Wirken nicht wohlgesonnener Kräfte auf uns übertragen und haben uns in die Felder der Illusion gestürzt. Aber wir Menschen verlassen jetzt die Felder der Illusion und steigen aus der Vorherrschaft dieser Jahrtausende langen Manipulation aus. Wir verlassen unsere Glaubenssätze an ein ungutes Schicksal und verstehen immer besser, dass wir unsere eigenen Schöpfer sind. Wir begreifen die Kraft unserer Gedanken und die Möglichkeiten der Manifestation, die uns eine viel bessere Welt in Aussicht stellt.

Unser Bewusstsein entwickelt sich, und wir verbinden uns mit dem höheren Bewusstsein. Wir verbinden uns mit unserer höheren Intelligenz. Wir verbinden uns mit den Feldern der kosmischen Intelligenz und mit den Feldern des höheren kosmischen Bewusstseins, die wir zu unserem Wohl nutzen dürfen.

Damit befinden wir uns in einem globalen Prozess, den wir in der Ära der menschlichen Geschichte so noch nicht erlebt haben.

Wir befinden uns in einem Prozess des weltweiten Aufstiegs aus niedrig schwingenden Ebenen.

Wir befinden uns mitten in einer lichtvollen Evolution, in einer Zeit des Übergangs zur Entscheidung für das Licht und für unsere kollektive Wahrheit und Freiheit.

Die Plejader begleiten uns bei diesem Prozess, sie lassen uns alles erkennen, und sie bringen uns Lichtinformationen, die unser Herz öffnen – die uns den Schlüssel geben, damit wir das Portal zu Gaia öffnen, zu Mutter Erde und den Wundern unserer Welt.

Die Worte, die auf den folgenden Seiten erklingen, Barbaras Worte, wurden ihr von den Plejadern eingegeben und bestätigen, dass die Lehren der Plejader gewaltlos sind und jeden Einzelnen von uns in seinem eigenen Tempo wachsen lassen.

Es sind Worte wie: »Wir erinnern euch daran, was ihr im Inneren bereits wisst.« Oder: »Wir wollen die Erinnerung eurer Zellen aktivieren.« Solche Aussagen führen dazu, dass sich das Licht unserer Seele, das Licht unserer Zellen und das Licht unseres Bewusstseins mit einer Geschwindigkeit in uns auszudehnen beginnt, die wir selbst wählen dürfen und die wir uns selbst erlauben. Es liegt einzig an uns, wann wir die Informationen, die energetisch aufgeladen sind mit den Liebesschwingungen der Plejader, annehmen und uns daran machen, die Aktivierung unserer Erinnerung zu nutzen.

In diesem Buch könnt ihr euch mit Hilfe von Übungen an die Lichtinformationen anbinden, die Barbara von den Plejadern empfangen hat. Um euch das weiter zu erleichtern, nahm sie übrigens eine CD auf, die auch als Audio Book downloadbar ist, musikalisch begleitet von Sayama, und ich hatte die große Ehre, auf ihr mehr als zwanzig Minuten eigene Werkzeuge zur Erleichterung im Umgang mit den Herausforderungen der aktuellen Zeit beizusteuern.

Ihr erhaltet auf den folgenden Seiten detaillierte Informationen über Mond, Erde und Sonne. Ihr erfahrt vom Geheimnis der Zahl 12 und der Lebendigen Bibliothek dieses Planeten, die ihr selbst seid. Ihr lest vom Lichtkörperprozess und der Entwicklung der menschlichen DNS. Ihr begegnet unzähligen Weisheiten, welche die Komplexität des Geschehens auf unserem geliebten Planeten und in unserer Galaxis erklären ... Komplexität, nicht Kompliziertheit, denn Kompliziertheit ist alte Energie. Ihr werdet informiert über die energetischen Abläufe eures Körpers und eures Denkens, über das wahre Wesen eurer Beziehungen und euer gemeinsames Wirken. Ihr dürft den Mikrokosmos in euch erkennen, der vom Makrokosmos des unendlichen Seins umgeben ist. Ihr erhaltet die Botschaft, dass unsere Chakren Tore zu jeglichen Informationen der göttlichen Quelle und des Kosmos sind. Und ihr werdet erkennen, dass reine Chakren eurem Inneren Reinheit bringen. Und dass euer reines Inneres euch dann mit der Reinheit, Einfachheit und Klarheit der umgebenden Welt verbindet.

Dieses Buch zu lesen ist ein abenteuerlicher Weg, voll von Entdeckungen und Erkenntnissen. Die Worte, die eure Seele und euren Geist berühren, werden euch bekannt und vertraut vorkommen. Eure Seele und euer Geist werden sie erkennen. Sie werden sie entschlüsseln, und mithilfe dieser Schlüssel werdet ihr euch weitere Räume zu eurer Erkenntnis und zu eurem Wissen erschließen. Schritt für Schritt. Ihr werdet erkennen, dass die Worte in diesem Buch euch mit der Essenz der göttlichen Quelle verbinden, die jedem von uns innewohnt.

Ich wünsche euch unendlich viel Leichtigkeit und Liebe beim Lesen und beim Entdecken – oder besser Wiederentdecken – dieser wertvollen Informationen. Der Weg zu eurer göttlichen Essenz wird euch sicher unermessliche Freude bereiten.

Und dir, liebe Barbara, wünsche ich von ganzem Herzen, dass dich das kosmische Licht auf deinem irdischen Weg begleiten möge. Ich schätze deine Informationen und deinen Mut sehr, dieses Thema an die Oberfläche des menschlichen Wissens emporzuheben, das so lange vom Feld der Illusion und der Unfreiheit begrenzt war. Ich schätze deine Geduld, deine Arbeit, deinen Fleiß.

Und ich danke dir von ganzem Herzen dafür, dass ich die Möglichkeit erhalten habe, deine Nachfolgerin für den Empfang von Informationen des plejadischen Wissens zu werden. Nicht nur ihres Wissens, sondern auch ihrer unendlichen Liebe, ihres Mitgefühls und ihrer Dankbarkeit, die mir die Plejader bei jedem lichtvollen, energetischen Kontakt zukommen lassen.

In Liebe und Dankbarkeit,

Pavlina

Einleitung der Beteiligten

Barbara Marciniak

Ich interpretiere und leite Spirit weiter, weil ich bereit und fähig bin, das Unsichtbare zu erfassen und nach bestem Wissen und Gewissen zu übersetzen. Ich höre, fühle und erfahre das Daseinsgeflecht, die universelle Quelle. Ich bin innerlich damit verbunden und nehme das Flüstern, die Impulse und Offenbarungen der kosmischen Kräfte wahr, indem ich mich von der Quelle leiten und tragen lasse. Diese Kraft individualisiert sich für mich als die Plejader. Natürlich ist die Erfahrung durch meine Glaubensvorstellungen gefärbt. Es ist ein Funktionsprinzip der Existenz, dass der Teilnehmer beziehungsweise Beobachter das, was geschieht, stets beeinflusst. Ich habe große Hochachtung für die Macht Spirits entwickelt und vertraue darauf, dass sich mir ein Lebenssinn enthüllt und sich Zweck und Ziel von Menschen, Orten und Ereignissen entfalten.

Der Prozess, der zur Entstehung von *Schlüssel zum Wissen der Erde* führte, hatte für mich im Grunde mit dem Thema Glaube und Vertrauen zu tun. Alle daran Beteiligten – Karen, Tera und ich – glauben an die Unsichtbaren und arbeiten mit ihnen, wer immer diese auch sein mögen. Jede von uns ist ein einzigartiges Individuum, das zugestimmt hat, mit einer neuen Lebensanleitung zu spielen. Während des Entstehungsprozesses von *Schlüssel zum Wissen der Erde* war jede von uns herausgefordert, in ihrem eigenen speziellen Bereich voll Vertrauen Begrenzungen zu überwinden. Erst später konnten wir darüber staunen, welche Wunder uns dabei gelangen.

Es ist keine leichte Aufgabe, die plejadischen Channelings auf Papier zu bringen. Wenn die »Ps« durch mich sprechen, lehren sie mit Humor, paradoxen Fakten, versteckten Anspielungen, Gleichnissen, Mitgefühl und durch die Präsentation verblüffender Aussagen und Ideen. Unsere Herausforderung bestand darin, mit einer riesigen Menge an Informationen und Techniken umzugehen und sie zum Grundbaustein der Lehren über die Lebendige Bibliothek zu machen – in Form eines konkreten Buches, wo doch nicht gerade viel von dem, was die »Ps« lehren, konkret ist.

Glücklicherweise war die Gliederung dieses Buches von Anfang an klar. Es sollte insgesamt zwölf Kapitel umfassen und so angelegt sein, dass die Leser tiefer in die Geheimnisse der Zwölf eindringen können. Die Plejader behaupten, dass wir in die Zwölf eingebunden sind, und um mehr darüber zu lernen, wäre es nötig, genau diese Verbindung für unsere weitere Entwicklung zu nutzen. Der Hauptteil der Information sollte aus dreizehn Sitzungen der Jahre 1991 und 1992 stammen. Fünf Channelings entstanden bei Auslandsreisen zu heiligen Plätzen in Mexiko und Ägypten sowie während zwei Bali-Aufenthalten. Acht Channelings stammen aus speziellen Sitzungen in den Vereinigten Staaten.

Manchmal, wenn ich innehielt und logisch über dieses Buch nachdachte, fühlte ich mich von dem enormen Material überfordert. Ich habe jedoch bereits so viele Dinge ohne Vorkenntnisse fertiggebracht, dass mich heute dieser Glaube an den Prozess des Nichtwissens unterstützt! Es lässt sich so viel leichter leben. Dieses Vertrauen, das auch Karen und Tera besitzen, und meine feste Zusage, das Buch in die vorgesehene Form zu bringen, spornten mich an. Die »Ps« hielten natürlich das Steuer in der Hand. Sie leiteten und formten den gesamten Schaffensprozess – würdevoll, zurückhaltend und immer gegenwärtig.

In einer frühen Gestaltungsphase orakelte ich, dass dieses Buch, das von der Lebendigen Bibliothek handeln sollte und noch keinen Titel besaß, tatsächlich schon irgendwo in der Zukunft existieren würde. Schließlich hatte ich mich ja verpflichtet, es zu schreiben. Irgendwo war es also bereits fertig, es wartete in einem Regal auf seine Leser. Meine Idee war, dieses Buch in der Zukunft aufzuspüren und es in der Gegenwart für die Erschaffung des Originals zu verwenden. Dieser Gedanke schenkte uns Ruhe und Zuversicht. Der Griff in die Zukunft schien viel leichter zu sein, als den riesigen Papierstapel zu sichten, der eine bunte Mischung aus transkribiertem plejadischem Material barg.

Wir tauchten in das Material ein und bewegten uns monatelang in einer anderen Welt, in der unser hauptsächliches Ziel darin bestand, die *Schlüssel zum Wissen der Erde* zu erschaffen. Das Buch fügte sich in unseren Träumen zusammen, da wir Nacht für Nacht von seiner Fertigstellung träumten. Ich pflegte auf meine Liste der noch zu erledigenden Dinge »Plejadische Schlüssel, erschafft euch selbst!« zu schreiben, und das geschah auch!

Indem ich weiterhin mit diesem Material arbeite, bin ich herausgefordert, das Unsichtbare zu erforschen und die Ecken und Winkel meiner Überzeugungen zu durchforsten. Von den Plejadern werde ich eingeladen, ein sich ständig erweiterndes Bild des Lebens zu erfahren. Sie stellen die Neutralität der Kraft und Verwobenheit des Daseins vor und definieren es als einen Ausdruck von Liebe, die bewusst und bedingungslos allen als ewiger Treibstoff zur Verfügung steht, um alles zu erschaffen, was man will. Aus dieser Kraft heraus stellten wir die *Schlüssel zum Wissen der Erde* zusammen.

Ich fühle mich hier oft wie eine Beobachterin, wenn mein galaktisches Selbst einen Blick hereinwirft und das Erdenleben mit viel weniger Anhaftung als ich wahrnimmt. Diese Sichtweise ist erweiternd, und in solchen Augenblicken »weiß« ich, dass ich hier bin, um die *Große Veränderung* – wie es mein galaktisches Bewusstsein bezeichnet – zu erfahren und zu beeinflussen.

Jeder von uns erschafft für sich eine andere Welt, dessen bin ich mir lebhaft bewusst. Die Feinheit jedoch, mit der diese Erfahrung das Leben durchzieht, kann kaum erkannt, geschweige denn eigens umfassend gewürdigt werden. Ich habe mich in meinem Leben dafür entschieden, auf Entdeckungsreise nach den unerkannten und verborgenen Geheimnissen zu gehen, dem Bedeutung zuzusprechen und darin schließlich einen Lebenssinn zu finden.

Das Leben ist für mich eine Abfolge von einzelnen Kapiteln, und es fällt mir nicht schwer, mich als die Heldin meines eigenen Lebensromans zu sehen, die Abenteuer durchsteht und innere wie äußere Welten durchquert. Ich messe jedem Ausschnitt meines Lebens Bedeutung zu, und wie in einem Geschichtsbuch mit seinen Zeitaltern und Epochen erkenne ich jede Phase wegen ihrer scheinbar folgerichtigen Entfaltung im Rahmen einer langen Entwicklung an. Das ergibt eine einzigartige Ordnung und einen Sinn. Es ist für mich nie besonders schwierig gewesen zu akzeptieren, dass das Leben mit all seinen Begleiterscheinungen von großem Sinn erfüllt ist. Doch mir erschien es bedeutungslos, alles, was man uns lehrte, so besonders wichtig zu nehmen – es musste doch gerade umgekehrt sein!

Meine persönliche Deutung des Materials lässt sich wie folgt zusammenfassen: Macht euch nichts vor – keiner von uns weiß etwas mit absoluter Sicherheit! Alles kann wahr sein, alles ist wahrscheinlich, denn das, was ihr denkt, wird auch sein!

Liebe, Klarheit und Sinn für Humor sind kraftvolle Lebenselemente. Gemeinsam mit Ehrfurcht, Mitgefühl und Inspiration können sie den entscheidenden Unterschied ausmachen. Möge dieses Buch dazu dienen, eure Freiheit zu fördern. Seid gesegnet!

Karen Marciniak

Am 11. Januar 1994, als der Neumond im Steinbock stand, verpflichteten Barbara, Tera und ich uns vertraglich, dieses Buch zu schreiben. Ich schwankte zwischen Vorfreude und Verzweiflung. Ich dachte mir: Ich möchte wirklich zu diesem Buch beitragen. Aber wie werde ich es zeitlich schaffen, mich in dieses Projekt zu vertiefen und mein ohnehin schon geschäftiges Leben damit in Einklang zu bringen?

Vertrauen. Das gesamte Buch war ein Prozess des Vertrauens. Wir vertrauten darauf, dass wir alles, was wir uns vorgenommen hatten, auch erreichen konnten, wenn unsere Energien nur harmonisch und in klarer Absicht zusammenarbeiteten.

Als Barbara mich 1988 nach ihrer Rückkehr aus Ägypten und Griechenland anrief, sagte sie: »Rate mal, was passiert ist!« Ich antwortete: »Du hast zu channeln begonnen.« Sie fragte: »Woher weißt du das?« Wir hatten es immer gewusst. Wir haben zwar nicht sehr oft darüber gesprochen, aber zwischen uns gab es ein tiefes unausgesprochenes Wissen, dass wir eines Tages in irgendein spirituelles Abenteuer verwickelt sein würden. Auf einer bestimmten Ebene wussten wir, dass wir als Schwestern in diese Wirklichkeit gekommen waren, um ein neues Paradigma zu verankern, und dass wir dafür unsere gegenseitige Liebe und Unterstützung brauchten.

Ich war gespannt darauf, Barbaras neue Freunde, die sich Plejader nannten, kennenzulernen. Sie sagten mir dann, dass die Zeit jetzt für mich gekommen sei, all die Vorstellungen, die ich angesammelt und mit denen ich gespielt hatte, zu integrieren, denn mein Leben würde sich grundlegend verändern, nichts würde so bleiben, wie es war. Interessant, dachte ich, denn ich saß dort in meinem bequemen Heim mit einem Mann, den ich liebte, einem Job, mit dem ich zufrieden war, und meiner zweijährigen Tochter, die in ihrem Zimmer friedlich schlief. Ich fühlte mich so sicher und geborgen; ich hatte keine Ahnung, von welchen Veränderungen sie sprachen!

Jetzt, sechs Jahre später, hat sich mein Leben entscheidend gewandelt, und nicht unbedingt so, wie ich es mir vorgestellt hätte. Wenn ich damals die Zukunft gesehen hätte, wäre ich sicherlich zu feige gewesen, das alles durchzuziehen. Also bin ich den »Ps« für ihre Liebe und Führung sehr dankbar – auch für die Zeiten, als ich daran zweifelte, dass es Liebe und Führung sei – und für ihre Beständigkeit, mich immer zur nächsten Stufe der Herausforderung voranzutreiben. Ich danke Barbara für ihre Liebe, Unterstützung und Loyalität, für ihre Hingabe an diese Arbeit und für ihre Kunst, die plejadischen Lehren zu leben und es leicht erscheinen zu lassen. Ein Dankeschön auch an Tera dafür, dass sie eine Freundin ist, der ich vertrauen und mit der ich gemeinsam wachsen kann. Besonderer Dank geht an meine Tochter Laurel, die schon in jungen Jahren verstehen konnte, dass sich ihre Tante Barbara – oder »Cioci«, wie sie sie nennt – jede zweite Woche bei uns zu Hause auf ihre »Ps« einstimmte, und die mir erlaubte, ohne Schuldgefühle wegen meiner zeitweiligen Abwesenheit mit Barbara und den Plejadern unterwegs zu sein; ich danke ihr, dass sie die gegensätzliche Art, wie ihre Eltern jeweils die Wirklichkeit sehen, in ihrer Welt verschmolzen und ein einzigartiges Gleichgewicht gefunden hat.

Wenn ich in diesem Augenblick in mich gehe, kann ich wahrlich sagen, dass ich mich in einem friedlichen und harmonischen Zustand befinde. Mein Vertrauen in mich und das Wissen, dass ich jeden Aspekt meiner Wirklichkeit kraft meines eigenen Wesens selbst erschaffe, um mir die Lektionen beizubringen, die ich erfahren muss, haben mir große Freiheit gebracht.

Ich bin gespannt auf das nächste Stück Realität, in dem ich mich bei diesem Spiel wiederfinde, und ich freue mich darauf.

Tera Thomas

Ich kenne Barbara und Karen seit 1988, als Barbara zu channeln begann. Wir sind alle drei starke, eigenwillige Frauen und haben gelernt, wie wir unsere Kraft verschmelzen können, um mit Spirit zu arbeiten, uns gegenseitig zu unterstützen und etwas Größeres als die Summe von Einzelteilen zu erschaffen.

Als Barbara vorschlug, dass wir drei an den *Schlüsseln zum Wissen der Erde* arbeiten sollten, war ich sehr aufgeregt. Mit den Plejadern zu arbeiten unterscheidet sich vom Erwerb anderer gechannelter Informationen. Die Lehren haben – anders als bei einem Vortrag zu einem bestimmten Thema – keine spezielle Ordnung. Einige Aussagen sind verwirrend oder widersprüchlich, und das ist Absicht. Wir, die wir regelmäßig mit ihnen arbeiten, wissen, dass die Plejader uns kaum etwas auf einem silbernen Tablett servieren, denn sie möchten, dass wir lernen, ihre Lehren in unserem Leben anzuwenden und uns selbst und dem Prozess zu vertrauen.

Die Plejader setzen sich also nicht mit uns hin und diktieren ein Buch. Mit ihnen an einem Buch zu arbeiten ist so, als ginge man zu einem ihrer Workshops. Man muss in sich selbst hineintauchen und die Information in die dritte Dimension und in sein Leben ziehen. Wenn Barbara, Karen und ich zusammenarbeiten, beginnen wir immer mit einer Zeremonie, um unsere Energie auszurichten und die Plejader wissen zu lassen, dass wir soweit sind. Wir formulieren klar unsere Absicht, dann läuten wir unsere tibetischen Glocken zwölf Mal, einmal für jedes Chakra. Danach sind wir bereit, »sinnlos« zu arbeiten und uns von Spirit leiten zu lassen.

Die Plejader sprechen ständig von Mühelosigkeit. Wenn etwas nicht mühelos geschieht, bist du auf dem falschen Weg. Mit ihrem Material zu arbeiten *ist* mühelos; das heißt allerdings nicht, dass es nicht mit Arbeit verbunden wäre. Der mühelose Teil besteht darin, dass sich alles fügt, wenn man vertraut, jeweils nur einen Schritt macht und nicht nach dem Wie oder Warum fragt.

Trotzdem wird noch eine Menge Energie, Konzentration und dreidimensionales Zupacken verlangt. Es ist nicht so, dass du ein Ziel formulierst, dich zurücklehnst und zuschaust, wie alles geschieht; jemand muss die körperliche Arbeit erledigen, und Tatsache ist, dass Barbara, Karen und ich hart gearbeitet haben.

Ich habe durch die Arbeit an den *Schlüsseln zum Wissen der Erde* viel gelernt. Es ist interessant, wie klar die eigenen Themen werden, wenn man in Beziehung mit anderen agiert. Es ist so, als ob man vor einem Spiegel steht, der sagt: »Schau dir das an!«

Ich habe auch eine neue und tiefere Art von Teamarbeit kennengelernt und mehr Respekt und Liebe für Barbara, Karen und mich gewonnen. Wir waren imstande, unsere Energien so zu bündeln, dass wir als Einheit arbeiten konnten, und wir brachten alle unsere Stärken ins Spiel, ohne zu konkurrieren. Ich kann sehen, dass unsere Beziehung dieses Buch erschaffen hat. Es waren das tiefe Band zwischen Barbara, Karen und mir, die Liebe, die wir zwischen uns und den Plejadern teilen, und die Verbindung unserer Energien auf der Grundlage eines tiefen Vertrauens in den Prozess.

Ich empfinde tiefe Dankbarkeit für die während der Arbeit an *Schlüssel zum Wissen der Erde* empfangenen Lehren und für die Beziehungen, die ich mit den Plejadern, dem nichtphysischen Bereich, mit Barbara und Karen, mit meiner Familie und meinen Freunden und ganz besonders mit mir selbst entwickelt habe.

1

Das Spiel, die Codes und die Meisterzahlen

Wir erschaffen bloß Bilder,
aus denen ihr euch entwickeln könnt.

Wir grüßen euch, liebe Freunde, wir sind hier. Wir haben die Absicht, euch bei der Erschaffung einer neuen Vision zu unterstützen – einer Vision, die euch inspiriert, auf dem Planeten Erde zu leben und zu lieben. Wie ein kostbarer Edelstein, der in dunkle Schichten von Erdreich und Fels gebettet ist, strahlt die Erde ihre Schönheit in die Tiefe von Raum und Zeit aus. Als etwas Wertvolles, das erst erkannt und entdeckt werden muss, wartet sie geduldig auf Ehrung durch die, die zu ihr gehören. Sie erschafft und erhält euch, und ohne sie könntet ihr, wie ihr heute wisst, nicht sein. Wir bitten euch, als Suchende in diesem großen Spiel einen Bund mit der Erde zu schließen. Sagt ja zu eurer Transformation, zu eurer Reise durch Licht und Dunkelheit, und ehrt die bedeutsame Rolle, die die Erde für eure Befreiung spielt. Hört auf, euch nur vom Himmelsglanz gefangen nehmen zu lassen, da sich die Fäden entwirren und euer Sternenerbe freilegen. Ihr befindet euch auf einem Stern, der ebenfalls Licht reflektiert und in Welten aussendet, die Lösungen für ihre eigenen Schöpfungen suchen. Zur heutigen Zeit besteht eure Aufgabe darin, die Lebendige Bibliothek Erde zu aktivieren, die Erde und die menschliche Version des Lebens wieder in den Vordergrund der Schöpfung zu stellen.

Das ist die Reise, auf der ihr euch befindet.

Es gibt viele Spielarten der Wirklichkeit, die gelebt werden – jede von ihnen hat ihre Zwecke und Ziele. Zeit, Raum und Welten haben keine Form, sie sind nur so real wie die Aufmerksamkeit, die ihr auf sie richtet. Es gibt viele Erden, unter denen man wählen kann: viele Zeitlinien aus vergessenen oder absichtlich aus eurer Bewusstheit und Entwicklung ferngehaltenen Lebensentwürfen.

Wir bitten jeden von euch, sein Herz und seinen Geist zu öffnen, denn in eurem Körper und in der Erde selbst liegen die Antworten auf die großen Geheimnisse, die ihr sucht. Selbst wenn wir scheinbar draußen existieren – als ein Kollektiv plejadischer Energien, das euch aus der Zukunft besucht –, so leben wir doch auch in euch. Wir sind eure Ahnen, die ebenso in wie außerhalb von euch existieren. *Wir sind eins mit euch* auf den goldenen Spiralen der Zeit. Wir umkreisen die Epochen des Daseins und rufen euch zu, all das neu zu betrachten, was ihr für heilig hieltet. Wir bitten euch, den Zweck eures Lebens und die euch beherrschenden Kräfte neu zu bewerten und zu definieren und die in eurem Sein gespeicherten Bewusstseinscodes zu aktivieren. Die Zeit ist gekommen, euer Wissen als Schöpfer, die durch Gedanken erschaffen, wieder einzufordern, euch den Zweck der Lebendigen Bibliothek Erde ins Gedächtnis zu rufen, wieder Schönheit durch Wertschätzung des Lebens hervorzubringen und euch zu erinnern, wer ihr seid. Reist nun mit uns durch die Mysterien eurer Welt.

Stellt euch vor, ihr befindet euch auf einem Ausflug durch das Bild der Zwölf und entfaltet das Konzept der Zwölf in eurem Geist. Das Material dieses Buches ist so zusammengestellt, dass es euch durch genau das System decodiert, das euch strukturiert und definiert: die

Zwölf. Stellt euch vor, wie ihr die Ziffern von eins bis zwölf erfahrt: in den zwölf Monaten eines Kalenders, zwölf Symbolen des Tierkreises oder zwölf Stundeneinteilungen einer Uhr; und dann fügt diesen Symbolen euren persönlichen Weg der Zwölf hinzu. Stellt euch vor, dass ihr zwölf DNS-Stränge habt und dass diese euch mit den zwölf Chakren verbinden und sie aktivieren; eure Chakren sind Energietore, durch die ihr zu eurem spirituellen Erbe gelangt. Hier liegt ein Schlüssel: Die Herausforderung besteht darin, euch durch eure Vorstellungskraft kennenzulernen, Zugang zu euren inneren Netzwerken und Schalttafeln der Wirklichkeit zu erlangen, die für eure Augen unsichtbar sind. Indem ihr eurer Vorstellungskraft folgt, werdet ihr vielleicht viele neue Dinge in Betracht ziehen, um eure gegenwärtige Welt durch eine größere Perspektive zu bereichern.

Wir sind wegen des Spiels, den Codes und den Schlüssel- oder Meisterzahlen da. Es ist Teil unseres Karmas, jetzt mit der Erde zu arbeiten, denn wir müssen nun die Suppe auslöffeln, die wir uns eingebrockt haben. Unsere Urahnen erschufen Ereignisse, die unsere jetzige Entwicklung auf den Plejaden behindern, und als Plejader suchen wir nach den Lösungen für dieses große Dilemma – eine missliche Lage, die ihr mit uns teilt.

Unsere Zivilisation, die von euch aus gesehen in der Zukunft liegt, ist in Gefahr, und so erhielten wir den Impuls, uns auf die Reise zu begeben und eine Lösung für das zu finden, was uns bedrängt. Wir sind in eurer Zukunft, und um herauszufinden, was los ist, gingen wir weiter in unsere Zukunft, um unsere Lehrer aufzusuchen, die Hüter der Existenz, die man auch als die Hüter der Zeit bezeichnen kann. Da sie uns lehrten, wie man durch die verschiedenen Zeitsektoren schlüpft, lockte es uns, in der Zeit zurückzureisen, um danach zu forschen, wo Ereignisse gespeichert und weggesperrt worden waren.

Wir untersuchten, wo sich Stürme zusammenbrauten, die unsere Vergangenheit beeinflussten, wie wir sie aus der Zukunft unserer Zukunft sahen und wie wir sie aus dem Jetzt, aus eurem Augenblick der Wirklichkeit, betrachten.

Unsere Vorfahren kamen aus einem Universum, das Vollendung erfahren hatte und auf allen Ebenen verstand, dass es Urschöpfer war – als Reise Urschöpfers in der Zeit. Sie kamen aus einem Universum, das seine Essenz entdeckt hatte: Schöpfungskraft. Durch das Entdecken dieser Essenz fanden sie heraus, dass sie selbst die Schöpfer waren. Sie kamen in die Plejaden, weil dieses Sternensystem euch eines Tages in einer sehr entscheidenden Zeit helfen könnte, einer Zeit, da ihr bereit sein würdet, euch wieder mit Urschöpfer zu verbinden. Unsere Vorfahren gehörten zu den Ursprünglichen Planern der Erde – Inszenatoren, die Welten und Zivilisationen mit Licht und Information durch Schöpfungskraft und Liebe aussäten. Unsere Vorfahren sind auch eure Vorfahren. Sie gaben den Ursprünglichen Planern ihre DNS, und diese DNS wurde Teil der menschlichen DNS.

Der Plan bestand darin, auf eurem Planeten Erde einen intergalaktischen Umschlagplatz für Informationen zu erschaffen. Es war ein außergewöhnlicher Plan mit einem wunderschönen Ort, denn die Erde befindet sich am Rand eines galaktischen Systems und ist von anderen Galaxien aus leicht zu erreichen. Sie liegt in der Nähe zahlreicher Toröffnungen oder Portale, den dimensionalen Straßen, auf denen Energien durch eure Raumzone reisen.

Es herrschte geschäftiges Treiben, um Vertreter aller Galaxien auf die Erde zu bringen, damit sie hier auf dem Planeten ihr Ebenbild bekamen. Einige der Verantwortlichen, genannt Schöpfergötter, waren meisterhafte Gentechniker. Sie konnten Moleküle erzeugen, zusammensuchen und verbinden und sie mit Identität, Frequenz und elektrischer Ladung codieren, um Leben hervorzubringen. Viele mit Bewusstsein ausgestattete Zivilisationen stellten bereitwillig ihre DNS zur Verfügung, um ein Ebenbild ihrer genetischen Linie und Codierung hier auf diesem Planeten erschaffen zu lassen. Die Gentechniker entwarfen vielfältige menschliche und tierische Spezies, indem sie mit der Vielzahl an DNS spielten, die die mit Bewusstsein ausgestatteten Zivilisationen hereingebracht hatten, um diesen Umschlagplatz für Informationen, dieses Lichtzentrum zu ermöglichen. Der Entwurf für die Erde war großartig. Da diese Schöpfergötter nicht in der Zeit existierten, wie ihr sie kennt, waren einige hunderttausend oder gar eine Million Jahre für sie nichts.

Es hat noch andere euch ähnlich sehende menschliche Spezies gegeben, deren DNS einmal intakt war und die sehr hochentwickelte Zivilisationen auf eurem Planeten errichteten. Sie existierten vor sehr langer Zeit, vor über 500.000 Jahren. Wir sprechen hier nicht von den Zivilisationen, die ihr Lemurien oder Atlantis nennt und deren Angehörige wir als die modernen Menschen bezeichnen. Wir beziehen uns auf uralte Kulturen, wie die unter den Eiskappen eures südlichsten Kontinents, der Antarktis, oder unter den Sandschichten der Wüste Gobi in der Mongolei.

Energien, die ihr als Götter bezeichnet habt, erschufen alles auf diesem Planeten, und sie statteten alle ihre Schöpfungen mit großer Intelligenz aus. Alles auf Erden hat Bewusstsein, bis hinunter zu den Molekülen in euren Fingerspitzen, und alles ist auf Zusammenarbeit angelegt. Bewusstsein kommuniziert ständig durch Schwingungen elektromagnetischer Frequenzen. Diese Frequenzen verbinden sich und tragen gemeinsam zur Zusammenarbeit bei, damit jede dem Ganzen dient. Die Schwierigkeit mit der Erde besteht zurzeit darin, dass die Menschen glauben, sie seien von all der Energie getrennt, die hier ist, um zusammenzuarbeiten. Euer derzeitiger Glaube an voneinander getrennte Teile hält euch davon ab, die Ganzheit der Existenz zu sehen und Zugang zu ihr zu haben.

Es ist unsere Absicht, euch zu einem größeren Verständnis der plejadischen Experimente, die die Erde beeinflusst haben, zu verhelfen. In Zeiten von Chaos und Verwirrung, Zeiten der Unterdrückung der menschlichen Spezies, kamen verschiedene Fraktionen unseres Heimatsystems an unterschiedliche Orte eures Planeten und erzeugten sehr subtile Öffnungen. Sie arbeiteten mit kleinen Bewusstseinsgruppen, um eine Spur von Energie auf der Erde zu hinterlassen, denn viele im Kosmos wussten, dass euer Planet sich auf unermessliches Unheil und große Unterdrückung zubewegte.

Die Erde befindet sich jetzt in der Klemme, darüber besteht kein Zweifel. Und doch liegt in diesem Zustand der Verwirrung eine große Chance. Man hat euch allen auf die Schulter getippt, damit ihr einem Ruf folgt. Viele wurden angetippt, doch nur wenige sind bereit, sich in das Unbekannte vorzuwagen und als Rebellen für etwas einzutreten, was die Masse vielleicht nicht unterstützen wird. Wir loben eure Absichten und ehren jeden, der für sich gewählt hat, ins Unbekannte vorzustoßen. Wir achten euch für eure Bereitschaft, eure weiblichen und männlichen Seinsaspekte anzusehen, denn diese habt ihr im Grunde noch gar nicht verstanden. Wir freuen uns, dass ihr bereit seid, sowohl Neues zu erkunden, als auch an dem, was ihr bereits besitzt, zu arbeiten und es zu bereichern. Es ist Zeit, dass jeder von euch auf seine eigene Art beachtet wird, damit die durchfließenden Energien verstärkt und der Masse verfügbar gemacht werden. Dazu zieht ihr ganz einfach Lichtstrahlen in euren Körper und auf die Erde. Wir haben immer etwas für Spaß übrig, und durch diesen spielerischen Zugang entdecken wir, was vielleicht jeden von euch abhält, einen Schritt weiterzugehen.

Es gibt Bewusstseinsfamilien, die sich aufgrund von Entwicklung, Absicht und einem bestimmten Plan zusammenschließen. Die *Lichtfamilie*, zu der ihr gehört, kommt aus einer solchen Bewusstseinslinie. Ihr fragt euch vielleicht: Wer *ist* Licht? Wem gehört Licht? Was ist jenseits von Licht? Spürt einen Augenblick da hinein, und erkennt, dass ihr in eurem menschlichen Geist die Vorgänge im Kosmos immer in einen Mythos, eine kleine Geschichte oder ein Märchen kleidet. Ihr erkennt stets nur einen winzigen Teil von dem, was vorgeht, daher bitten wir euch, kolossale Veränderungen eurer Lebensentwürfe in Betracht zu ziehen und euch größere Versionen der Existenz vorzustellen.

Die Lichtfamilie ist eine Ansammlung von Wesenheiten, die darauf codiert sind, Information auf diesen Planeten zu bringen. Die Codierung befindet sich in jedem Einzelnen. Wenn ihr erst einmal gelernt habt, die gegenwärtige Interpretation der Wirklichkeit zu hinterfragen und zu durchschauen, werdet ihr angeleitet, Gedankenformen zu erschaffen, die die Codierungen in anderen auslösen. Wir sind eine Energiegruppe, die die menschlichen Bewusstseinscodes an einem bestimmten Punkt der planetaren Entwicklung aktiviert. Dieser Prozess wird sich mit euch entwickeln, und es wird viele Unterweisungen durch zahllose Lehrer geben, die sich zu eurer Unterstützung zur Verfügung stellen.

Die Lichtfamilie ist riesig. Ihre Mitglieder kommen überall dort zusammen, wo Information verbreitet werden muss; sie sind wie Sondereinsatztruppen, die in Notfällen oder in Krisenzeiten gerufen werden. Die Mitglieder der Lichtfamilie können Realitätsverschiebungen integrieren und überleben, ohne den Körper und die Vitalkräfte, die sie besitzen, zu zerstören.

Als Mitglieder der Lichtfamilie verfügt ihr von Natur aus über die Fähigkeit, die Wirklichkeit zu verändern. Ihr müsst nur das entsprechende Glaubenssystem erschaffen, denn euer Geist ist so strukturiert, dass er sich weiterentwickelt und eure Erfahrungen aufgrund eurer Befehle formt, ganz gleich welches Paradigma ihr auch als Ausgangspunkt gewählt habt.

Die Lichtfamilie dient als stabilisierender Faktor für Dimensionsverschiebungen, und ihre Mitglieder werden als Frequenzträger verwendet, um viele aufzuwecken. Einige von euch werden sich vor den Möglichkeiten fürchten, und das ist in Ordnung. Jeder von euch wird das neue Wissen und die Veränderungen gemäß seinen Fähigkeiten aufnehmen. Ihr seid mit dieser Möglichkeit codiert, und die Entscheidung darüber, ob ihr die Veränderungen mitmacht oder nicht, unterliegt eurem freien Willen. Es ist eure Entscheidung, ob ihr glaubt, es tun zu können oder nicht. Der Initiationsprozess, der in den letzten paar tausend Jahren in vielen Mysterienschulen stattgefunden hat, ist dafür ein Beispiel: Mitglieder der Lichtfamilie haben die Gesetze der dreidimensionalen Wirklichkeit überwunden – sind sozusagen in eine andere Dimension vorgedrungen –, indem sie die Codierungen in sich entdeckten.

Viele von euch haben das Gefühl, dies schon einmal vollbracht zu haben. Das stimmt. Das ist eure multidimensionale Erinnerung an die Zeit, da ihr in andere Systeme gingt und das gleiche tatet. Der Prozess ist euch vertraut, denn er ist für Mitglieder der Lichtfamilie typisch. Ihr informiert Systeme. Ihr geht hinein und konstruiert Realitäten neu, und darin seid ihr Experten.

Ihr habt eure Erinnerung an diesen Vorgang verloren, weil ihr unter den gleichen Gesetzen wie alle anderen hierherkamt: als Mensch mit total gelöschten Erinnerungen. Ihr wusstet bereits vor eurer Ankunft hier, dass der Verlust der Erinnerungen Teil des Prozesses ist, und ihr wähltet ganz speziell die Zeit und die Eltern aus, die euch die beste energetische und genetische Verbindung bieten würden, um euren Zweck zu verwirklichen.

Als ihr auf der Erdenebene inkarniertet, erhieltet ihr bestimmte zusammenpassende und gepaarte rezessive Gene mit Lichtcodes, die euch mit der höchsten Möglichkeit ausstatteten, mediale und intuitive Fähigkeiten zu entwickeln. Außerdem trugen diese Gene auch noch Erinnerungen, die euch von anderen unterschieden, selbst wenn ihr das nicht konkret benennen konntet. Mit diesen Kräften und Talenten ausgestattet, ist es eure Aufgabe, euer Leben zu gestalten und zuzulassen, dass euch ein innerer Impuls zu etwas anderem als die meisten Menschen führt.

Da nun innerhalb der Menschen eine umfassende Umwandlung stattfindet, die auch von denen unterstützt wird, die euch von außen bei diesem genetischen Aufschwung beistehen, müsst ihr handeln und das in euch Erwachende integrieren.

Stellt euch einmal folgendes Szenario vor: Ihr seid ein Mitglied der Lichtfamilie und seht vollkommen anders aus als jetzt. Schaltet auf eure kosmische Identität um. Ihr befindet euch in einem Klassenzimmer, ein Lehrer fasst die wichtigsten Punkte eures Auftrags zusammen, nämlich auf die Erde zurückzukehren und Teil des Systems zu werden, um es zu verändern. Ihr seid Spitzenleute in eurem Job; ihr glaubt, tadellose Systemsprenger zu sein. So reagiert ihr mit einem Schmunzeln, wenn euer Lehrer erklärt: »Ihr werdet es kaum glauben, aber wenn ihr auf der Erde seid, werdet ihr uns brauchen. Wir müssen kommen und euch unterrichten, denn ihr werdet euch an nichts mehr erinnern.« Und unter euch Systemsprengern bricht Gelächter aus, denn ihr wisst in eurer heiteren Gelassenheit sehr wohl, dass ihr euch nach dem Eintauchen nicht mehr an dieses Klassenzimmer erinnern werdet. Euer Lehrer sagt: »Passt auf. Wir werden euch Bilder zeigen. Seht ihr, hier kommen wir durch ein Medium, und da sitzt ihr in eurer menschlichen Verkleidung und tut so, als ob ihr nicht wüsstet, was los ist. Das ist Teil eures Auftrags.« Versteht ihr, dass ihr über all dies informiert wurdet?

In jenem Klassenzimmer seid ihr codiert worden, auf uns Plejader und auf viele andere anzusprechen. Da ihr euch nun für eure größere Identität öffnet, seid aufnahmefähig und bereit, eure Grenzen zu überschreiten, denn danach streben wir. Wir beabsichtigen, neue Bilder in euren Geist einzupflanzen, die euch weiterbringen. Es spielt keine Rolle, wie wir das machen. Es spielt keine Rolle, ob es wahr ist. Was zählt, ist, dass wir neue Bilder für euch erschaffen. Eines Tages werdet ihr die Schiene selbst finden und verstehen, worauf wir die ganze Zeit aus waren. Ihr werdet verstehen, dass wir manchmal auch Dinge konstruiert haben, damit wir etwas in euch auslösen, das euch als menschliche Wesen wachsen lässt.

Wir sind sehr schlaue Lehrer.

Es ist Zeit, dass ihr euch entscheidet, Freude, Kreativität und Liebe für euch zu erschaffen. Nur dann werdet ihr anderen von Nutzen sein, denn wenn ihr euch nicht selbst entwickelt, bringt ihr anderen auch nichts. Indem ihr ein lebendiges Beispiel werdet und eurem Herzen folgt, zeigt ihr anderen den Weg, sich mutig an das zu halten, was ihr Herz erfüllt. Wir sind nicht hier, weil wir gerade nichts Besseres zu tun haben. Wir sind hier, um den Transformationsprozess zu unterstützen, der jetzt zu brodeln beginnt und Dampf um euren ganzen Planeten herum erzeugt. In den letzten paar Jahren sind sehr viele erwacht und erinnern sich an einen großartigen und bedeutenden Sinn des Lebens.

Wenn ihr das wüsstet, was euer Höheres Selbst zurzeit weiß, dann wärt ihr hinsichtlich dieses Auftrags sehr ungeduldig. Er beinhaltet, dass ihr euch als Mensch inkarniert, dass ihr glaubt, menschlich zu sein, euch dann zu etwas entwickelt, was mehr als menschlich ist, um zu erkennen, dass ihr von Anfang an mehr als menschlich wart!

Auch wenn dies umständlich erscheint, so ist es doch notwendig, dass ihr die Entwicklung eures Bewusstseins als menschliches Wesen durchlauft. Für die Transformation ist es erforderlich, dass die Masse aufwacht, was euch dann anspornt, euch als Lebensform weiterzuentwickeln. Ein Schlüssel in diesem Prozess ist die freie Entscheidung. Ihr werdet es Schritt für Schritt tun, und andere werden euch dabei zusehen und den Mut haben zu folgen.

Einige im Universum betrachten die Menschen als etwas sehr Kostbares, auch wenn ihr selbst in Wahrheit keine Ahnung von dem Wert habt, der im menschlichen Körper gespeichert ist. Euer menschlicher Körper ist das Wertvollste, das ihr je besitzen und kennenlernen werdet. *Ihr seid kostbar.* Um die Erde sind Schlachten ausgetragen worden, und folglich seid ihr von kontrollierenden und einschränkenden Kräften absichtlich abgelenkt worden, den Reichtum der in euch gespeicherten Daten zu entdecken. Man lehrt euch absichtlich, dass ihr unbedeutend und wertlos seid, damit nicht andere Intelligenzformen kommen und euch anzapfen. Diejenigen, die euch kontrollieren, können die Formeln nicht aus euch herausbekommen, und so verstecken sie euch und halten euch isoliert und in Quarantäne. Auf diese Weise können die anderen, die das brauchen, was ihr habt, nicht an euch herankommen. Man lehrt euch das Spiel der Entmachtung, für das ihr als Spezies die Regeln liefert.

Ihr seid jetzt im Begriff, euren eigenen Wert zu erkennen, einen Wert, den wir mit euch teilen, den wir euch lehren und zu dessen kontinuierlicher Entdeckung wir euch ermutigen wollen. Euer Wert, den ihr für euch entdeckt, wird immer mehr wachsen, da ihr über diese Formeln in euch staunt, die wir als Codes für andere Zivilisationen bezeichnen. Die Erde ist ein Mikrokosmos des Makrokosmos, eine kleinere Version dessen, was im Ganzen geschieht – mit der Ausnahme, dass sie ein Auslöser ist, das, was wir als Kern bezeichnen. Ihr wisst, dass ein Kern ein Same ist. Wir sind zurück auf die Erde gekommen, um den hier ausgesäten Mitgliedern der Lichtfamilie in dieser wichtigen Zeit, da die Ereignisse verändert werden können, beizustehen. In der dreidimensionalen Wirklichkeit wird die Zeit grob missverstanden, denn sie ist viel flexibler, als ihr glaubt; sie lässt simultane Bewegung in verschiedenen Realitäten zu, da sie sich ziehen, verzerren, biegen und herumdrehen lässt. Ihr seid auf die Erde geboren worden, um die Geschichte zu verändern; ihr habt euch von der Zukunft in die Vergangenheit hineingeschoben. Somit formt ihr die Vergangenheit neu. Ihr seid ein Same der Veränderung.

Wir wollen euch einige Gedanken nahebringen, die euch aus eurer derzeitigen Definition eurer selbst hinauskatapultieren werden. Viele Dinge, die wir anschneiden, sind für euch Rätsel. Warum machen wir das? Warum möchten wir euch verwirren?

Nun, wenn wir eure gegenwärtige Sicht der Wirklichkeit ein wenig in Frage stellen und erweitern können, können wir euch vielleicht dazu veranlassen, andere Wirklichkeiten wahrzunehmen: Es ist unsere Absicht, euch in die Klarheit hineinzuverwirren! Ihr seid so sehr in das Weltbild verstrickt, das euer Massenbewusstsein immer wieder erzeugt, dass es viel Mühe und Entschlossenheit erfordert, aus eurem gegenwärtigen Glaubenssystem herauszutreten. Eure derzeitige Weltsicht beruht auf der sogenannten linearen Zeit und auf einem begrenzten Wissen über historische Ereignisse.

Man hat euch eine bestimmte Version der Wirklichkeit aufgetischt, und durch eure überbewerteten Bildungssysteme lobt und belohnt ihr euch für die Fähigkeit, Daten als Tatsachen zu wiederholen – ohne jemals den Inhalt und die Lehrmethode zu hinterfragen. Man hat euch viele Geschichten erzählt, und wir haben vor, euch noch einige mehr zu präsentieren. Lernt, euren Körper ganzheitlich zu nutzen, um auch die Zwischentöne unserer Worte zu verstehen. Wir erinnern euch gern daran, dass wir Geschichtenerzähler sind und dass gleichzeitig in euch, eurem uralten Sein, die Werkzeuge der Wahrheit verborgen liegen. Es ist an euch herauszufinden, wie und wann ihr sie gebraucht. Wörter sind mehr, als sie scheinen. Eure Sprache ist codiert, und Klang erzeugt reflektierte Bilder, die Bewusstsein anregen und strukturieren. Gesprochene Worte schwingen anders als geschriebene. Wir spielen gern mit beiden Formen der Sprache. Wenn wir sprechen, trägt unsere Intonation eine eigene

Signatur, und wir verwenden feine Abweichungen mit Betonung bestimmter Laute. Wir wählen sorgfältig aus, was wir auszudrücken beabsichtigen, und wir verwenden jedes Wort auf bestimmte Weise. Wir wissen, dass ihr eine Sache hört, aber dass die von uns erzeugten Laute eine völlig andere Bedeutung zu eurem Körper tragen. Wenn ihr in unsere Schwingung kommt, erhaltet ihr eine Menge Anweisungen, und viele Wissensschichten werden angeregt. Es gibt die gehörten Wörter, von denen ihr *glaubt*, dass ihr sie versteht, und dann gibt es den Zwischenraum zwischen all den Wörtern, der wiederum eine Lektion in und von sich selbst ist. Und dann gibt es unsere Klänge, die in euren Zellen widerhallen und euch eine plejadische Geschichte erzählen, Inneres und äußeres Wirken kommen zusammen, um eure Entwicklung zu beschleunigen.

Am Anfang war das Wort, und das Wort war Klang. Dem entsprang die Schöpfung. Klänge beeinflussen euch alle und verändern euren Planeten. Und doch erkennt ihr die dahinterliegende Feinheit nicht. Unsere auf Papier gedruckten Wörter sind auch so angeordnet und codiert, dass sie euch viele Schichten der Wirklichkeit eröffnen. Habt ihr nicht auch schon mal eine dieser Buchseiten gelesen und eine Bedeutung gefühlt, nur um dieselben Wörter später wiederzulesen und einen neuen Sinn dahinter zu entdecken? Manchmal fühlt ihr vielleicht, dass das, was ihr gerade lest, früher gar nicht da war, und womöglich war das wirklich der Fall.

Die Wörter »wir sind hier« können in eine andere Sprache transportiert werden, die grundsätzlich schärfer fasst, was wir sind. Das Wort »erinnern« hat damit zu tun – sich auf die Quelle dessen zu beziehen, was euch erschaffen hat. Ebenso tun dies die Wörter »wir sind hier«. Die Wörter identifizieren die Quelle eures Schöpfers, und wenn wir kommen und zu euch sprechen, verkündet der Klang unserer Wörter, dass wir von der Quelle eures Schöpfers in den Plejaden kommen. Eure Zellen hören das und rufen in eurem Körper die Erinnerung seines eigenen Jetzt wach.

Wir haben angedeutet, dass vor etwa einer halben Million Jahre tumultartige Ereignisse in diesem Existenzbereich stattfanden, die eure gegenwärtige Erde beeinflussen. Die Erde verlor in hohem Maße ihre Souveränität, und eine andere Herrschaftsmacht kam herein und erhob Besitzansprüche auf dieses vorzügliche Stück Grund und Boden, das ihr euer Zuhause nennt. Diese neuernannten gottähnlichen Verwalter waren nicht immer die freundlichsten und wohlwollendsten Wesen. Die Erde wurde vor Milliarden Jahren zu einem bestimmten Zweck errichtet. Sie sollte ein intergalaktischer Umschlagplatz für Informationen sein, Teil eines riesigen Bibliotheksystems, in dem Daten aus unermesslich vielen Galaxien gespeichert waren – um genau zu sein: eine Lebendige Bibliothek.

Die Schöpfergötter – diejenigen, die glaubten, die treibenden Kräfte der Schöpfung zu sein – kamen also zusammen, vereinten ihr Wissen und erschufen Lebensformen. Sie entlehnten Stränge der DNS und Kombinationen genetischen Materials aus vielen verschiedenen Welten. Sie speicherten dieses Material im Bibliotheksystem der Erde, das mit einem System von zwölf kosmischen Bibliotheken verbunden war. Das gibt euch einen Eindruck von dem gewaltigen Ausmaß des Plans für die Erde.

Die Ursprünglichen Planer der Erde hingegen waren Mitglieder der Lichtfamilie – Wesen, die für den Bewusstseinsaspekt Licht arbeiteten und mit ihm verbunden waren. Licht ist bekanntlich Information. Mitglieder der Lichtfamilie erschufen das von ihnen geplante Informationszentrum; sie entwarfen einen Ort, zu dem die Galaxien ihre Informationen beitrugen und wo sie sich beteiligen und ihr spezielles Wissen einbringen konnten.

Um das Projekt der Lebendigen Bibliothek Erde wurde schließlich gekämpft. Es kam wirklich und wahrhaftig zu Gefechten, und die Erde wurde ein Ort des Konflikts und der Dualität. Bestimmte Schöpfergötter, die das Recht hatten zu tun, was sie wollten – denn die Erde ist eine Zone des freien Willens –, kamen herbei und rissen die Macht an sich. Diese Schöpfergötter überfielen die Erde vor ungefähr einer halben Million Jahre. Das entspricht dem Zeitpunkt, den man euch heute als den Beginn der Zivilisation nennt. In Wahrheit war es nur der Anfang der letzten Phase in der Zivilisation der modernen Menschheit. Spielarten menschlichen Lebens haben bereits viele Millionen Jahre existiert.

Als diese Gefechte stattfanden, kämpfte eine bestimmte Gruppe von Wesenheiten im Weltraum, und das Gebiet Erde fiel an sie. Diese neuen Besitzer des Planeten wollten, dass die einheimische Spezies unentwickelt und uninformiert blieb, damit sie leichter zu steuern und zu kontrollieren war. Die ursprüngliche Spezies der menschlichen Schöpfung erlebte daraufhin viele Zerstörungen, und ihre DNS wurde verändert und zerteilt.

Stellt euch die Erde als das Fürstentum eines großen, weit entfernten Imperiums vor. Vielleicht sagten die Eltern in einer Herrscherfamilie, wenn ihnen die Kinder zur Last fielen: »Geht hinunter auf die Erde und spielt ein wenig.« Als sie dies vorschlugen, erkannten die Götter nicht, dass sie sich durch das, was sie in Gang setzten, die Zukunft verbauten. Als die Kinder der Götter anfingen, sich am Gold und an der Genetik zu schaffen zu machen – und auch am Blut, durch Herumspielen mit der Macht der Frauen –, hatten sie keine Ahnung, was sie da erschufen.

Jetzt haben einige Götter erkannt, dass sie sich in einem Dilemma befinden. Auf der Erde wurde eine Tyrannei zugelassen, und diese Tyrannei nahm ebenso Einfluss auf uns Plejader. Wusstet ihr, dass wir alle einen Vorteil davon haben, wenn ihr euren Weg des Aufstiegs geht? Warum, glaubt ihr, machen wir diese Heilarbeit an eurem Planeten? Der Grund ist, dass ihr die nächste Phase unserer Entwicklung mitbestimmt, denn was euch widerfährt, das widerfährt dem Kosmos. Alle steigen wir gemeinsam auf, und auch wir Plejader müssen eine Vergangenheit heilen, mit der wir verbunden sind, wenn wir unseren Weg weitergehen wollen.

Es gab welche unter uns, die an dem Missbrauch eures Planeten beteiligt waren, aber die meisten von uns unterstützten euch nach Kräften in den Wirren der Veränderung. Ihr wisst, dass die plejadischen Energien auf der Erde immer sehr geliebt und geachtet waren und dass die meisten eurer Kulturen keine negativen Gefühle für die Plejaden hegen. Doch wir kommen nicht umhin zuzugeben, dass in weit zurückliegender Vergangenheit auch plejadische Energien in die genetische Linie der menschlichen Wesen eingegriffen haben, damit ihr einen bestimmten Weg beschreitet. Wir sind zurückgekommen, um das zu heilen. Das ist der Grund unseres Besuchs. Im Zuge unserer Suche nach den Ursachen unserer Schwierigkeiten auf den Plejaden wurden wir in die Zukunft geführt, wo wir gezeigt bekamen, dass unser System ohne euch nicht vorankommen wird. Mit anderen Worten, wir können uns als Schöpfer nicht fortentwickeln, solange wir nicht alle unsere Fähigkeiten und Rechte an die Menschheit der Erde weitergegeben haben. Nur gemeinsam mit euch können wir den nächsten Schritt gehen. Das ist unser Dilemma. Deshalb warten wir darauf, dass ihr eure eigene Schöpferkraft entdeckt. Wenn das geschieht, setzt ihr einen Code von Formeln frei. Vielleicht werdet ihr die Formeln auch dann noch nicht verstehen, wenn ihr schon sehr hoch entwickelt seid – lange, lange Zeit nicht.

Doch andere können zu euren Formeln Zugang gewinnen, und als Austausch werdet ihr Ekstase erfahren, Bewusstseinsveränderungen und Reisen in andere Welten. Ihr bemerkt es womöglich gar nicht, dass ihr diese Formeln weitergebt. Diejenigen, die sie brauchen, werden sie verwenden, um Leben zu reproduzieren oder zerfallende Systeme wieder aufzubauen. Wenn diese Formeln ins Dasein gelangen, werden wir alle frei sein, denn diese codierten Informationen enthalten die Gesänge eurer eigenen Freiheit, die als Frequenz erklingen und von euren Körperzellen ausgesendet werden.

Je mehr man sich der Macht, der Manipulation und des Überschreitens von Realitäten bedient, desto tiefer kann man fallen. In gewisser Weise ist die Erde zu einem magnetischen Wirbel geworden, der gefallene Energien anzieht. Diese Energien haben sich im gesamten Bereich eures Sonnensystems ausgedehnt, nicht nur auf der Erde. Glaubt nicht, dass überall alles in Ordnung ist und nur die Erde als Schandfleck gilt. In Wahrheit steht euer gesamtes Sonnensystem gerade einige Schwierigkeiten durch. Es gibt andere Sonnensysteme, Versionen eures Sonnensystems, die dieses überlagern. Wenn bestimmte Gedankenformen auftreten, ziehen und locken sie gleichartige an. Was geschieht, wenn ihr in eine negative Energie geratet und euch davon nicht befreien könnt? Es kommt immer mehr negative Energie in eure Nähe. Sehr lange Zeit hat die Erde negative Energien an sich herangezogen. Wesen, die mit diesen negativen Energien verbunden sind, stürzten aus sehr vergeistigten Höhen herab, wo sie vielleicht falsche oder nicht angemessene Entscheidungen trafen und die Macht verloren, aufbauende Realitäten zu erzeugen. Und doch war all dies Teil des Plans. Das Schwinden der Macht und die stattfindende Einflussnahme stimulieren unentwickelte Lebensformen dahingehend, nach etwas Besserem zu streben. Es liegt also ein großer Gewinn in diesem Prozess, und es gibt nichts, wovor man sich fürchten muss. Absolut nichts. Es gibt absolut nichts, wovor man in den kommenden Zeiten Angst haben muss. Wir möchten, dass ihr euch vollkommen bewusst seid, dass man euch für das, was ihr seid, achtet, und wenn ihr beginnt, euch selbst zu achten, werdet ihr unfassbare Möglichkeiten in euer Leben ziehen.

Einer der aufregendsten Aspekte des gegenwärtigen Daseins auf der Erde ist die stattfindende Neuordnung der DNS. Kosmische codierte Lichtstrahlen kommen als Photonen auf die Erde und regen eine Veränderung und Neuordnung im menschlichen Körper an. Die zersplitterten Daten, die die Geschichte und Bewusstheit der Lebendigen Bibliothek enthalten, organisieren sich gerade neu. Durch die Galaktische Flutwelle des Lichts, wie sie sich schon 1993 in der großen Uranus-Neptun-Konjunktion ausdrückte, strömten kosmische Strahlen auf den Planeten ein und erzeugten in der Massenbevölkerung einen potentiellen dritten DNS-Strang. Es bildeten sich neue Helices oder DNS-Stränge, indem die codierten Lichtfäden den Impuls erhielten, sich neu zu bündeln. Die zersplitterten Daten wurden in eurem Körper durch elektromagnetische Energien von Urschöpfer zusammengezogen. Wir sind hier, um diesen Prozess in euch zu beobachten, euch beizustehen und uns auch selbst zu entwickeln.

Mit fortschreitender Neubündelung und Neuordnung werdet ihr ein entwickelteres Nervensystem erschaffen, wodurch neue

Daten leichter in euer Bewusstsein einfließen können. Ihr erweckt gerade viele brachliegende Gehirnzellen, und ihr werdet beginnen, eure volle physische Kapazität zu nutzen und nicht nur den kleinen Prozentsatz, mit dem ihr bisher funktioniert habt. Ihr habt zugestimmt, Licht zu tragen und es wieder auf diesen Planeten zu bringen. Da ihr beginnt, euren Körper mit Licht zu füllen, muss sich euer Erinnerungsvermögen öffnen. Ihr müsst euch mit eurer DNS in eine multidimensionale Version von euch entwickeln, die viele Realitätsschichten umfasst. Stellt euch vor, dass ihr zwölf verschiedene DNS-Stränge besitzt, die spiralförmig ineinander verwoben sind. Die Doppelhelix hat zwei Stränge. Stellt euch zwölf Stränge vor, die ineinandergreifen. Ihr könnt sie euch als sechs Paare vorstellen, auch wenn sie nicht unbedingt so kombiniert sind. Spielt mit eurer Vorstellungskraft. Stellt euch außerhalb eures Körpers Energiestraßen vor, die aus euren zwölf Chakren herausführen. Ihr lebt in einem Geflecht unsichtbarer Energie. Durch die zwölf DNS-Stränge seid ihr mit diesem Geflecht über die zwölf Chakren verbunden, die energetische Eingänge in euren Körper sind und euch mit der lebensnotwendigen Vitalkraft verbinden. Durch Öffnung und Aktivierung dieser Energietore könnt ihr euch selbst kennenlernen.

Ihr strebt doch danach, eure gesamte Gehirnkapazität zu nutzen, mehr als nur die jetzigen acht bis zehn Prozent. Diese Möglichkeit werdet ihr bekommen. Eure gesamte universelle Geschichte ist in codierten Lichtfäden enthalten, die in eurem Körper von Wesen durcheinandergebracht wurden, die euch dumm halten wollten, damit sie euch besser lenken und kontrollieren konnten.

Lernt, das Material eurer eigenen Geschichte zu verwenden, um euch selbst Klarheit zu verschaffen. Bewegt euch mit Freude und ohne etwas oder jemnanden zu verurteilen durchs Leben, statt sich ständig wiederholende Seifenopern zu kreieren, in denen ihr immer dieselben Rollen spielt. Da sich alle zwölf DNS-Stränge neu zu formen beginnen, werden die noch nicht geklärten und nicht friedvoll abgeschlossenen persönlichen Themen Chaos in eurem Körper verursachen. Gefühle und Erinnerungen werden hochsteigen und euch sowohl eine Möglichkeit bieten, das Geflecht eures Seins zu erfahren, als auch anhand tief in euch eingewobener Ereignisse und Glaubenshaltungen enthüllen, wer ihr seid.

Wir erinnern euch daran, was ihr im tiefsten Inneren bereits wisst. Wir sind auf diesen Planeten gekommen, um eure Erinnerungsbanken aufzuschließen – um die menschliche Rasse durch Licht zu inspirieren, damit ihr euch zu erinnern beginnt, wer ihr seid, und eure eigene Wirklichkeit erschafft. Ihr werdet die Frequenz auf dem Planeten verändern und den rechtmäßigen Besitz über euch und dieses Territorium fordern. Ihr werdet die Sache meistern, indem ihr auf noch unerkannte Fähigkeiten vertraut.

Wir lieben jeden Einzelnen von euch, denn ihr habt uns geholfen – ihr habt uns dabei unterstützt, etwas mitzuteilen. Euer Planet ist ein ganz zauberhafter Ort, und es gibt welche, die ihn von Ferne betrachten und viele Dinge erkennen. Ihr seht euren Planeten nicht aus der Ferne. Ihr erfahrt ihn am eigenen Leib. Erst vor einigen Jahrzehnten wurden euch zum ersten Mal Weltraumbilder der Erde gezeigt, und es wurde euch ein visueller Eindruck von euch als Ganzes geboten. Würde euch jemand vom Weltraum aus studieren, so würdet ihr alle gleich aussehen, falls dieser Jemand nicht die von euch ausgesendeten Schwingungen lesen könnte.

Wir sprechen hier etwas Spezielles an. In diesen letzten Jahren hattet ihr den Impuls, tiefer in die Selbsterfahrung und die Bedeutung der Identität einzutauchen sowie euch eine kosmische Betrachtungsweise des Lebens zu eigen zu machen. Vielleicht schien es am Anfang, dass ihr nach etwas greifen würdet, was weit jenseits der von der Zivilisation unterstützten Parameter lag. Indem ihr euch in kleinen Gruppen überall zusammenfandet und eure tiefsten Sehnsüchte, euer Wissen und die Geheimnisse eures Lebens offenbartet, erkanntet ihr allmählich, dass ihr euch vielleicht doch nicht so weit außerhalb der Parameter der Zivilisation befandet. Womöglich kam die Zivilisation in Bewegung, indem *ihr* die Grenzen erweitert habt. Eure Entschlossenheit, eure grundsätzliche Lebenseinstellung neu zu bewerten, zu überdenken und neu zu ordnen, hat das Gesicht der

Zivilisation verändert. Ihr Menschen habt keine andere Wahl, als nach diesem neuen Territorium zu greifen, das sowohl erschlossen als auch unerschlossen als Entdeckung vor euch liegt.

∞

In den letzten 500.000 Jahren wurden unterschiedliche Zivilisationen von verschiedenen Sternensystemen als Teil des ursprünglichen Bibliotheksprogramms ausgesät. Jede einzelne davon trat in anderen Zeitperioden auf und durchdrang ein kontrolliertes Kraftfeld, das die Erde isolierte und als Bibliothek unzugänglich machte. Diese Zivilisationen standen fünfhundert, fünftausend oder zehntausend Jahre lang in Blüte, dann wurden sie von den Kräften, in deren Besitz der jeweilige Planet war, vertrieben oder zerstört. Diese Zivilisationen konnten hier nicht Fuß fassen, sie hinterließen aber Spuren im Rahmen des Meisterplans.

Wenn genug Menschen die von diesen Zivilisationen gesäten Hinweise lesen können, werden die Schlüssel der Erde für eine harmonische kosmische Existenz von euch verstanden werden. Die Ägypter, Inka, Balinesen, Griechen, Tibeter, Sumerer, die amerikanischen Ureinwohner, Maya, Aborigines und viele, viele andere Naturvölker haben Schlüssel zu diesem Verständnis beigetragen, die alle auf den Himmel hindeuten. Wären die heutigen Menschen in der Lage, die von den alten Kulturen hinterlassenen Spuren und Hinweise zu lesen, könnten sie die Erde befreien und wieder in Besitz nehmen. Jede Kultur hielt auf irgendeine Weise die Bibliothek offen und konnte ihre Zivilisation mit lebenspendenden Sternenverbindungen durchströmen. Jede war auf kreative Weise einzigartig und hinterließ einen geheimnisvollen psychischen Fußabdruck als Puzzleteilchen in eurem Zellgedächtnis.

Woher kamen diese vielen Zivilisationen? Glaubt ihr allen Ernstes, dass sie wie Pilze einfach aus dem Boden schossen? Sie wurden aus Gedanken erschaffen. Sie wurden durch Impulse ins Sein gebracht. Alle Kulturen, die hohe Ideale erreichten, wurden von den

»Spielleitern« geplant. Wisst ihr, in jeder Welt und in jedem Bereich wurde unter Freiheit etwas völlig anderes verstanden. Vor einer halben Million Jahre kam die Vorstellung, dass Menschen versklavt und respektlos behandelt werden konnten, auf die Erde und war in manchen Gegenden der Welt sehr ausgeprägt.

Ihr wart bereits Menschen, oder Versionen von menschlichen Wesen, und ihr wurdet als Bergarbeiter oder als Schwingungsträger für bestimmte Emotionsmuster missbraucht.

Mit der Zeit wurde eine Zivilisationsform höherer Ideale hier auf die Erde übertragen, um entsprechende Bedürfnisse der Menschen zu erfüllen. Die umfassendste auf den Planeten gebrachte Lehre war das Ideal, dass alle Menschen gleich geschaffen sind und dass das Leben in jeder Form geachtet werden soll. Dieser Gedanke konnte nicht bis auf jede Daseinsstufe durchsickern, auch wenn er sicherlich in zahlreichen Gesellschaften konkret verankert wurde. Natürlich gab es dann diejenigen, die Steine, Bäume, Pflanzen, Tiere und Menschen achten konnten. Für viele jedoch bestand die Hauptsache darin, sich selbst zu achten; sie waren hier, um intelligent zu handeln und die Großartigkeit des Planeten zu entdecken.

Auf irgendeine Art und Weise mussten die Spielleiter unterschiedliche Wege finden, um die Erde zurückzugewinnen und den Wert des Lebens neu zu lehren. Also entwarfen sie mit der Zeit ganze Zivilisationen und stellten sie sich bis ins kleinste Detail genau vor. Dann säten und pflanzten sie diese Zivilisationen auf der Erde ein, indem sie die Bewohner von den Sternen hinzufügten. Dies geschah, nachdem diese Wesen so fein angepasst waren, dass sie der genetischen Linie des Menschen entsprachen.

Erweitert euer Konzept des Daseins, und stellt euch dies vor: Vorrangig inszenieren Spielleiter Wirklichkeiten und fügen diese dann als Lebensformen auf verschiedenen Planeten ein. Die Spielleiter treffen sich, so wie ihr euch zum Karten- oder Tennisspielen trefft, nur dass ihr Spiel darin besteht, Zivilisationen zu erschaffen. Sie verändern und wandeln Welten um, indem sie innerhalb von Zivilisationen Spielarten in die von ihnen inszenierten Wirklichkeiten eintreten lassen. Diese Zivilisationen handeln völlig impulsiv, doch alle Impulse werden ihnen durch Blaupausen eingegeben. Alle Blaupausen werden im Voraus formuliert, so wie ihr auch als Lichtfamilie eurem Auftrag gemäß einen Plan ausführt, den ihr selbst erstellt habt. Die Spielleiter sind brillant. Sie denken sich nicht nur das Spiel aus und erschaffen den gesamten Grundplan, in dem die Zivilisation zur Blüte kommen kann – bis hin zu den besten Handwerkern und den ärmsten Bettlern –, sie säen auch *sich selbst* in die Zivilisation hinein. Sie wissen, dass ihre Zivilisation komplett ist, wenn ihre eigene Identität mit ihr verschmilzt, so dass sie *in* der Zivilisation sind und sie gleichzeitig *erschaffen.*

Die Maya, die einmal in Mexiko und Mittelamerika lebten, waren darin Meister. Sie konnten geschickt Wirklichkeiten vermengen und sich von einem System zum anderen bewegen. Ihr kosmisches Zuhause waren die Plejaden, und doch wohnten sie sicherlich nicht dort; sie hatten ihre eigene Welt. Heute führen die Maya überall Aufträge aus, vermengen viele Welten und nehmen andere Maya mit sich, als ob ihre Zivilisation nie untergegangen, sondern nur von einer Welt in eine andere gewechselt wäre.

Das Wort »Maya« bezieht sich auf die Illusion der Wirklichkeit. Diese Menschen waren so fortgeschrittene Hüter der Zeit, dass sie buchstäblich Wirklichkeiten zu erschaffen vermochten, die zukünftige Sucher ihre wahre Identität finden lassen oder sie von ihrer Entdeckung ablenken konnten. Vieles in der Geschichte über die Maya ist Teil ihres Tricks, Teil der Illusion. Solange ihr nicht selbst in andere Wirklichkeiten vordringen und in diesen Bereichen reisen könnt, werdet ihr das nicht verstehen. Auf ihre Art waren die Maya genauso geschickt wie die Ägypter. Die Ägypter konnten viele Gedankenformen der Wirklichkeit hervorzaubern und die Welten auf andere Art und Weise bereisen. Die Maya konnten die Zeit inszenieren und Zeitsperren erschaffen. Verschiedene Kulturen haben verschiedene Zwecke, die alle miteinander verbunden sind. Warum waren all diese Zivilisationen hier auf der Erde? Warum hatte jede Zivilisation ihre Blütezeit? Das sind Fragen, die ihr genauer untersuchen könnt. Dann fragt euch selbst: »Was ist meine Rolle in diesem Prozess?« Die Zivilisationen trieben an verschiedenen Schnittstellen ihrer Blütezeit Handel miteinander; sie teilten Ideale. Einige existierten über Tausende von Jahren.

Seht ihr, wie reich überlagert Zivilisationen sind? Ein Beispiel, um euch das zu verdeutlichen: Ein Film wird gedreht, und er ist erfolgreich – zum Beispiel *Rocky*. Es folgen *Rocky 2*, *Rocky 3*, *Rocky 4* und *Rocky 5*. Inzwischen gibt es *Rocky Balboa* und drei *Creed*-Filme. Wenn euch nun jemand diese Filme hintereinander zeigte, würdet ihr glauben, dass sie nahtlos ineinander übergehen. Doch tatsächlich liegt jeweils eine Zeitspanne dazwischen. Das geht auch nicht anders, denn sie mussten ja geschrieben und gedreht werden. Ebenso ist es mit Zivilisationen. Sie werden ausgesät, und dann liegt Zeit dazwischen, während sich die Spielleiter die nächste Episode ausdenken – Teil 2, Teil 3 oder Teil 500 – und sie an entsprechender Stelle im Spiel installieren. Wir weisen darauf hin, dass auf eurem gesamten Planeten Zivilisationen schichtweise übereinanderliegen, die alle miteinander verbunden sind. Dieses Konzept liefert euch einige neue Ideen, in die es sich einzufühlen gilt.

Wir Plejader sind selbst ein Experiment dieser Spielleiter. Die Spielleiter sind formlos, doch können sie andere übernehmen und sich in vielerlei Gestalt einbringen. Die Filme *2001 – Odyssee im Weltraum* und *2010 – Das Jahr, in dem wir Kontakt aufnehmen* zeigen die Idee eines Spielleiters und wie bestimmte Lebensformen hinter den Kulissen beeinflusst werden. Das ist eine gute Analogie, aber nehmt sie besser nicht allzu wörtlich.

Die Spielleiter sind grenzenlose, formlose Gestaltwandler. Sie können jede beliebige Gestalt annehmen, denn sie bewegen sich zwischen Klang und Geometrie und sogar noch darüber hinaus. Sie erschaffen in ihrem Geist alle Blaupausen für Kulturen und öffnen anschließend Portale, um Kulturen auf die Erdebene zu schleusen. Dann lassen sie zu, dass diese Kulturen sich entwickeln, wachsen und den Samen für andere Zeiten aussäen und diese beeinflussen. Es gibt auf der Erde heilige Stätten und Kulturen, die ihr als verloren betrachtet, und ihr glaubt, nie wieder in Kontakt mit ihnen treten zu können. Während des großen Erwachens und Bewusstseinswandels werden diese Kulturen jedoch lebendig und dann sogleich in Aktion treten, denn ihre Blaupausen werden aktiviert und wieder auf diese sich öffnende multidimensionale Ebene gezogen.

Die Spielleiter denken sich also Blaupausen für Zivilisationen aus. Nun der heikle Teil: Wenn die Spielleiter eine bestimmte Blaupause für eine Zivilisation erschaffen, hat sie viele Versionen und wird in vielen Welten und in vielen Wirklichkeiten ausgedrückt. Ein Teil der Aufgabe der Spielleiter besteht nun darin, mit all diesen Realitäten gleichzeitig zu spielen und von jeder einzelnen Spielart dieser Blaupause zu lernen. Es ist wie die Anfertigung eines Umhangs. Der Schneider näht ein Modell und hat die Idee, hundert andere Variationen des Umhangs anzufertigen, um alle Bedürfnisse zu befriedigen und einer notwendigen Essenz des Umhangs selbst zu entsprechen. So arbeiten die Spielleiter. Wenn sie also eine Blaupause erschaffen – sowie eine Sprache und eine Methode, um die Blaupause auf den Planeten zu übertragen –, wird die Blaupause nicht einfach nur in einem Bereich verankert. Sie wird in vielen Bereichen verankert.

Manchmal leben diese Zivilisationen viel länger oder kürzer, als eure Archäologen glauben. So mag es den Anschein haben, als existierten sie über Äonen; tatsächlich überdauern einige dieser Ausdrucksformen, die man Zivilisationen nennt, lediglich einen Nachmittag. Dieser Gedanke ist für euch an eurem jetzigen Punkt der Ausdehnung vielleicht zu abgehoben oder zu fremd. Wir werden euch jedoch eines Tages an diese Grenzen stoßen, so dass ihr erkennen könnt, dass die Wirklichkeit tatsächlich ziemlich flexibel ist.

Wir *möchten* eure Grenzen der Identität erweitern. Wir möchten das, was ihr für eure Realität haltet, durcheinanderbringen, denn dann werdet ihr fähig sein zu fühlen, wie die Informationen von eurem höheren Selbst durchkommen. Wir kommen nicht auf die Erde und sprechen zu euch, weil wir euch eine ganz neue Blaupause für das Dasein geben und sagen wollen: »Hier einen Nagel hinein, dort noch ein Brett hin; baut es so, und dann funktioniert es.« Wir sind nicht hier, um eure Welt neu zu definieren. Wir sind hier, um euch zu helfen, die Blaupause, in der ihr gelebt habt, zu zerlegen. Wir wollen euch Hinweise auf sehr allgemeine Gesetze geben, um die herum ihr neue Strukturen bauen könnt. Der dahinterliegende umfassende Gedanke besteht darin, dass ihr alles, was ihr denkt, erschaffen könnt. Das ist der Kern unseres Zwecks. Indem wir euch für die Erfahrung dieses großartigen Konzepts befreien, ist es unsere Absicht, dass ihr schließlich eure volle Gehirnkapazität erschließt.

Mit dieser enormen Möglichkeit, euer ganzes Sein zu entfalten, werdet ihr letztlich die großen Bewusstseinscodes in euch freisetzen. Diese Codes sind wertvolle Daten, nach denen ein Gutteil der Existenz strebt. Auf eurem Planeten habt ihr Schatzsucher, die nach Gold und alten Objekten stöbern. Man könnte uns als Schatzsucher der Zeitkorridore bezeichnen, die das Spiel spielen.

Die Codes und die Meisterzahlen, nach denen wir streben, sind geometrische Formeln und Intelligenzkombinationen, die im Menschen gespeichert sind. Der Mensch ist natürlich ein integraler Bestandteil des Entwurfs für die Lebendige Bibliothek. Jede Schöpfung in der Lebendigen Bibliothek hat ihren Zweck und speichert unzählige Daten. Im menschlichen Körper gibt es Formeln, die andere Intelligenzformen in eurem gesamten Universum nachbilden können. Spürt einmal da hinein. Innerhalb des entwickelten zwölfstrangigen Menschen gibt es Formeln, die Leben für andere Intelligenzformen in diesem Universum erschaffen können.

Als andere Intelligenzformen die Erde entwarfen, konnten sie den Grund für deren Erschaffung begreifen. Sie verstanden, dass ihre eigenen Zivilisationen vielleicht eines Tages zerstört werden würden, und sie wollten diese nicht ganz verlieren. Also wurden im gesamten Dasein Bibliotheken gebaut, und jede nahm spezielle Daten auf. Alle Intelligenzformen, die Bibliotheken erschufen, achteten ihre eigene Identität und ihre Zivilisationen. Sie verstanden, wie ihre Zivilisationen aufgebaut waren. Sie schätzten das Leben.

Die Meisterzahlen werden erreicht, wenn eine kritische Masse von Individuen spezielle Schwingungscodes aussenden kann. Durch die

Meisterzahlen können verschiedene Zeitsperren auf eine bestimmte Zivilisation gelegt werden, und so entsteht Immunität gegenüber jeglicher zerstörerischer Energie. Doch die zerstörerische Energie ist notwendig, damit der gesamte Prozess überhaupt erst in Gang kommen kann. Dadurch wird das Ganze ein Spiel.

In diesem Universum sind Dualität und Polaritäten notwendig, damit der freie Wille in seinem höchsten Potential aktiviert wird. Die Teile einer Dualität dienen als Anregung, sich gegenseitig selbst zu spiegeln, so dass sich Polaritäten schließlich vereinigen. Die Wirklichkeit hat viele Schichten und erschafft ständig neue Versionen von sich, daher ist sie von einem Augenblick zum anderen nicht gleich. Der Puls eures Universums erfährt einen massiven Wandel. Gerade gibt es eine Bewegung, um die Erde zu heilen und sie wieder auf eine bestimmte Schwingungsfrequenz zu bringen und einzustimmen. Mit der Rückkehr bestimmter Wesenheiten, die das Land überziehen und ihr Sternenbewusstsein mitbringen, wird die Erde schließlich als eine ganz andere Kolonie neu gegründet. Es wird Begeisterung, Harmonie, Zusammenarbeit und Einheit geben, was allen größere Möglichkeiten eröffnet.

Das Gleiche geschieht auf universeller Ebene.

Die Erde ist eine der entscheidenden Bibliotheken dieser Galaxis und dieses Universums, und deshalb ist das Geschehen so dramatisch. Während die Erde ihre Umwandlung erfährt, ihre *Große Veränderung*, wird die vernetzte psychische Energie ihrer Bewohner die Nachricht ihres Transformationsprozesses aussenden.

Das wird Wellen schlagen und die Art verändern, wie alle Welten im Zeichen der Polarität an diesem Universum teilnehmen.

Es ist unsere Absicht, euch eine größere Perspektive eures plejadischen und stellaren Erbes zu vermitteln und euch zu inspirieren, verantwortungsbewusstere, mutigere, waghalsigere und humorvollere Menschen zu sein. Eure plejadische Abstammung ist viel größer, komplexer und umfassender, als ihr jetzt erkennen könnt. Wir möchten, dass ihr euch an eure Abstammung von einer großen Menschenfamilie erinnert und diese uralte Wahrheit versteht.

Wir werden jetzt die Bedeutung des Spiels, der Codes und der Meisterzahlen weiter ausführen. Also, die gesamte Existenz kann als ein einziges großes Spiel betrachtet werden. In Wahrheit ist sie ein Spiel, das zu Ende gehen kann, wenn es nicht richtig gespielt wird. Zu einem Abschluss kommt es aber nur auf bestimmten Ebenen, auf anderen gibt es kein Ende. Dafür ist der Abschluss auf bestimmten Ebenen sehr Ehrfurcht gebietend. Innerhalb des plejadischen Systems stehen wir vor der Krise eines solchen Abschlusses. Diese Krise hat mit unserem Karma zu tun, das auf uns zurückgefallen ist. Damit wir in unserer Entwicklung weiterwachsen und neue Energie-, Sinn- und Lebensformen suchen können, müssen wir sicherstellen, dass alle von uns geschaffenen und in Gang gesetzten Lebensformen genauso frei sind, wie wir es sein möchten.

Der Schmerz des plejadischen Experiments hat damit zu tun, dass wir einen Weg finden müssen, die Muttergöttin zu beschwichtigen, denn wir sind alle mit der Muttergöttin verbunden.

Irgendwie lassen sich dieser Tage die reptilischen Energien nicht mehr verbergen. Es spielt sich allerhand ab: Kometen, Meteore und Asteroiden tauchen aus dem Weltraum auf, Planeten bewegen sich willkürlich, alle möglichen Phänomene lassen die Menschen fragen, was mit dieser Welt geschieht, während das globale Verständnis der Wirklichkeit brüchig wird. Wir möchten, dass ihr versteht, dass alles seine göttliche Ordnung hat. Die Zeiten verändern sich, aber ihr müsst darüber nicht in Panik geraten. Es ist Zeit für euch, die Heiterkeit in eurem Sein zu spüren. Die Zeit, auf die ihr gewartet habt, euer Zweck, steht kurz vor der Vollendung. Wir erinnern euch, dass ihr die Lichtfamilie seid, und Millionen von euch führen gerade ihre Aufträge auf der Erde aus. Als Mitglieder der Lichtfamilie besitzt ihr die Fähigkeit, die Lichtfrequenz in den Körper zu ziehen und sie auf der Erdenebene zu verbreiten. Auf diese Weise kann sich die Erde selbst, als lebensfähiges lebendiges Geschöpf, in ihren eigenen Übergang bewegen und einer alten Ordnung den Rücken kehren. Einige von euch befürchten entsetzt, dass die Erde »stirbt«. Ihr möchtet eine große Abwehrmauer errichten – gegen den »Tod« der Erde und die »Zerstörung« der Umwelt. Tatsächlich geben aber diese scheinbar schrecklichen, schwierigen und abscheulichen Ereignisse den notwendigen Impuls, damit die sieben Milliarden Menschen der Erde sich verändern und in Bewegung setzen.

Ihr seid Energieüberträger. Ebenso wie wir Energie von einem Realitätssystem in eures übertragen und wie unsere Lehrer und andere sie auf uns übertragen, müsst ihr euer Wissen nehmen und es sehr sanft übertragen – spielerisch, ohne Angst für die Erdenbewohner. Andere werden sehen, dass ihr stabil, geerdet und liebevoll seid und dass ihr im Namen des Friedens arbeitet. Stellt das klar. Haltet immer am Gedanken des Friedens fest, wenn ihr nach etwas noch Unbekanntem strebt und euch mit Energien anfreundet, deren Aussehen andere ängstigen könnte. Ihr leistet äußerst bedeutende Arbeit.

Als Mitglieder der Lichtfamilie bringt ihr das Zeitalter der vereinten Gedankenübertragung, das Lichtzeitalter, herein. Indem ihr diese Lichtwellen aufnehmen und halten könnt, werdet ihr verstehen, dass sich die Umwandlung dieses Planeten auf eure Geisteskraft gründet. Diese Revolution des Geistes greift in allen Kulturen sehr schnell. Wir überwinden kulturelle Grenzen; ihr werdet galaktische Grenzen überwinden. Es ist unsere Absicht, dass diejenigen, die uns kennen und denen unsere Energien vertraut sind, leichtfüßig auf dem Planeten wandeln und das Schlüsselwissen leben können, das wir mit euch teilen. Wir geben euch Schlüssel direkt in die Hand, und wir führen euch auch an der Nase herum; wir führen euch immer an der Nase herum. Ihr tut gut daran, uns auf die Finger zu schauen. Wenn ihr das nicht tut, seid ihr töricht.

Lernt, allen Dingen gegenüber skeptisch zu sein, und lernt auch, dass wir manchmal guten Grund für unser Handeln haben, selbst wenn das vielleicht für euch gerade nicht offenkundig ist.

Wir sagen euch in aller Ehrlichkeit und Aufrichtigkeit, dass eure höchsten Interessen, eure Ganzheit, eure Sicherheit und Ausbildung unser oberstes Anliegen ist. Wir möchten euch nicht verlieren. Ihr seid für uns ein Schlüssel. Könnt ihr euch das vorstellen? Könnt ihr das im tiefsten Kern eures Seins fühlen? Wenn ihr begreifen könnt, was wir euch in diesem Moment mitteilen, wird das für die kommenden Jahre einen großen Unterschied bedeuten. Wenn ihr begreifen könnt, dass wir euch brauchen, dass wir euch wollen, dass ihr wertvoll seid, und wenn ihr euer Ego beiseite schieben, euer Herz öffnen und durch diese unbekannten Territorien gehen könnt, dann werden eure Tage von Glanz erfüllt sein.

Während sich für euch die Geschichte dessen, was ihr seid, entfaltet und ihr mehr erfahrt, werden wir euch helfen zu verstehen, wie diese Geschichte sich auf einer kosmischen Ebene einfügt und wer ihr darin seid. Wir werden euch viele Hinweise geben und euch daran erinnern, dass es immer unsere Absicht ist, euch mit einer Energie zu unterrichten, die euch dahin bringt, eure eigenen Lehrer zu werden, eure eigene Quelle des Wissens. Wenn wir euch erfolgreich als intelligentes Wesen ansprechen können, dann qualifiziert ihr euch, bestimmte Codes und Meisterzahlen in eurem Sein auszulösen, die das gesamte Existenzspektrum auf dieser euch bekannten Ebene verändern werden. Ihr werdet buchstäblich wieder eine Bibliothek öffnen. Und durch das Finden eurer eigenen Antworten – indem wir euch mit den Hinweisen helfen und ihr sie zusammenfügt – werdet ihr zur Einsicht gelangen, dass ihr nur euch selbst braucht. Nicht, dass ihr allein oder ohne uns arbeiten sollt. Unter allen Spezies herrscht Harmonie und Zusammenarbeit – es ist ein Teilen des Lichts und des Wissens, dass alle eins sind. Wir erschaffen bloß Vorstellungen, aus denen ihr euch entwickeln könnt. Nehmt unsere Geschichte nicht für bare Münze. Hört euch auch alle Geschichten der anderen an und zieht dann eure eigenen Schlüsse. Kommt selbst drauf. Jeder Lehrer auf der Erdenebene hat für euch gerade einen Hinweis. Auch wir bieten euch einen Hinweis an – wir haben nur einfach unsere eigene flippige Art, das zu tun. Wir haben unsere eigene Persönlichkeit, unser eigenes Programm, und wir wissen, wie wir euch anregen können, um euch in Gang zu bringen und zu erheben. Wir wissen, wie wir euch befreien können, und das haben wir auch vor. Es ist unser Ziel, den Wert der menschlichen Existenz wieder in den Vordergrund der Schöpfung zu rücken.

Energieübung

Mache einen tiefen Atemzug und erlaube dir, dich zu entspannen und nach innen zu gehen. Nimm dir vor, die Energien, die dich jetzt durchfluten, maximal zu nutzen. Dehne dein Bewusstsein bis zum zwölften Chakra aus, wo immer das für dich auch ist. Höre von deinem zwölften Chakra den Klang der Absicht, der durch deinen Körper schwingt. Stelle dir Wellen und Impulse aus Licht vor, die sich weit aus dem Weltraum auf dich zubewegen.

Während diese Lichtwellen sich dir nähern, lausche dem Widerhall in der Gesamtheit all dessen, was existiert. Stelle dir ein sehr feines, spinnennetzartiges Geflecht vor, aus dem dein Kosmos besteht. Indem du nun Energie durch dieses Netz ziehst, beginnt es zu summen und zu singen und alle seine Teile zu informieren.

Lasse diese Lichtwellen auf deinen Planeten kommen, und fühle, dass du ein Magnet für erweitertes Bewusstsein bist. Erkläre dich von diesem Augenblick an bereit, mühelos und freudvoll Zugang zu den Bewusstseinsfrequenzen zu erlangen, die wir als Plejader dir zur Verfügung stellen. Fühle den Überfluss an Schöpfungskraft, der sich durch dein Sein ausdrückt, und verwende gelassen und mutig dieses schöpferische Licht, da es sich durch dich bewegt und den Planeten mit neuen Möglichkeiten beschenkt.

Während diese Wellen aus Licht durch dein zwölftes Chakra hereinkommen, stelle dir vor, wie gigantische Lichtwellen auf die Erde auftreffen, die Tausende Kilometer lang und breit und von winzigen geometrischen Formen durchdrungen sind. Auch du besitzt das Potenzial, die Lebendige Bibliothek wieder zu aktivieren, indem du die Gaben deines Geistes, deiner Impulse und Absichten verwendest. Fühle, wie die Erde mit Lichtwellen überflutet wird. Stelle dir einige Augenblicke lang vor, dass jedes Lebensteilchen weiß, dass es nie zerstört wird – dass Zerstörung eine Illusion des Spiels von Urschöpfer ist. Du bist wahrlich ein Spielleiter. Finde diese Schatztruhe, die du weggepackt hast. Sie enthält deine wertvollste Wahrheit, die du sogar vor dir selbst versteckst. Da du es nun wagst, diese Truhe zu öffnen, siehst du dich – eine Version von dir, die Urschöpfer ist, die wieder Friede und Freiheit auf dieser Welt erschafft. Lass es dein Ziel sein, dass die Gesamtheit eurer Intelligenz frei untereinander weitergegeben wird und dass die Begabungen, Talente und Fähigkeiten, die jeder von euch hat, auf den Rest der Welt ausgestrahlt werden, damit Heilung stattfindet. Beabsichtige, dass dein Körper Liebe ausstrahlt. Erzeuge mit dieser Liebe eine Spirale, und wisse, dass du mit einem großen Zweck verbunden bist.

Du bist nicht allein, und doch musst du allein gehen und handeln, damit du dich selbst entdeckst. Hülle dich in diese Spirale aus Liebe ein und sei bereit, dich zu erinnern, wer du bist.

2

Die Lebendige Bibliothek neu erträumen

Sobald sich der Gedanke der Lebendigen Bibliothek tiefer in euch verankert, werdet ihr allmählich den Wert der Gefühle verstehen und erkennen, wie ihr als Schlüssel zu dem großen hier gespeicherten Wissen dient.

Wir arbeiten mit uralten Wesen, die euer Universum steuern, den Hütern der Zeit. Könnt ihr euch das vorstellen? So wie ihr ein Auto lenkt, damit es auf der Straße bleibt, so halten die Hüter der Zeit euer Universum auf Kurs.

Die Hüter der Zeit sind die ursprünglichen Initiatoren, die Erfinder der Lebendigen Bibliotheken. Sie sind Schöpfungen der Spielleiter. Man muss – und wir verwenden hier eure menschliche Bezeichnung – »sehr hoch entwickelt« sein, um mit den Hütern der Zeit in Kontakt treten zu können. Viele wissen, dass es sie gibt, aber wie findet man sie und wie kommuniziert man mit ihnen? Es existieren auf eurem Planeten unzählige Hinweise auf äußerst hoch entwickelte Wesen. Doch wie kommt ihr an sie heran, und wie bringt ihr sie dazu, mit euch zu arbeiten? Wie stellt ihr es an, dass sie euch ihre Geheimnisse anvertrauen? Es ist ganz einfach: Ihr müsst lernen, auf ihrer Frequenz zu schwingen.

Wie die Yogis und Schamanen eurer Welt besitzen die Hüter der Zeit widersprüchliche Persönlichkeiten. Sie sind rätselhaft. Obwohl sie bekannt und geachtet sind, weiß doch niemand, wo sie leben, wie man sie kontaktiert oder wie sie aussehen. Es ist unser Glück, dass wir mit den Hütern der Zeit arbeiten können. Sie sind unsere Lehrer, und wir gehören zu euren Lehrern.

Die Hüter der Zeit haben uns die Lebendigen Bibliotheken entdecken lassen. Sie haben uns auch dazu gebracht herauszufinden, wie diese Bibliotheken zu aktivieren sind, denn die Hüter der Zeit möchten ihr Universum nicht verlieren. Die Hüter der Zeit werden euer Universum bis zu jenem Punkt des Daseins getrennt halten, da das gesamte Universum versteht, dass es eins ist. Wenn das geschieht, wird das Universum sozusagen in sich zusammenfallen, eins mit Urschöpfer werden und verstehen, was es ist.

Die Hüter der Zeit setzen alles daran, dieses Universum nicht zu verlieren, denn wenn es sich vor seiner Vollendung zerstört, wird es seinen Zweck nicht erfüllen. Um dies zu verhindern, sondern sie das Universum ab, indem sie die *Zeit* erschaffen. Die Zeit trennt alles und erlaubt dem Universum, sich zu erkunden. Sie erlaubt ihm zu entdecken, dass alles zusammenarbeitet, und letztlich zu dem Verständnis zu gelangen, dass es ganz ist, dass alles Eins ist.

Die Hüter der Zeit beobachten, dass ihr Universum überfallen wird. Sie sehen, dass es auf Zerstörung und Trennung zusteuert – eine Trennung, die sie sogar unterstützen. Sie halten euer Universum abgesondert, damit es – wie jede andere Welt – von sich aus die Bedeutung jeder anderen Welt entdeckt. Die Trennung, mit der sich die Hüter der Zeit beschäftigen, ist die Trennung der bestehenden Lebensformen von ihrer Essenz. Durch diese Methode erzeugen reptilische und andere Energien Tyrannei. Weit in eurer Zukunft gibt es einen Punkt, an dem die Hüter der Zeit sehr besorgt über diese

Entwicklung sind. Wir verwenden die bestmöglichen Ausdrücke, um euch davon eine Vorstellung zu geben.

Wir haben gelernt, dass ein wirklich guter Lehrer oft zur List greifen muss. Und so wird durch Tricks die gegenwärtige Glaubensstruktur durcheinandergebracht, damit eine andere wahrgenommen werden kann. Wir selbst sind Schüler, die genau wie ihr all dies entdecken, und wir haben unsere eigenen Lehrer, die uns überlisten, bestimmte Dinge zu tun, unter anderem auch, mit eurem Planeten zu arbeiten. Wir sind auf der Suche nach unserem eigenen Weiterkommen, denn wir sind Abenteurer, und es ist eine eigene Geschichte, wie wir auf die Erde gestoßen sind. Unsere Suche beinhaltete das Auffinden der Lebendigen Bibliotheken, und euer Planet war nun einmal ein Schlüssel dazu. Wir sagten: »Das ist doch spannend: Unsere Vorfahren haben sich seit Äonen immer wieder heimlich und leise an diesem Ort zu schaffen gemacht; hier liegt nun der gesuchte Schlüssel direkt vor unserer Nase, und wir haben ihn nicht gesehen.« Es ist interessant, wie die Dinge in den Wirklichkeiten versteckt sind. Wir wenden ähnliche Strategien an, um euch zu verleiten, in andere Realitäten zu gehen und andere Teile von euch kennenzulernen, damit ihr euer Leben und das Universum selbst verändern könnt.

Wir kommen aus der Zukunft, und wir durchkämmen die Zeitkorridore. Das ist unser Auftrag. Aus der möglichen Zukunft, aus der wir als Plejader kommen, wollen wir die Vergangenheit ändern. Unsere Absicht besteht darin, die wahrscheinliche Zukunft, mit der wir arbeiten, zu verändern, denn diese wahrscheinliche Zukunft hat sich in einer Richtung der neuen Bewegung eures Universums als tyrannisch erwiesen. Dies hier ist eine Zone des freien Willens und ein Universum des freien Willens, und das heißt, dass alles erlaubt ist. In diesem besonderen Experiment sind alle Dinge Urschöpfer. Wir erinnern euch daran, dass in dieser Welt der Dualität Licht durch Schatten definiert wird. Macht einmal einen Spaziergang an einem sonnigen Tag, und seht, was die Schatten tun.

Beginnt, eure Welt auch auf symbolischer Ebene wahrzunehmen, und erkennt, dass sie ständig zu euch spricht.

Die Erde ist ein absolut magischer Ort im Dasein, ein wahres Wunder, denn sie wurde, ebenso wie der menschliche Körper, mit der Geschichte des Universums gefüllt. Der Mensch wurde wegen der Lebendigen Bibliothek so angelegt.

Wenn das Universum harmonisch ohne Tyrannei funktioniert, können die Zivilisationen Informationen frei untereinander austauschen. Dadurch kann ausgedehnter Handel stattfinden, und einzelne Energien können kommen und große Ideen weitergeben und sie erkunden. Die Lebendige Bibliothek ist wie ein riesiges Fest gegenseitigen Schenkens. Eine Gruppe harmonisch zusammenarbeitender Zivilisationen gab großzügig all ihr Wissen und ihre Energien, um die Bibliothek zu gründen. Sie erschufen Orte in eurem Universum, wo Informationen gespeichert wurden. Diese Informationen sollten zur Verfügung stehen, um die Entwicklung des Universums zum notwendigen Zeitpunkt zu erleichtern. Dieser Zeitpunkt ist jetzt gekommen.

Es gibt Zivilisationen im Weltraum, die sterben, weil sie keinen Zugang zur Lebendigen Bibliothek haben, ebenso wie Massen von Menschen sterben, weil sie ihren Körper nicht verstehen und keinen Zugang zu ihm haben. Ihr seid wesentliche Schlüssel. Euer Mut und das Vertrauen, das ihr in euch selbst setzt, werden die weiteren Erfahrungen der gesamten Existenz bestimmen. Indem die Erde sich im Gleichgewicht und in gleichlaufender Einheit bewegt, wird sie sich geometrisch auf die anderen elf Bibliotheken dieses Systems ausrichten. Wenn dies geschieht, werden die zwölf Bibliotheken ihre eigene Lichtkonfiguration erschaffen, die euer Universum neu formen und eine Verbindung signalisieren wird – das wird eine Art Sieg für die gesamte Schöpfung bedeuten.

Ihr seid mit den elf anderen Bibliotheken verbunden, und eure Aufgabe besteht darin, alle zwölf zu vereinigen und so die Drehung der Zwölf zu erzeugen. Ebenso wie ihr zwölf Chakren zum Drehen bringt, um die Information in euch zu öffnen und zu verbinden, werdet ihr die zwölf Bibliotheken zurück ins Dasein drehen. Die Drehung dieser zwölf Systeme – zwölf Chakren und zwölf kosmische Bibliotheken – wird Energien anziehen, die sich vermischen und durch viele Informationszentren bewegen werden. Dadurch werden neue Versionen und Bedeutungen von Ereignissen freigesetzt, die vorher vielleicht unwesentlich und unwichtig erschienen. Indem ihr das größere Bild zusammensetzt, werdet ihr die Handlungen der sogenannten Götter – und wie sie eure Welt verwenden – verstehen lernen.

Als Mitglieder der Lichtfamilie seid ihr eine ziemlich neutrale Quelle, eine Anhäufung flexibler Energie, die sich leicht in eine Vielzahl von Formen verwandelt. Eure Flexibilität erlaubt es anderen, euch einzusetzen, mit euch zu verschmelzen, ihr zu werden und in Wirklichkeitssysteme zu gelangen, die sie ohne euch nicht erfahren könnten. Wir möchten, dass ihr mehr über euch versteht und erkennt, wie wertvoll die Lichtfamilie ist. Ihr geht in Bewusstseinssysteme hinein und verändert sie, wenn diese Systeme in ihrer eigenen Entwicklung steckengeblieben sind. Es ist für Systeme oft schwierig, aus sich selbst heraus eine Veränderung zu erzeugen.

Wir möchten, dass ihr souveräner werdet und niemanden anbetet. Die Prinzipien, die ihr dabei zu beachten habt, beziehen sich auf euren physischen Körper, die Erde und alle ihre Bewohner. Ehrt euren Körper, als ob man euch ein makelloses Juwel gegeben hätte, und handelt so, als gehörte euch die wertvollste Schöpfung im Universum. Vor allem aber ehrt die Erde.

Dies ist Teil des Auftrags, und darin liegt euer Wert.

Wir glauben, dass das Bild der Lebendigen Bibliothek äußerst passend ist, denn ihr könnt euch unter einer Bibliothek etwas vorstellen. Die Analogie muss leicht verständlich sein, denn wir sprechen über sehr komplexe Dinge. Aber wir machen die Sache verdaulicher, damit ihr das Konzept leichter erfassen könnt. Wir werden euch immer wieder eine andere Geschichte erzählen, und so, wie ihr euch verändert, verändern wir die Geschichten. Schließlich werdet ihr etwas begreifen können, was für euch jetzt noch nicht vorstellbar ist. Die Zwölf nämlich – diese Zahl spielt außer bei DNS-Strängen und Chakren auf unendlich vielen Ebenen eine Rolle.

Die Geschichte der Zwölf drückt sich im Grunde auf eurem gesamten Planeten aus. Diese Meisterzahl ist unglaublich tief in der Massenpsyche des menschlichen Bewusstseins eingebettet und wurde immer wieder als Methode – wie ihr es nennt – zur Strukturierung und Übertragung von Information aus einem System in ein anderes verwendet. Die Geschichte der Zwölf erdet den Gedanken eines sinnvollen Daseins in eurer Welt.

Die früheste Verwendung der uralten Lehre der Zwölf war das Konzept des Tierkreises, eines engen Gürtels von achtzehn Grad auf jeder Seite der Ekliptik, der scheinbaren Sonnenbahn um die Erde. Der Zodiak oder Tierkreis wurde in zwölf unterschiedliche Zeichen mit zwölf Häusern aufgeteilt, und die Verflechtung und Verbindung dieser zwölf bedeutungsvollen Teile vermittelte Wissen über die Schöpfung. Man glaubte, dass der Tierkreis ein lebendiges Gedächtnis darstellt, und er spielte in der sumerischen, hinduistischen, chinesischen, ägyptischen, chaldäischen, griechischen und römischen Kultur eine ganz und gar wesentliche Rolle.

Die menschliche Entwicklung ist stark mit universellen Zyklen auf der Grundlage der Zodiak-Energien verbunden, wodurch neue Ausdrucksformen entstanden. Heute verwendet ihr Uhren und Kalender, die euch an die Aufteilung der Energie erinnern, denn diese messen die Zeit ebenfalls durch die Verwendung der Zwölf.

Auch in der Bibel und anderen uralten Texten werden viele auf der Zwölf beruhende Zusammenhänge erwähnt: zwölf Tore, zwölf Stämme, zwölf Engel, zwölf Söhne, zwölf Apostel oder Schüler, sogar zwölf Ritter der Tafelrunde und heute auch der zwölfte Planet. Wir verwenden die Vorstellung von zwölf Chakren, zwölf DNS-Strängen und zwölf Bibliotheken, weil ihr darauf eingestimmt seid, durch dieses Symbol auf eine größere Sichtweise der Realität anzusprechen und euch tief in euch selbst an sie zu erinnern.

Eure zwölf Chakren sind Energieansammlungen oder Energiewirbel, in denen bestimmte Ereignisse auftreten können. Sie enthalten Erinnerungen und Identität, und jedes Chakra entspricht einem DNS-Strang. Die sieben Hauptchakren befinden sich im Körper, beginnend am unteren Ende der Wirbelsäule und dann aufsteigend. Es gibt noch fünf Chakren außerhalb eures Körpers, was insgesamt zwölf Wirbelpunkten entspricht – oder zwölf Sonnen, wie wir sie gerne nennen. Sauerstoff, Licht und bewusste Absicht werden diese Zentren aktivieren, und wenn sie einmal eingeschaltet sind, besteht eure Herausforderung darin, alle durchfließenden Daten auf die DNS-Stränge zu übersetzen.

Die ersten sieben Chakren können eure Körpererinnerungen freisetzen – sowohl Körpererfahrungen aus diesem Leben als auch aus anderen Inkarnationen. Das erste Chakra speichert eure Kernidentität; es hat damit zu tun, wer ihr seid und wie ihr überlebt. Es öffnet euch auch für die Reise nach innen und zu den Grundfesten eurer tiefsten Glaubenssätze. Das zweite Chakra ist mit Schöpferkraft und Sexualität verbunden; es öffnet die Speicher eurer Überzeugungen und Erfahrungen auf diesem Gebiet. Die beiden ersten Chakren entsprechen eurem traditionellen Wissen von zwei DNS-Strängen. Die Themen, die mit Identität, Überleben, Sexualität und Kreativität zu tun haben, sind jahrtausendelang eine Herausforderung für euch gewesen.

Das dritte Chakra ist mit dem Solarplexus verbunden. Wenn es offen ist, hilft es euch, quasi aus dem Bauch heraus euren Weg durchs Leben zu gehen und intuitiv zu sein. Weil Frauen menstruieren und gebären, ist dieser Bereich bei ihnen oft aktiver und wird mit großem Respekt betrachtet. Hier liegen euer Wille, eure Macht und eure Gefühle. Das vierte Chakra gehört zum Herzen, und wenn es offen ist, verbindet es euch mit dem gesamten Leben. Aus diesem Zentrum fließt Mitgefühl, und es erlaubt euch, eure Wahrnehmungen zu verstehen. Dieses Mitgefühl trägt euch jenseits von Beurteilungen, die ja eine Falle sind, um euch zu entzweien. Das fünfte Chakra befindet sich in eurem Kehlkopf und öffnet die große Gabe des stimmlichen Ausdrucks. Durch dieses Chakra sprecht ihr eure Wahrheit. Das sechste Chakra aktiviert euer Drittes Auge und regt eure Fähigkeit an, über die dreidimensionalen Grenzen hinauszusehen. Das siebte Chakra befindet sich auf eurem Scheitel. Wenn es offen ist, verbindet es spirituelle Energien mit eurem Schädelbereich und lässt sie dort einströmen. Wenn sie einmal angeregt sind, spielen die Zirbeldrüse, die Hirnanhangdrüse und der Hypothalamus jeweils eine aktive Rolle für eure Ausrichtung und Verbindung.

Das achte Chakra befindet sich in nächster Nähe eures physischen Körpers – das kann einige Zentimeter bis ungefähr einen Meter über eurem Kopf sein. Es steht mit den unsichtbaren Reichen außerhalb eures Körpers in Verbindung. Das neunte Chakra liegt außerhalb der Erdatmosphäre – es ist vielleicht so weit entfernt wie der Mond – und verbindet euch als Verwalter und Wächter der Erde. Das zehnte Chakra reicht in euer Sonnensystem hinein und bietet euch Zugang zu allem, was dort ist. Das elfte ist ein galaktisches Chakra und liefert Informationen über eure lokalen Sterneneinflüsse. Das zwölfte Chakra reicht über eure Galaxis hinaus und ermöglicht euch den Zugriff auf den Rest des Universums, wie ihr es euch vorstellt. Im Allgemeinen habt ihr aber gerade keinen Zugang zu Informationen außerhalb eures Universums, weil euer Körper noch nicht ausreichend entwickelt ist, um damit umgehen zu können.

Eines Tages entwickelt ihr euch vielleicht dorthin. Für diesmal habt ihr jedoch zugestimmt, euch bewusst hier auf der Erde zu entwickeln – eine Sendestation zu werden, die einen Ton oder eine Frequenz ausschickt, mit der jeder etwas anfangen kann. Diese zwölf Energiezentren müssen von innen erreicht werden, wo ihr ihre entsprechenden Daten fühlen und die Erfahrungen im Rahmen eures Verstandes übersetzen könnt. Das seid ihr, die ihr euch in eure multidimensionale Identität entwickelt, euch erinnert, wer eure Version von euch ist – draußen in der Galaxis und jenseits davon.

Viele von euch haben gelernt, dass ihr euch durch Reinkarnation entwickelt und dass ihr eine Seele habt, die eine enorme Anzahl unterschiedlicher Facetten aufweist. Doch dies ist nur ein kleiner Ausschnitt des Bildes. Ihr bezieht eure Reinkarnationen auf eure menschliche Form. Eure Selbste sind jedoch nicht alle menschlich. Sie existieren in einer Vielzahl von Formen, Größen und Gestalten und zeigen, dass alles Teil eines größeren Ganzen ist.

Da ihr Menschen seid, war es in den letzten paar tausend Jahren die sicherste Praxis zu glauben, dass ihr euch in einem Reinkarnationszyklus entwickelt, in dem die Verkörperungen eurer Seele immer menschlich sind. Der menschliche Anteil ist aber nur eine Schöpfung oder ein Aspekt eurer Identität. An vielen Orten existiert ihr in einer Form, die teils Mensch und teils Tier ist.

Ein Teil des jetzigen Dramas hat damit zu tun, dass andere Versionen eures Selbst nach ihrer eigenen Entwicklung streben, da die Dimensionen auf diesem Planeten verschmelzen. Ein Zusammentreffen eurer multidimensionalen Selbste steht bevor, und eure Initiation und Aufgabe besteht darin, sie alle zu vereinigen.

Man kann sich die Schöpfergötter als Kombinationen aller Wesen auf eurem Planeten vorstellen. Sie sind in der Insekten- und Säugetierfamilie sowie in allen anderen Bewusstseinsfamilien hier auf eurer Erdenebene vertreten. Und viele dieser Wesen, die euch erschaffen haben, sehen wie Kombinationen von Mensch und Tier aus.

Als sich dieser Planet formte, wurde all der Reichtum von intelligenten Spezies konzentriert und innerhalb der Lebendigen Bibliothek in jeden Stein, jede Pflanze, jedes Tier und jedes lebende Wesen gebracht. Da alle Dinge lebendig sind und Bewusstsein haben, in welcher Daseinsform auch immer, findet sich die Lebendige Bibliothek sogar in Sandkörnern und Kohleteilchen.

Die menschliche Spezies, die Verwalter der Erde, kann man sich als den Bibliotheksausweis vorstellen. Sobald der Gedanke der Lebendigen Bibliothek tiefer in euch eindringt, werdet ihr allmählich den Wert der Gefühle verstehen und erkennen, wie ihr alle als Schlüssel zu dem großen hier gespeicherten Wissen dient. Diese Entdeckung werdet ihr Schritt für Schritt machen. Energien, die euch kennenlernen möchten, verschmelzen mit anderen Formen der Bibliothek, und so ist es leicht möglich, dass euch andere Energien aus den Augen der Tierfamilie beobachten und Informationen sammeln. Der Schlüssel zur Lebendigen Bibliothek seid immer und jederzeit ihr Menschen, denn ihr könnt euch zur gesamten Bibliothek Zugang verschaffen. Und auch andere können durch Bäume oder sonstige Pflanzen hereinkommen, um zu verschmelzen, hinauszublicken und eure Wirklichkeit zu verstehen. Wenn ihr in Frieden und Hingabe lebt und nicht herumlauft und Lebensformen verletzt, weil sie zufällig eine falsch gesetzte Grenze überschreiten, erlaubt ihr euch, Zivilisationen kennenzulernen, die vielleicht viel großartiger sind, als ihr es euch vorzustellen vermögt.

In den letzten 500.000 Jahren bestand der Zweck bestimmter Sternenenergien darin, mit verschiedenen empfindungsfähigen Zivilisationen auf der Erde in Beziehung zu treten und in ihnen einen deutlichen Bewusstseinswandel auszulösen. Diese Zivilisationen lebten abgeschieden – versteckt in sehr kleinen geografischen Gebieten, wo sie ungestört blieben. Als die Besitzer des Planeten von verschiedenen Experimenten, bei denen Liebe im Mittelpunkt stand, Wind bekamen, wurden die Zivilisationen zerstreut oder zerstört.

Diejenigen, die glauben, euren Planeten zu besitzen und zu steuern, folgen dem Konzept der Macht, und sie halten an dieser Macht fest, indem sie die Frequenz von Angst und Chaos aufrechterhalten. Das ist einfach ihre Art, zu handeln und zu lernen.

Wir erinnern euch immer wieder daran, dass alle Dinge Urschöpfer sind; daher sind alle Kräfte, auf die ihr trefft, Urschöpfer, der sich kennenlernt, um sich selbst zu verstehen. Urschöpfer strebt nach Harmonie und danach, den Zweck zu erkennen, der gegensätzliche Kräfte derselben Energie verbindet. Es wäre gut, dies im Hinterkopf zu behalten. Wenn ihr bewusst in der Vorstellung bleiben könnt, dass alles Eins ist, gesteuert und ausgewählt von den verschiedenen Aspekten des Selbst, und dass alles ein Ergebnis des Gedankens ist, der sich verstehen und entwickeln will, dann verlasst ihr den Zuschauerrang und kommt als Mitspieler ins Feld.

Wir möchten, dass alle Menschen als wertvolle Spieler draußen auf dem Feld sind und am Spiel des Lebens teilnehmen.

Damit die Erde einem viel größeren Zweck im Plan des Universums dienen kann, wird es für sie notwendig sein, sich als Lebendige Bibliothek zu aktivieren. Diese Aktivierung beginnt bei euch selbst, vor eurer eigenen Tür. Dann verbreitet ihr diese Frequenz über den gesamten Planeten. Wenn ihr dies lest, hat es bereits einige bedeutende Veränderungen gegeben. Die Lebendige Bibliothek enthält schon längst nicht mehr nur historische Aufzeichnungen; sie ist jetzt eine vollständige Wissensbibliothek, aus der alles erschaffen werden kann. In den Lebensformen der Erde sind Formeln und Grundmuster gespeichert, aus denen alle möglichen Realitäten entwickelt werden können. Andere Bibliotheken in verschiedenen Sektoren des Universums speichern ihr Wissen in Lichtformen oder Molekülansammlungen, die ihr nicht einmal erkennen würdet.

Für jedes der zwölf Zentren entwarfen die Schöpfergötter eine einzigartige Speichermethode des Wissens.

Die Absicht besteht darin, die Bibliotheken, die alle auf ihre Weise lebendig sind, in ihrer Ganzheit zu schützen. Aus der Zukunft betrachtet sind diese Bibliotheken verloren, und es besteht die Notwendigkeit, sie wiederzuentdecken und zu öffnen. Idealerweise erzeugt jede dieser zwölf Bibliotheken eine elektromagnetische Verbindung, die einen unermesslichen Erkenntniswandel auslöst. Gemeinsam bieten die Zwölf die Chance einer ganz neuen Harmonie für die gesamte Existenz, wie ihr sie wahrnehmt.

Dazu ein Bild zum besseren Verständnis: Wären alle zwölf Bibliotheken, von denen ihr ein Teil seid, voll aktiviert, würden sie im Weltraum ein gigantisches Werkzeug bilden, das sich selbst durch bewusste Energiestrahlen zusammenhält. Dieses Werkzeug könnte die Richtung der Zeitkorridore wechseln und das zukünftige Universum vollkommen verändern, indem es einfach dessen Gegenwart von Beginn an ausradiert, ohne irgendetwas zu zerstören. Es gibt Teile von euch, die aus Sicht sehr vieler verschiedener Welten und Standpunkte zu diesem Auftrag gehören. Einige der Kontakte, die ihr jetzt habt, stammen aus einem anderen Teil von euch, einem Teil, der diese Version des *Ich selbst* erst noch kennenlernen muss, um all die multidimensionalen Experimente verstehen zu können, die entworfen wurden, um für die Zukunft einen Sinn für Einheit zu erzeugen.

Wenn diese energetische und geometrische Beziehung einmal in Gang kommt, sind die Lebendigen Bibliotheken so ausgelegt, dass sie Formen von Wellenpartikeln durch den Weltraum senden und damit eine neue Methode erschaffen, durch die euer Universum zu sich selbst kommen kann. Wenn diese universellen Bahnen als Gitterlinien verbunden sind, werden Informationen und Energie plötzlich ein Existenzsystem öffnen, das vorher noch nie da war. In eurer Wirklichkeit baut ihr Superinformationswege, über die die Geschehnisse auf der Erde als Energiewandel überallhin ausstrahlen. Schließlich werdet ihr diesen Wandel in eurem Körper wahrnehmen, da er zur Hauptstraße Richtung Leben wird.

Es gibt jede Menge Zivilisationen, die in die Lebendige Bibliothek zurückkehren wollen, damit sie den Kurs des Universums verändern können. Wir kommen aus einer Zukunft – und es gibt viele davon –, in der die Erde und viele andere Welten in dieser Zone des freien Willens von einer tyrannischen Kraft überrannt worden sind. Viele sind nun ganz aufgeregt und warten voller Vorfreude darauf, euch vorgestellt zu werden, damit sie mit euch arbeiten dürfen. Sie verstehen, dass ihre Energien für eure Vorstellungen vollkommen fremd sind. Doch sie verstehen auch, dass ihr sie von einem zukünftigen Standpunkt aus kennt, dass ihr *sie* seid und dass ihr von ihnen in der Zeit zurückgeschickt wurdet.

Wir Plejader agieren als Torwächter und lassen bestimmte Energien nur sehr behutsam zu euch herein, denn wir haben die Absicht, eine ferne Zukunft positiv zu gestalten, indem wir eine weit zurückliegende Vergangenheit verändern. Ihr befindet euch gleichzeitig an all diesen Orten und spielt überall eure Rolle. Wir haben zugestimmt, euch in den vielen verschiedenen Wirklichkeiten, in denen ihr euch befindet, zu inspirieren und eure Energie anzuheben. Versionen von euch befinden sich auch in einigen der elf anderen Bibliotheken in diesem Universum, und ihr agiert dort ebenfalls als Systemsprenger. Denkt daran, dass ihr als Mitglied der Lichtfamilie die Schwingung und die Absicht der Veränderung überall in euch tragt – ihr verändert das System, in dem ihr euch befindet. Spürt dem nach und seid offen für das hereinströmende Wissen über eure verborgene Größe und die Großartigkeit des Plans.

Viele Mitglieder der Lichtfamilie werden Bibliotheksausweise oder Reiseleiter für diejenigen werden, die eurer Frequenz und eurer Liebe entsprechen. Ihr werdet eine Verschmelzung durch Liebe hervorbringen, die neue Besitzer und eine neue Richtung für diesen Ort erschaffen wird, den ihr Erde nennt. Denkt daran, dass Urschöpfer in allen Dingen ist, daher besteht ein Teil des wahren Zwecks der Lebendigen Bibliothek Erde darin, Bewusstsein zu vermischen und zu verschmelzen, damit ihr das großartige hier gespeicherte Wissen erfahren und aufnehmen könnt. Der Schlüssel ist, euch selbst und die Erde zu lieben und wertzuschätzen.

Wenn sich eine Welt wie eure im Prozess der spirituellen Entwicklung befindet, besteht für alle, die je mit der Bibliothek zu tun hatten, die Möglichkeit eines kosmischen Sprungs. Daher kommen viele Wesen von nah und fern, um teilzunehmen, und sie bringen ihre eigenen Programme ein und erschaffen Pläne innerhalb von Plänen. Es wird viel Heilung stattfinden müssen, denn viele Spezies, die ihr als dunkel oder negativ bezeichnen würdet, werden jetzt auch auf die Erde gezogen. Sie sind hier, um euch aufzuwecken und euch mit ihrer eigenen »Schlechtigkeit« anzuregen, euch an etwas zu erinnern. Denkt daran, dass dies eine Welt der Polaritäten ist und dass Licht durch Schatten definiert wird. Diese Energien sind nicht hier, um ausgebombt, getötet oder zerstört zu werden, selbst wenn euch eure Regierungen vielleicht sagen, dass diese Besucher böse seien.

Sie sind hier, um zu heilen, um die Schwingungen von Licht und Liebe aufzunehmen und in ihrer eigenen Spezies einen höheren Seinszustand zu erreichen, denn sie haben vergessen, was auch jene auf der Erde vergessen haben: dass ihr alle Eins seid. Diejenigen, die in Angst leben, werden ihre unklaren und ungeheilten Anteile als äußere Wesen anziehen. Missbrauch von Leben und Macht zieht als Spiegel bestimmte Erfahrungen zu sich heran. Ihr werdet verstehen lernen, dass *ihr* es seid, vor denen ihr euch fürchtet.

Es wird nicht mehr lange dauern, bis ihr zum Beispiel erkennt, dass Gentechnik gar keine so große Sache ist. Das war Teil der Manipulation, die euch in Unwissenheit halten sollte. Und doch würdet ihr im Augenblick als Erdenbewohner noch absolut schockiert sein zu erfahren, was durch Genverschmelzung alles möglich ist. Eure Medien werden es euch nicht vorenthalten. Sie werden Reportagen über die Vorgänge in einigen Laboren auf dem Planeten bringen. Auf der Erdenebene wurden schon an vielen Orten Kreaturen erschaffen und künstliche Lebensformen freigesetzt.

Wenn heute die sich entwickelnden Menschen mit nur einer Doppelhelix die Macht besitzen, Leben zu erschaffen, dann stellt euch einmal das Wissen über Genetik von Wesenheiten vor, die seit Hunderttausenden von Jahren existieren. Da werden Welten und Spezies erschaffen und geboren. Diese sogenannten Götter trennen sich wie Energiewellen von Urschöpfer ab und rücken in die Zone des freien Willens vor. Sie nehmen die Energie Urschöpfers als Daseinsgeflecht und experimentieren, damit sie etwas über Macht und Energie lernen. Sie haben den freien Willen zu tun, was sie wollen, und wenn sie sich verirren, vergessen und Dinge der Dunkelheit erschaffen, dann ist es alles Teil desselben Spiels. Es ist dieselbe Energie. Es ist alles verbunden, und es muss alles geheilt werden.

Wenn ihr die Erde transformiert und euch in das Goldene Zeitalter bewegt, wird das den Rest des Universums verändern. Ihr werdet ein- oder zweitausend Jahre brauchen, um die Veränderung zu erkennen, die dann das gesamte Universum überzieht. Die Veränderung könnte auf einmal geschehen; es ist nur so, dass ihr sie nicht auf einmal sehen werdet. Ihr werdet ein- oder zweitausend Jahre brauchen, um die Veränderung, die doch sofort eingetreten ist, von eurem Standpunkt aus zu erfassen.

Diejenigen, die sich jetzt noch als die Besitzer oder Götter eures Planeten betrachten, werden versuchen, euch von den liebevollen, eure Entwicklung fördernden Gefühlen der Zusammenarbeit fernzuhalten. Sie werden alles in ihrer Macht Stehende tun, um Unruhen, Chaos, Krieg und Angst zu erzeugen, die euch daran hindern, an die Lebendige Bibliothek heranzukommen.

Diejenigen, die euren Planeten übernahmen, gewannen ihn in einem Krieg. Sie wussten, dass die Erde etwas Wertvolles darstellte;

sie waren jedoch weit von den Erinnerungen an den wahren Wert der Erde entfernt. Sie bauten auf eurem Planeten Gold ab, entrissen euch das Wasser, vergewaltigten eure Psyche, stahlen euch eure Essenz und dachten, sie würden aus der Fülle schöpfen. Doch in Wahrheit hatten sie zwar euren Planeten gewonnen, erkannten aber nicht seinen wahren Reichtum, weil sie dafür nicht empfänglich waren. Als eure Herrscher wussten sie, dass die Menschen durch Liebe Zugang zu etwas erlangen, nur begriffen sie die Liebesfrequenz auf eurem Planeten nicht. Sie gingen davon aus, dass sie diese Schwingung steuerten und für sich nutzten, aber seine wahre Bedeutung werden sie erst erfahren, wenn auch sie in der Liebesfrequenz arbeiten. Das müssen sie noch lernen, und ihr werdet es ihnen beibringen.

Die Besitzer der Erde sind vielleicht nicht in der Lage gewesen, die Bibliothek zu aktivieren und sich das Gewünschte zu holen, aber sie haben eure Energie anders genutzt. All die Jahre waren sie darauf aus, die Bevölkerungszahl ansteigen zu lassen und die Erde möglichst dicht zu besiedeln, damit ständig eine emotionale Frequenz von Chaos und Angst ausgesendet wird. Sie haben ihre Arbeit gut gemacht. Es ist Zeit, dass diese Geschichte ans Tageslicht kommt, damit die Menschen endlich aufhören, den weit verbreiteten Unfug von Religionen und Göttern zu glauben, die ihnen einreden wollen, sie wären Sünder, und ihnen erzählen, sie lebten falsch.

Falsch ist nur, dass nicht alles Leben wertgeschätzt wird.

Das Leben von Gras, Menschen, Tieren, Blumen – alles ist wertvoll. Das ist eine universelle Wahrheit. Ihr habt ein Recht auf eure Sexualität, darauf, das zu sagen, was ihr fühlt, eurer eigenen Wahrheit zu folgen, und ihr braucht nicht irgendjemandes unsinnigen Regeln zu gehorchen. Ihr dürft euch dahingehend verändern und über eure gegenwärtigen Ideen hinauswachsen, die euch nur eine einzige Version der Existenz bieten. Versteht, dass man euch als Menschen viele verschiedene Geschichten erzählt hat, damit ihr allmählich den universellen Geist begreifen lernt, das große Bewusstseinsgeflecht, von dem ihr ein Teil seid. Eure Religionen dienen einem Zweck; sie sind jedoch von Missbrauch durchzogen.

Religionen wurden geschaffen, um euch Menschen einen Weg aufzuzeigen, eure Identität zu verstehen – was eine wertvolle Lektion ist. Die durch die unterschiedlichen Religionen verbreitete Information vermittelt jedoch nur Unterdrückung und eine begrenzte Perspektive eures Seins und hält euch in Ohnmacht. Jede Religion ist nur eine Sichtweise der Existenz. Die Inhalte, Gestalten und Mythen, die eine Religion ausmachen, werden letzten Endes immer eingesetzt, um das Verhalten der Menschen zu beeinflussen. Bedenkt: Wenn eine Gruppe von Menschen ihre Energie und Absicht bündelt, erzeugen ihre kollektiven Gedankenformen eine energetische Masse, die sich ins Dasein hinausbewegt.

Was vor ein paar hundert Jahren von einem religiösen Standpunkt aus vielleicht angebracht war, ist heute nicht mehr wichtig. Es wurde zu einem Herrschaftsmittel. Die Zeiten ändern sich. Ebenso wie ihr in die Schule geht, um zu lernen, so steigt auch die Seele von Leben zu Leben auf. Manchmal muss sie viele Leben in einer Klasse verbringen, bis sie die Information in Form von verschiedenen Lektionen gelernt hat. Dann bewegt sich die Seele auf die nächste Stufe. Der Ort, auf den sich die menschliche Rasse zubewegt, beinhaltet das Verständnis, dass ihr den Wesen ebenbürtig sein könnt, die ihr vor vor langer Zeit Götter nanntet. Vor fünf- oder zehntausend Jahren hättet ihr ihnen nicht gleich sein können, denn damals verstandet ihr die Fähigkeiten dieser Götter nicht. Sie kamen in technologisch hochentwickelten Fahrzeugen, und eure Kultur hatte keine Wörter, um diese Technologie zu beschreiben. Vor zwanzig- oder dreißigtausend Jahren gab es auf eurem Planeten jedoch einige sehr interessante technologische Fortschritte. Diese Dinge sind allerdings missverstanden, überdeckt oder vor euch verborgen worden.

Es gibt zunehmend mehr Ecken auf eurem Planeten, wo kleine Kulturgruppen einen Teil der Lebendigen Bibliothek offen halten, indem sie sich und die Erde mit Liebe erfüllen. Die Erde erwidert dann ihre Liebe und macht das Leben schöpferisch und kraftvoll. Wenn die Lebendige Bibliothek aktiviert ist und Information, Teamgeist und Liebe zurück in die menschlichen Verwalter leitet, werden die Dinge nicht mehr so mühsam sein. Tatsächlich ist es so, dass ihr, wenn die Lebendige Bibliothek vollkommen aktiviert ist, manifestieren, aufbauen und alles, was ihr wollt, herausfinden könnt. In dieser bewegenden Zeit, in der ihr gerade lebt, sind das menschliche Nervensystem und die DNS-Struktur noch nicht ausreichend entwickelt, um den rasanten Austausch von Information und Frequenz auszuhalten, der bei einer vollkommenen Aktivierung der Lebendigen Bibliothek stattfinden würde. Die Veränderung eurer gewohnten Wahrnehmung der Natur wäre zu drastisch.

Wenn die Lebendige Bibliothek voll geöffnet ist, wird Intelligenz aus allen Teilen des Daseins sprechen, und wir meinen wirklich *sprechen*. Ihr werdet eine Stunde damit verbringen, mit einer bestimmten Blume zu kommunizieren. In dieser Zeit werdet ihr ganz verzaubert von dem Wissen sein, das ihr bloß drei Schritte vor eurer Haustür entdeckt. Diese Zeit steht kurz bevor!

Es wird in allen Lebensformen eine allmähliche Anpassung stattfinden, damit sich jede gleichzeitig entwickelt und öffnet. Eine Entsprechung und ein Kennenlernen von Schwingung und Bewusstsein entstehen auf diese Weise. Denkt daran, dass alles lebendig ist. Tiere sind brillant und viel schlauer als Menschen. Viele gehen jetzt in die Welt des Lichts, und deshalb gibt es auch so viele sogenannte aussterbende Arten, denn Tiere sind sehr klug.

Es gibt viele Unterschiede zwischen Tieren und euch. Einer der größten besteht darin, dass Tiere wissen, dass für sie nicht Schluss ist, wenn sie sterben. Sie wissen, dass sie weiterbestehen. Sie kaufen keine Grabstätten und sorgen sich nicht darum, wo sie sterben und begraben werden. Sie vertrauen, dass man sich um sie kümmern wird. Sie besitzen eine innere Weisheit und Vertrauen. Sie schließen keine Versicherungsverträge ab, und sie sehen nicht fern. Viele Tiere sind sehr auf Lebensqualität eingestimmt; sie wissen, dass die von ihnen gewünschte Lebensqualität in eurer globalen Sphäre nicht mehr erreicht werden kann, und deshalb gehen sie.

Tiere wurden euch als Begleiter auf diesem Planeten zur Seite gestellt. Es ist euch überlassen gewesen, ob ihr sie esst oder nicht.

Sie haben nichts dagegen, als Nahrung verspeist zu werden, wenn das eure und ihre Lebensqualität bereichert. Gegenwärtig werden Tiere in Hinblick auf ihre Lebensqualität jedoch nicht respektiert und geachtet. Sie werden behandelt, als wären sie nicht lebendig, als könnten sie nicht fühlen, sondern wären Sklaven der menschlichen Spezies. Man spricht ihnen ihre Seele ab.

Tiere wurden als eure Gefährten entworfen und erschaffen, um euch zu unterrichten, euch etwas beizubringen und den Weg mit euch gemeinsam zu gehen. Sie sind eine biogenetische Schöpfung aus Erbgut, das von vielen verschiedenen Sonnensystemen und Planeten gesammelt wurde. Dadurch sie können Vertreter jener Systeme eine genetische Verbindung mit der Erde unterhalten und so in diese eure Welt hineinblicken und ihr Nachrichten senden. Diese Facette der Schöpfung wurde nie richtig verstanden.

Tiere haben einen gewissen intuitiven Sinn, der sie ihre Rollen untereinander verstehen lässt. Sie kommen aus den unterschiedlichsten außerirdischen Gemeinschaften und sehen wie ihre Vorfahren aus, die gefühlsbegabte Wesen auf anderen Planeten sind. Wenn ihr wüsstet, wie viele Millionen und Milliarden Planeten existieren, wäre dieser Gedanke nicht so erschreckend für euch. Die Schöpfer eures Planeten baten um verschiedene Samen von verschiedenen Orten. Diese Samen wurden biogenetisch bearbeitet, um Gefährten für euch zu erschaffen und die Erde zu besäen.

Einige der Tiere hier werden als Botschafter verwendet. Eure Katzen sind direkte Informationsüberträger zu einer Bewusstseinsspezies, die Katzen benutzt, um euch zu beobachten. In alten Zeiten war es in vielen Kulturen auf der Erde üblich, dem Herrscherwesen einen Löwen oder eine andere Großkatze zur Seite zu stellen. Diese Tiere hatten dort ihren festen Platz. Betrachtet einmal die alten Statuen überall auf dem Planeten – was seht ihr? Löwen. Die Familie der Katzen repräsentiert die biogenetische Schöpfung einer Spezies, die wie ihr aussieht, bloß dass sie das Gesicht einer Katze hat. Katzen- oder Löwenmenschen sind in Schüben auf euren Planeten gekommen und haben in Südamerika, Mexiko, Ägypten und in einigen Inselkulturen gearbeitet. Statuen wurden ihnen zu Ehren errichtet. Wenn sie die menschliche Rasse unterrichteten oder ihre Spezies sich vermischte und die Herrscher hier erschufen, was besonders im alten Ägypten der Fall war, dann ließen sie Katzen zurück, um Informationen zu übermitteln, so dass die Herrscher in direktem Kontakt mit der Sternenspezies standen. Viele Herrscher trafen auf diese Weise ihre Entscheidungen. So wurden sie geführt. Die Katzen gaben ihnen telepathisch Informationen. Sie waren wie Sender oder kosmische Funkgeräte. In neueren Zeiten besaßen die Hexen Katzen. Glaubt ihr, die Hexen waren dumm? Katzen stellten Verbindungen zu anderen Bereichen her.

Wenn eine nicht sehr erhebende Energie hereinkommt, können Katzen sie abfangen und die Schwingung verändern. Viele von euch haben kleine Katzen zu Hause, die euch ständig neue Botschaften übermitteln. Ihr arbeitet aber nicht mit dieser Art von Information. Dabei sind Katzen für euch Wächter und Helfer, großartige Gefährten des Trostes. Wenn ihr auf Katzen allergisch reagiert, deutet das auf mehrerlei hin. Wir haben mit vielen Menschen bezüglich ihrer Allergien gearbeitet. Worauf eine Katzenallergie vor allem hinweist, ist, dass ihr Schwierigkeiten habt, euch für Nähe und Liebe zu öffnen. Ihr könnt die Liebe nicht in euer Leben hineinlassen. Ein Kätzchen schenkt euch Treue und Liebe, und wenn es in eure Nähe kommt, seid ihr vielleicht unfähig, diese tiefe Verbindung zu einem anderen Wesen zu akzeptieren. Das ist eine symbolische Erklärung für eine Tierallergie.

Jede Spezies dient euch zu einem bestimmten Zweck. Küchenschaben, die sich in eurem Leben breitmachen, können mit Themen zu tun haben, die ihr euch nicht anschauen wollt, die aber unaufhaltsam an die Oberfläche drängen. Angesichts von Kakerlaken sagt ihr ja wohl nicht: »O ihr lieben, süßen Küchenschaben, wie schön, dass ich euch heute morgen in meiner Spüle finde.« Oft zerquetscht ihr sie einfach oder nehmt Insektenspray zur Hand. Doch sie werden immer widerstandsfähiger, nicht wahr? Sie sind eine ziemlich ausdauernde Spezies und haben so manchen Energiewandel überlebt, indem sie gelernt haben, Giftstoffe immer wieder umzuwandeln. Sie sind hier, um euch daran zu erinnern, auch die unschönen Seiten des Lebens anzunehmen – das, was in euch steckt und nach draußen muss. Was gibt es Lästiges in euch? Und wie könnt ihr als Spezies ausdauernder werden?

Es ist ziemlich leicht, mit der Natur in Harmonie zu leben. Ihr braucht nur genau das telepathisch auszusenden, was ihr in Erfahrung bringen möchtet. Sprecht in Gedanken und laut zur Erde und zur Natur. Wenn ihr euch von Geschöpfen der Natur heimgesucht fühlt, sagt einfach: »Wie klug, mir auf diese Art etwas beizubringen. Ich verstehe, ihr kleinen Geschöpfe, dass ihr mir was zeigen wollt. Jetzt werde ich mal all meinen Grips zusammennehmen und in mich gehen.« Ihr bringt gern Vorhänge und Gitter an und vernichtet das, was euch irritiert, damit ihr euch nicht mit euch selbst konfrontieren müsst. Wenn ihr dem, was ihr seid, ins Auge blickt, werdet ihr euch verändern müssen, und Veränderung könnte zu viele Dinge mit sich bringen. Oft haltet ihr lieber an dem fest, was euch unglücklich macht, statt dem Unbekannten allein entgegenzutreten. Bitte erkennt, dass ihr nie allein seid.

Die Geschöpfe auf eurer Welt sind eure Gefährten. Es gibt nichts, was euch da draußen auflauert, um sich euch arglistig zu schnappen. Ihr seid nur darauf trainiert, das Schreckliche zu erwarten, also sendet ihr diese Schwingung aus. Weil ihr eure Wirklichkeit selbst erschafft, das aber nicht wisst, handelt ihr auf eine Weise, welche die Wirklichkeit in eine Richtung zwingt, die euch verletzt. Doch es ist nicht leicht, sich selbst zu schaden. Ihr müsst recht viel Mühe aufwenden, um Krankheit und Schmerz hervorzurufen.

Der Wissenschaft ist wohlbekannt, dass viel gefördert wird, was nicht zu eurem Besten ist. Wirtschafts- und Geldinteressen sind jedoch immer beteiligt, um aus eurer Angst Kapital zu schlagen. Was, glaubt ihr, ist notwendig, um diesen Prozess zu stoppen?

Die Tiere spiegeln euch jetzt den Schmerz wider, in dem ihr euch psychisch und spirituell befindet. Sie übernehmen diesen Schmerz, und sie werden auch Krankheiten übernehmen. Ihr seid nicht mit dem Wissen verbunden, wie Tiere, die für euch Nahrung sind, aufgezogen werden, und gerade herrscht in vielen Tierfamilien unglaubliches Unbehagen. Unbehagen wird zu Krankheit. Diese Tiere sind hier, um euch zu lehren. Sie werden euch das widerspiegeln, was ihr von euch selbst sehen müsst. Eure Haustiere werden oft aus großer Loyalität und Liebe Dinge übernehmen und euch zeigen, die ihr nicht sehen könnt.

Wenn ihr euch einem Tier nähert, weiß das Tier, ob ihr in friedlicher Absicht kommt oder ob ihr es schlagen wollt. Wenn ihr zulasst, dass Formen des Tierlebens gleichberechtigt an eurer Seite stehen, werdet ihr auch bereit sein, im Rat der höheren Existenzebenen euren Platz einzunehmen. Ihr werdet verstehen können, wie sich die Gotteskraft in all ihren verschiedenen Schöpfungen in der gesamten Existenz versteckt. In allen lebendigen Dingen gibt es Intelligenz. Es ist ein ziemlicher Irrtum, dass die Menschheit glaubt, die am höchsten entwickelte Spezies zu sein, oder sich als solche bezeichnet. Das ist vollkommen falsch. Es kann keinen Vergleich geben, denn es gibt nur eine Lebenskraft, ein Bewusstsein in allen Dingen. Steine und Berge haben manchmal ein größeres Verständnis ihres Zwecks, als es die menschliche Spezies bislang erreichte.

Pflanzen, die in einer giftfreien, liebevollen Umgebung gewachsen sind, die genährt wurden und mit denen gesprochen wurde, senden eine Antwort auf diese Behandlung aus. Die Pflanzen und Bäume draußen möchten das gleiche. Ebenso die Pflanzen auf dem nächsten Feld. Sie möchten die gleiche Liebe und neigen sich oder wachsen in die Richtung, aus der die Liebe kommt. Das Pflanzenreich ist ebenso großzügig wie das Tierreich. Beide geben freimütig. Die Pflanzen und Tiere, die ihr energetisiert, teilen diese Energie mit allem, was sie kennen. Sie sondern hormonähnliche Substanzen ab, so dass alles, was eine Pflanze weiß oder erfährt, zu allen anderen Pflanzen gesendet wird.

Es gibt Pflanzen, die euch, wenn ihr sie euch zuführt, mit anderen Formen des Selbst und des Bewusstseins verbinden. Die Idee der Bewusstseinsveränderung durch Pflanzen hat allerdings in der westlichen Welt einen schlechten Ruf und wird mit gefährlichen Drogen in Verbindung gebracht. Doch bei vielen heiligen Zeremonien und Ritualen beherrscht man die Kunst, bestimmte Teile von Pflanzen der Lebendigen Bibliothek einzunehmen, um diese besser zu verstehen. Öffnet also bitte euer Denken für die Vorstellung, dass die Erde Dinge wachsen lässt, die euch erlauben, sie genauer zu verstehen. Es gibt diejenigen, die nicht wollen, dass ihr mehr Informationen sammelt und frei werdet, also sagen sie euch, dass etwas schlecht sei. Sie machen etwas Schönes zu etwas, vor dem ihr euch fürchtet. Aber der Zweck des Menschseins besteht darin, euer Bewusstsein absichtlich, willentlich und durch die Geschenke des Planeten mittels Ritualen und Hochachtung zu erweitern – und die Großartigkeit des Lebendigseins zu entdecken.

Viele Substanzen, die eurer westlichen Welt nützlich sein könnten, kommen im Pflanzenreich vor. Es ist recht aufschlussreich, dass es ein Vorhaben zur Zerstörung von Teilen der Welt gibt, wo die Menschen die Lebendige Bibliothek durch die Heilkraft der Pflanzen nutzen. Pflanzen bieten euch die Möglichkeit, euren Planeten und euch selbst zu verstehen. Es gibt diejenigen, die die Regenwälder niederbrennen und absichtlich Teile der Lebendigen Bibliothek zerstören. Manchmal enthalten Fühler von Käfern oder Rinden und Wurzeln von Bäumen Schlüssel, die den menschlichen Körper ins Gleichgewicht bringen, ihn heilen und in einen Zustand des höheren Bewusstseins führen. Alles hat seinen Zweck, und wenn die Menschen das erkunden, erhalten sie Gaben und Geschenke. So wartet die Erde darauf, dass sie dieses lebendige Wunder entdecken. Jetzt ist die Zeit gekommen, dass auf dem Planeten eine Bewegung entsteht – eine mutige wachsende Schar, die dem Ruf nach dem Zweck der Erde folgt und sich erheben wird. Ihr werdet neue Pfade und Wege dafür öffnen, was durch harmonische Zusammenarbeit mit der Erde möglich ist.

Ihr alle wisst durch Absicht, Plan und Blaupause, dass euer Zweck darin besteht, euch zu entwickeln und im menschlichen Körper eine konkrete Umwandlung zu erzeugen. Ihr sollt die Energieplätze auf dem Planeten aufsuchen, die von außen den sich entwickelnden inneren Prozess beschleunigen werden. Der Schlüssel ist Liebe, die als eine Kraft existiert, die ihr noch nicht verstehen konntet. Daher wird sich die Art, wie ihr Liebe jetzt begreift, verändern. Indem ihr die Liebe innen entdeckt, werdet ihr außerhalb von euch einen Spiegel erschaffen, der euch eure inneren Glaubenssätze zurückwirft, denn eure Gedanken nehmen in eurem Leben Form an. Wenn ihr die Liebe als lebendige Existenzkraft erkundet, wird das den Planeten beeinflussen, und er wird auch diese Schwingung annehmen, ganz gleich was in den Schlagzeilen der Suchmaschinen steht.

Denkt daran, dass Liebe eine Frequenz ist und dass Licht eine Frequenz ist. Beides existiert als elektromagnetische Aussendung von Energie. Der gesamte Planet ist eine Lebendige Bibliothek, die durch Anpassung der genetischen Struktur des Menschen aktiviert werden kann. Das ist deshalb so, weil ihr als Menschen die Schlüssel zur Lebendigen Bibliothek seid und durch Gefühle Informationen lesen könnt. Diejenigen, die euren Planeten besitzen und sich gern als herrschende Götter sehen, lernen jetzt von der Liebe. Es gab keine einzige Zivilisation auf eurem Planeten, die die Liebesfrequenz über eine längere Epoche hinweg aufrechterhielt. Jede hatte ihre Blütezeit und wurde dann, aus eurer Perspektive, überfallen und zerstört.

Über historische Zeiträume hinweg wurde die Liebesfrequenz von unterschiedlichen Zivilisationen aufrechterhalten. Einige Zeit hielten die amerikanischen Ureinwohner sie aufrecht, und die Lebendige Bibliothek war zu einem gewissen Grad in zahlreichen eingeborenen und indianischen Kulturen weit geöffnet.

Als die Zeit ihrer Verwaltung vollendet war, wurde die Frequenz an andere Orte verlagert. Vom plejadischen System aus gab es viele Experimente, die hierhergesendet wurden, um den Planeten in Liebesfrequenz zu tauchen und sie am Leuchten zu halten. Die Plejader vermochten die Portale für euch zu öffnen und die Liebesfrequenz zu halten, damit sie zur notwendigen Zeit aktiviert werden konnte – einer Zeit, die, wie ihr alle wisst, *jetzt* gekommen ist.

Unsere Aufgabe, die vielen unmöglich erscheint, besteht darin, euch zu befreien. Im Idealfall setzt ihr euch selbst als eure eigene Autorität ein. Ihr werdet lernen, euch als gleichwertig mit der gesamten Schöpfung zu sehen und nicht irgendein anderes Geschöpf anzubeten, gleich welcher Art. Ihr werdet sagen: »Schaut mich an. Wer bin ich in Beziehung zu all diesen Dingen? Ich bin aus eigenem Recht ein wunderbares Wesen. Ich bin aus eigenem Recht eine Quelle. Ich kann die Antworten finden. Ich kann die Zukunft sehen. Ich kann in die Vergangenheit sehen. Ich bin souverän.«

Manchmal seid ihr vielleicht sauer auf uns und sagt: »Ach, diese Plejader sind einfach zu viel für mich. Sie sind zu lästig. Wann lassen sie mich endlich in Ruhe? Sie drücken alle meine Knöpfe.« Wenn ihr aber auf den Unterton hört und zurück zur Mitte eures Zwecks kommt, werdet ihr erkennen, dass wir alles tun, um euch zu euch selbst zu bringen. Wenn wir eure Fragen nicht beantworten, dann nicht deshalb, weil wir Informationen zurückhalten. Wir wenden euch euch selbst zu. Wir beabsichtigen, jeden von euch zu Souveränität und Selbstermächtigung zu führen, zu einem Ort der ruhigen Anerkennung innerhalb eures eigenen Seins. An diesem Ort könnt ihr nach Belieben Leben erschaffen, ganz gleich was um euch herum geschieht. Dies ist unser Zweck. In den kommenden Zeiten werden diese Qualitäten eure wertvollsten Eigenschaften sein.

Wir haben uns als Verwalter unserer Energie qualifizieren müssen. Wir wurden nicht mit einem goldenen Löffel im Mund geboren. Wir entwickelten uns und lernten. Wir lernen von euch, und in gewisser Weise haben wir so viel darüber, wer ihr seid, gelernt, dass wir uns selbst in unserer Realität umgestalten. Wir gingen mit Humor und Freude an die Sache, denn beide sind absolut notwendig. Hätten wir unsere Arbeit zu ernst genommen, wären wir schon am Ende, ebenso wie auch ihr. Wir hätten alle das Wesentliche verpasst.

Es findet ein gegenseitiger Austausch statt. Auf den Plejaden ändert all eure Anstrengung die Sachlage gewaltig. Wir möchten, dass ihr das begreift. Dies ist ein Austausch, kein einseitiges Ereignis. Es hat kein Ende. Die offensichtlichen Veränderungen in eurem Leben haben anderswo entsprechende Auswirkungen, und zwar als Ergebnis eurer klaren Absicht und Investition an Energie. Es ist unsere

Absicht und unser tiefster Wunsch, dass ihr alle diese Auswirkungen noch zu Lebzeiten seht und fühlt – eure multidimensionalen Selbste als die Erden- und Plejadenwelt umspannend kennenlernt.

Wir sind die Vermittler – wir öffnen die Tore, machen miteinander bekannt und weisen den Weg. Eine gigantische Intelligenzkraft wartet, die sagt: »Wir möchten die Menschen kennenlernen. Wir möchten mit ihnen arbeiten. Wir möchten uns an diesem Projekt beteiligen.« Und wir haben gesagt: »Wartet! Ihr könnt nicht in ihr Leben hineinstürmen, denn sie sind zerbrechlich. Ihr müsst Geduld haben, bis sie an den Punkt gelangen, an dem es leicht für euch beide ist, einander kennenzulernen.«

Versteht, dass die Lebendige Bibliothek und die Geschichte der Zwölf in gewisser Weise ein Konzept sind, das bisher noch über euer Begreifen hinausgeht. Aber es wird ein Prozess sein, durch den ihr euch als Menschen selbst aktivieren könnt. Eure Vorstellungskraft und eure Fähigkeit, fantastische Konzepte ins Sein zu träumen, werden die Bibliothek in dieser Zeit erschaffen. Wir möchten euch beistehen, die Lebendige Bibliothek neu zu erträumen, sie zu einem neuen Ort einer neuen Form der Lebendigkeit zu machen. Es gibt einige Orte, an denen die Lebendige Bibliothek bereits aktiviert ist. Nicht nur das Land selbst muss lebendig sein; es ist notwendig, dass das menschliche Bewusstsein die Lebendigkeit übersetzt und mit ihr arbeitet. Das macht die Lebendige Bibliothek aus, denn durch *euch* erreicht man sie. Eine Lebendige Bibliothek ohne Menschen ist nicht vollständig. Ihr seid der wesentliche Bestandteil der Lebendigen Bibliothek.

Wir möchten, dass ihr, wenn ihr draußen in der Natur seid, mit den Grashalmen, Sandkörnern, Blüten, Schmetterlingen, Ameisen, Vögeln, Bienen, Blättern, Tautropfen sprecht – und eure Anwesenheit bekräftigt. Sagt: »Ich bin hier. Es ist meine Absicht, dass ihr das in euch als lebendige Form gespeicherte Wissen für mich freisetzt. Ich bin jetzt hier, um es zu empfangen, zu übersetzen, zu verstehen und dann auf den Rest des Planeten zu übertragen. Es ist mein Wunsch, die Lebendige Bibliothek auf diesem Planeten zu aktivieren.« Wir möchten, dass dies eure lebendige Meditation und Absicht ist. Lasst zu, dass die Natur, die Lebendige Bibliothek, die in der Liebesfrequenz lebt, in euren Körper schlüpft.

Wenn ihr die Lebendige Bibliothek neu erträumt, stellt euch den Wert der Erde vor. Indem ihr dieses Bild der Bibliothek haltet, werden alle Menschen, die euch unterstützen und euch als Mitglieder der Lichtfamilie kennen, fühlen, was ihr gewinnt, denn ihr seid alle verbunden. Durch eure Bereitschaft zu sagen: »Ja, ich gehöre zur Lichtfamilie«, werdet ihr erkannt.

Mit eurem gegenwärtigen Wissen regt ihr alle überall an, und die aus der Lichtfamilie können dann die Hand ausstrecken und andere berühren. Das ist ein großer Traum.

Wir möchten, dass ihr durch diese Zeit der sich öffnenden Welten und sich verschiebenden Wirklichkeiten gleitet.

In eurem Körper gibt es Energiemuster, die im Zellgedächtnis gespeichert sind, und wir müssen sanft vorgehen, um eine Bühne zu schaffen, auf der ihr wachsen könnt.

Energieübung

Öffne deine Vorstellungskraft und reise nach innen. Nehme einige tiefe Atemzüge und entspanne dich. Stelle dir vor, dass du mit anderen Menschen in einem Kreis stehst und ihr euch an den Händen haltet. Von oben kommt strahlendes fuchsiafarbenes, goldenes und weißes Licht herunter und bildet eine Lichtsäule.

Nun stelle dir die Erde als Lebendige Bibliothek mit unvergleichlicher Vitalität vor. Alles strahlt vor lauter Licht, und du hast die Erde noch nie so lebendig gesehen. Bleibe bei diesem Bild: Ihr steht noch immer in einem Kreis, haltet euch an den Händen, und nun lasse zu, dass etwas in dir größer wird und nach oben steigt. Trete in den Kreis und in die Lichtsäule ein, nur du, kein anderer. Klinke dich in die Lichtsäule ein und folge unserer Absicht, damit wir dich zu einem anderen Zuhause, den Plejaden, führen können.

Lasse dich von deiner Vorstellungskraft und deinem Vertrauen hinauftragen. Spüre Leichtigkeit und Freude, ein tiefes Empfinden von Verbundenheit und Sehnsucht.

Finde dich nun in deiner Vorstellung von den Plejaden wieder. Beobachte, fühle und erkenne an. Gib der Quelle, die dich erschuf, etwas, was die Dinge ändern würde. Das größte Geschenk ist dein Mitgefühl, also deine Fähigkeit zu verstehen, warum Dinge so gemacht wurden, wie sie eben sind. Dieses Mitgefühl öffnet deine Fähigkeit, die Ergebnisse von Weltaltern zu sehen und zu fühlen. Korridore stehen dir offen, um die Wahrheit zu entschlüsseln, die in jeder Zelle deines Seins pulsiert.

Gib diesem Ort, der ein Zuhause ist, was du kannst und willst, und finde darin Freude und einen Zweck. Nehme dir vor, dass eine Veränderung stattfindet und eine Prophezeiung erfüllt wird. Habe die Absicht, dass die Schöpfungen zu ihrem Schöpfer zurückkehren, um den Schöpfer zu befreien.

Wende deine Aufmerksamkeit deiner Atmung zu, atme ganz leicht und sende eine Schwingung des spielerischen Höhergetragenwerdens, des Loslassens und Verstehens an diesen Ort, der dein und zugleich auch unser Zuhause ist. Fühle für einige Augenblicke, was alles zu dir zurückkommt.

Und nun stelle dir vor, dass du dich auf einer riesigen Handfläche befindest. Du bist in einem großen Kreis mit den Menschen aus deiner Gruppe verbunden.

Die riesige Hand, auf der du dich befindest, reicht aus den Plejaden heraus und legt dich sanft auf die Erde in den eigenen Garten zurück, so als wärst du das zarteste und wertvollste Geschöpf. Sieh dich selbst, wie du läufst, herumspringst und spielst wie ein Kind. Deine und die Vitalität der Erde sind nun größer als zu Beginn. Setze ein Lächeln auf und lasse das Gefühl und die Tränen des Erkennens ihre Arbeit tun – dein Herz für alle Bereiche in allen Welten zu öffnen. Was du in diesem besonderen Augenblick des Mitgefühls erreicht hast, ist eine wahre Großtat.

3

Die Erde spricht

Die Imagination ist
die mächtigste Kraft, die der Menschheit
zur Verfügung steht.

Bedenkt einmal Folgendes: Die Erde ist lebendig und enthält das von euch gesuchte Wissen, und euer Bewusstsein beeinflusst, was die Erde freigibt. Wie kommt ihr an dieses Wissen heran? Wie könnt ihr es entschlüsseln und in Besitz nehmen? Die Information ist in Steinen und Knochen gespeichert.

Die Zeiten haben sich geändert. Früher war es so, dass jeder, der sich entwickelte und die Mysterien studierte, einen Lehrer hatte, und das Wissen wurde in einer langen Tradition vom Lehrer an den Schüler weitergegeben, durch die Generationen. Heute ist das nicht mehr nötig, denn das, wonach ihr sucht, wird aus den inneren Speichern eures Körpers freigesetzt. Lichtöffnungen und genetische Mutationen verursachen in der menschlichen Form noch nie dagewesene Veränderungen. Ihr werdet zu euren eigenen Lehrern, indem ihr euer Inneres *durch klare Absicht* aktiviert und den Impulsen und dem Wissen folgt, die den Prozess begleiten.

Alle Menschen, die in unbekannte Gebiete und mystische Bereiche eindringen und sie erforschen, haben einzigartige Erfahrungen und Deutungen der Wirklichkeit.

Wenn jemand aus Tibet kommt, heißt das nicht, dass er heiliger ist als jemand aus der New Yorker Bronx. Spirituell entwickelte Personen können von überall herstammen. Ihr lehrt und lernt aus einer einzigartigen Haltung heraus, die so angelegt ist, dass eure Glaubensvorstellungen und euer Charakter sich entwickeln, während sich euer individuelles Bewusstsein durch die gerade ausgewählte Erfahrung bewegt. Respektiert eure Lehrer und fahrt fort, euch und alles, was ihr erschafft, als Teil eures Wachstumsprozesses zu erkennen, ohne dabei zu übertreiben. Es bringt nichts, Lehrer auf ein Podest zu stellen; sie fallen da bloß herunter.

Unsere Lehren sind darauf ausgerichtet, durch eine Energieansammlung das Kollektiv und die Masse zu motivieren und anzuregen, neue Stufen der Erfahrung zu erklimmen und so auf dem ganzen Planeten reihenweise zu erwachen. Aus diesem Grund wird euer eigener spiritueller Prozess sowohl vom Fortschritt des globalen Bewusstseins als auch dem individuellen Grundmuster eures Zwecks beeinflusst. Auch wenn ihr manchmal frustriert seid, weil ihr schon weiter sein wollt – bleibt geduldig, denn ihr bringt euch immer näher an das heran, was ihr wollt. Wenn ihr euer Wissen teilt, wird es auf die ganze Welt ausgesendet. Codierungen werden ausgelöst, und Menschenmassen entwickeln sich weiter. Als Spezies seid ihr zeitlich codiert und miteinander verbunden, um auf Muster des Erwachens eurer größeren Identität zu reagieren. Ihr werdet angeregt, mit der Masse zu gehen und zu warten, bis eine große Gruppe sich auf einer bestimmten Bewusstseinsstufe versammelt, bevor ihr selbst weiter vorankommen könnt.

Die Menschheit ist codiert, und im Laufe eurer Entwicklung folgt ihr einem Muster. Eure Blaupause führt euch in eine versteckte Bibliothek des Wissens. Die Götter, die die Erde formten, installierten Chronometer genannte Einrichtungen, die die Entwicklung des menschlichen Bewusstseins messen. Wenn genug

Menschen aufwachen und die Chronometer auslösen, eröffnen sich dem Planeten neue Daten. Es ist vergleichbar mit dem millionsten Besucher einer Veranstaltung, der dann einen Preis gewinnt. Nur dass statt der Überreichung eines Preises das Massenbewusstsein plötzlich geöffnet wird, da genug Menschen auf dem Planeten ihrer Blaupause folgen und reagieren können.

Die Alten, die vor euch auf diesem Planeten lebten, bauten eine andere Art von Bibliothek als ihr heute. Bevor Tempel errichtet wurden, reisten die Zauberer und Führer bestimmter Stämme und Kulturen an Orte, die für ihren besonderen Stein bekannt waren. Dieser Stein wurde gereinigt und darauf vorbereitet, Daten und Informationen zu speichern, die telepathisch vom Geist der Menschen in die Steinstruktur übertragen wurden. Es wurde eine Form entworfen, zum Beispiel ein Tempel, und die Erbauer machten sich die natürliche Struktur und den Energiefluss des Ortes zunutze, um ihr gesamtes Wissen in den Stein des Bauwerks einzuspeichern. Information wurde in Stein und Knochen gespeichert, wobei die Steine in diesem Fall die Gebeine der Erde sind.

Wenn ihr alte heilige Orte besucht, die ihr Kraftplätze nennt, erfahrt ihr elektromagnetische Formeln für höheres Bewusstsein. Oft nehmt ihr dort etwas auf, was ihr vor Tausenden von Jahren für euch zurückgelassen habt. Indem ihr jene Orte besucht, wird euer Körper diesen Energien ausgesetzt und kommt an die Blaupause heran, gemäß der ihr euch entwickeln könnt. Die Alten bauten Tempel und megalithische Strukturen an bestimmten Orten, um die Energieansammlung an Wirbelpunkten auszunutzen. Jeder dieser Plätze besaß eine Besonderheit. Der große Steinkreis von Avebury in England diente als Dimensionstor für verschiedene Sternensysteme, besonders für Sirius, die Plejaden und Arcturus. Die Steine wurden in einer bestimmten Konfiguration aufgestellt, und mit Licht als Schlüssel wurden die Sternenenergien auf die Erde gezogen. So wurde durch eine Mensch-Erde-Stern-Verbindung ein Informationsaustausch ermöglicht. Derartige Plätze boten Fruchtbarkeitsenergie, und Paare reisten hin, um sich dort zu lieben und Leben zu empfangen, das von den

Orten der Kraft energetisiert und geprägt war. Andere Plätze waren als Sendestationen, als Kalender oder als Orakel zum Lesen der Zukunft und Erweitern der Wirklichkeit angelegt.

Die meisten Zivilisationen haben Daten in Stein gespeichert. Die Erde erkennt euch, während ihr auf ihr lebt und atmet, und sie kennt euren Entwicklungsstand und eure Fähigkeit, Verantwortung zu übernehmen. Daher werden heilige Plätze von Menschen aktiviert, die sie mit ihren eigenen Bewusstseinsschlüsseln öffnen, indem sie sich an das Wissen und die Erfahrungen, die in ihnen gespeichert sind, erinnern und sie freisetzen.

Wenn ihr Kraftplätze betretet und euch eure Chakren als Energieeingänge vorstellt, die euch zu persönlichen Erinnerungen führen, werden solche Orte aktiviert. *Die Imagination ist die mächtigste Kraft, die der Menschheit zur Verfügung steht.* Die Alten konnten die Energiefülle dieser Orte spüren. Sie zapften die wertvollen Plätze, an denen sich Energielinien verbanden, an, machten von ihnen Gebrauch, und es fand ein Verschmelzen und Zusammentreffen von Dimensionen und anderen Welten statt.

Jedes Mal, wenn ihr einen Kraftplatz besucht, kommt es zu einer Beschleunigung und Aktivierung. Gleichzeitig tragt ihr zur Auslösung von Ereignissen bei, durch die Menschen auf der ganzen Welt sich selbst als spirituelle Wesen erkennen und wertschätzen oder auf sehr verschiedene Weise dem Untergang anheimfallen. Ihr stellt bereits fest, wie sich alles immer mehr beschleunigt. Ihr habt beinahe den Eindruck, dass ein rasender Trommler den Takt der Erde bestimmt. Das ist deshalb so, weil ihr euch in einem Evolutionszyklus befindet, der Druck auf den Geist ausübt, damit dieser in allen Menschen geboren und erkannt wird.

Die Erkenntnis, ein spirituelles Wesen zu sein, ist ein Schlüssel zum Korridor der Zukunft, nach dem ihr strebt.

Wenn ihr niemals an einen Kraftort gelangt und eure Zeit nur in eurem Garten verbringt, werdet ihr auch nichts versäumen. Allein die Absicht, eure Erinnerungsbanken zu öffnen und das kollektive Gedächtnis zu aktivieren, und gleichzeitig die Nähe zur Frequenz der Materialien und Gebrauchsgegenstände von Menschen, die bereits vor euch an solchen Orten waren, reicht schon aus, um das Erwachen der Energien zu erfahren.

Die Steinkonstruktionen wurden abgestimmt und mit Tönen gespeist, und man baute Geschichten in sie ein. Diejenigen, die spezielle Frequenzen aussenden konnten, versahen damit die Steinbauten. Heute halten die Steine die Frequenzen nach wie vor, und nicht nur in Form von Schriftzeichen. Zahllose heilige Plätze befinden sich noch unter der Erde und warten auf eine Verschmelzung der Dimensionen. So gab es unzählige alte Zivilisationen auf dem Gebiet der heutigen Vereinigten Staaten, die Reste ihres Wissens hinterlassen haben. Diese Reste wurden geschickt begraben und überdeckt, was oft mit Absicht geschah. Nun treten sie allmählich zutage. Es wird viele Entdeckungen geben, mehr als je zuvor in eurer aufgezeichneten Geschichte. Die Erde ist ein sehr lebendiger Ort, und sie offenbart euch ihren wirklichen Kern, sobald ihr die Schlüssel wahrnehmen und euch selbst neu definieren könnt.

Ihr befindet euch im Vorteil, denn ihr seid euch der stattfindenden spirituellen Evolution bewusst. Die Wirklichkeit, die ihr kanntet, zerbröckelt gerade, und das ist für viele äußerst verwirrend und beunruhigend. Als Besucher heiliger Plätze öffnet ihr mit den Schlüsseln des Bewusstseins die Zeitschlösser und löst die Energiekombinationen aus, die die Erinnerung an Ereignisse so lange versperrt hielten, bis ihr eure Empfangsbereitschaft unter Beweis stelltet. Wenn ihr euch mit Energie durchfluten lasst, euch hingebt und in bewusster Absicht an heiligen Stätten arbeitet, schickt ihr buchstäblich Blitze großer Veränderung um den Globus.

Alle Menschen haben die Möglichkeit zu entscheiden, welche Werte sie ihrem Sein zugrunde legen wollen. Leider entscheiden sich nur wenige dafür, Mutter Erde zu achten. Daher werden sich für sie vor ihren Augen die größten Herausforderungen manifestieren. Ihr habt das große Geschenk empfangen, jetzt auf der Erde sein zu dürfen – ein Geschenk, das ihr euch selbst gemacht habt. Vertraut auf eure innere Führung, denn sie wird euch auf den vielen Wegen der Selbsterkenntnis leiten und den Sinn des Lebens und die grundlegende Bedeutung des Seins offenbaren.

In diesen Tagen werdet ihr bemerken, dass eure innere Führung ein äußerst praktisches Werkzeug ist, das ihr euch selbst erschaffen habt. Wendet es an. Profitiert davon. Verurteilt nicht diejenigen, die solche Impulse nicht verspüren. Ihr seid anders, doch es gibt auf dem Globus Millionen von euch, die einen neuen Sinn und ein neues Verständnis der Wirklichkeit in sich tragen. Ihr befindet euch in einer Welt mit einem sterbenden Glaubenssystem, und ihr geht auch symbolisch durch einen Prozess des Loslassens von all dem, was nicht mehr in euer Leben passt. Betrachtet noch einmal den wahren Kern dessen, was ihr lernt, und erfahrt, wie und warum ihr denkt. Strebt nach Kommunikation und Wissensaustausch mit der Erde, denn sie bietet manch unbekanntes Mysterium und kann auf einzigartige Weise zu euch sprechen.

Seit den frühen 1980er Jahren traten auffällig häufig Kornkreise in der Umgebung von Wiltshire und Salisbury in Großbritannien auf, wo bis heute noch zahlreiche Megalithstrukturen erhalten sind. Geheimnisvolle Zeichen erschienen wie durch Zauberhand in den Kornfeldern der englischen Landschaft. Sie sind synchronistisch auf die heiligen Plätze Stonehenge, Avebury und Silbury Hill ausgerichtet – Orte, die für ihre Einstimmung auf den Himmel bekannt sind. Die Intelligenzformen, die solche geometrischen Figuren erzeugen, tun dies auf recht spielerische Weise. Geometrie ist mehr als nur ein Unterrichtsgegenstand in der Schule; sie ist im Grunde genommen eine Intelligenzform. Ihr werdet herausfinden, dass höhere Intelligenz oft einen wunderbaren Sinn für Humor besitzt. Kornkreise werden durch Töne erzeugt und haben einen tieferen Sinn; sie sprechen stumm zum Massenbewusstsein. Sie bringen sich durch Impulse auf die Erde, um dimensionale Möglichkeiten zu verändern und um Portale und Zugänge zu öffnen, durch die andere Energien hereinkommen können.

Solche Kornkreisglyphen haben ihre eigenen Symbole und sind im Grunde so etwas wie Nachschlagewerke. Euer Körper kann die

Botschaft der Kornkreise viel umfassender erkennen als euer rationaler Verstand. Sie sind regelrechte Vorbereitungskurse für die Menschen auf der Erde. Sie haben euch auch auf die große Entscheidung vorbereitet, die jetzt jeder von euch treffen muss – die Entscheidung darüber, in welcher Welt ihr leben wollt. Kornkreisglyphen haben den Evolutionsprozess und die Entwicklung der DNS beschleunigt, indem sie euren Geist zum Erwachen anregten.

Ein Zweck der Glyphen bestand und besteht noch immer darin, den Weg für das Massenbewusstsein zu ebnen, damit ihr begreift, was für euch unbegreiflich ist: *Ihr seid nicht allein.*

Die Zeichen wurden komplexer, während die Glyphen eure Bewusstheit für andere Lebensformen erhöhten. Alte Prophezeiungen sprachen von Zeichen auf der Erde und Zeichen am Himmel. Es gibt einen Plan in einem Plan in einem Plan. Im Himmel und jenseits davon gibt es Freunde, die Wellen von Einflüssen inszenieren, von denen ihr euch noch keine Vorstellung machen könnt. Innerhalb der Kornkreise gibt es Kraftkombinationen, die ihr als in der Luft tanzende Lichtgeometrie sehen werdet. Die Glyphen erzeugen Verschiebungen, die euch jede Menge Daten bringen werden. Dann seid ihr herausgefordert, dieses neue Wissen zu verstehen und gleichzeitig mit beiden Füßen auf dem Boden zu bleiben und den Kopf am Gipfel des Universums zu haben. Könnt ihr euch das vorstellen? Ihr alle seid riesig, und ihr könnt euch mit dem fernsten Kosmos verbinden und ihn auf die Erde bringen.

Wenn ihr die historischen Berichte und Aufzeichnungen sorgfältig studiert, werdet ihr herausfinden, dass Kornkreiszeichen nicht nur ein Phänomen dieser Jahrtausendwende sind. Solche Glyphen aus Tönen und Lichtgeometrie kommen und gehen häufig auf der Erdenebene. Sie sind eine Art der vorsichtigen Einführung von Kommunikation zwischen den Lebensformen. Dabei bewirken sie mehr als ein Raumschiff, das mit fremden Wesen landet, die sagen: »Hallo, da sind wir. Wir bringen euch ne Menge Neues.« Obendrein verwirren Kornkreise eure Wissenschaftler und lassen sie als dumm dastehen, was absolut erforderlich ist – und das alles geschieht mit Humor, versteht sich. Eure Wissenschaft hat lange nur den Herrschenden gedient, und die Menschheit tut gut daran, alles zu hinterfragen. Es ist an der Zeit, diejenigen zu hinterfragen, die behaupten, alle Antworten zu kennen. Die Wirklichkeiten verschmelzen, und auf der Erde spielen sich gerade viele ungewöhnliche Ereignisse ab, da die alten heiligen Stätten, die Kalender und Bibliotheken aus Stein immer lauter sprechen. Kornkreise sind Vorboten und Beschleuniger, die mit herausfordernder und eleganter Einfachheit erklären: »Jetzt findet der Paradigmenwechsel statt.«

Geometrie und Mathematik, gepaart mit planetarem und stellarem Wissen, bilden die Grundlage für die Konstruktion von Dimensionstoren. Knossos auf der Insel Kreta, Stonehenge, die Große Pyramide in Gizeh, die Akropolis, Delphi, Machu Picchu, Tiahuanaco und viele andere Orte dienen als Zugänge zu anderen Dimensionen. Die mächtigen Strukturen dort, die mit Heiliger Geometrie gebaut wurden, verwirren die oberflächliche Wissenschaft, nicht aber die verborgenen Kräfte dahinter.

Licht kann bestimmte Verzerrungen in Realitäten verursachen, und um mit Licht zu arbeiten, muss man die Geometrie beugen. Was der modernen Architektur heute fehlt, ist die Kombination von Licht und Geometrie. Mit anderen Worten: Der Einfluss des Lichts auf die dreidimensionale Form wird nicht in Betracht gezogen. Eure Gebäude stürzen ein, weil bei ihrem Bau Licht nicht mit einberechnet wurde. Nach einiger Zeit verfallen sie oder werden zerstört, selbst wenn es keinen Krieg gibt. Eine mentale Verzerrung verhindert, dass sich geometrische Strukturen dauerhafter auf dieser Seinsebene verankern. Weil eure menschlichen Fähigkeiten, was die Verbindung eurer DNS betrifft, unvollkommen sind, könnt ihr eine Struktur mental nicht stützen. Alle Einflüsse, sowohl äußere als auch innere, müssen in Betracht gezogen werden. Die Elemente Erde, Luft, Feuer und Wasser sind ebenso unerlässlich für den dauerhaften Bestand wie das Element der menschlichen Gedankenkraft.

Durch ihre Manifestation in die physische Form vermittelt die Geometrie ihre eigenen Lehren. Sie besitzt Einfluss, und es findet eine sofortige Energieübertragung von geometrischen Formen in den physischen Körper statt. Dies ist ein Geschenk der Götter an die Menschen, um ein höheres Ideal zu erschaffen. Die Geometrie der Götter wird in eine dreidimensionale Geometrie übersetzt. Form und Größe strahlen die Essenz der Heiligen Geometrie aus und erschaffen ein Wissen, das von Dimension zu Dimension übertragen wird.

Vielleicht erkennt ihr nicht, dass ihr selbst verschiedene physische Gestalten habt. Delfine sind zum Beispiel eine andere Version des Menschen. Sie existieren nicht nur im Wasser, sondern auch an Land und in der Luft; sie existieren in vielen Dimensionen gleichzeitig. Eines ihrer hervorstechendsten Merkmale ist ihr freundliches Wesen. Es entspringt einem sehr hoch entwickelten Bewusstsein, das weiß, dass es nie zerstört wird; einem Bewusstsein, das eine tiefe Verbundenheit mit seiner menschlichen Entsprechung hat, die vergessen hat und glaubt, dass sie zerstört wird. Delfine und Wale erzeugen besondere Klangschwingungen, die euren Planeten zusammenhalten. So wie ihr sind diese Geschöpfe Abkömmlinge uralter Wesen von den Sternen, und sie sind hier, um euch, den Menschen, die uralte Weisheit und die Wahrheiten über die Liebe zu eurem Planeten zu vermitteln.

Delfine und Wale sind Mitglieder der *Lichtfamilie*, und seit Äonen tragen sie die Frequenzen einiger eurer uralten Zivilisationen. Die Delfine eurer atlantischen Kultur wurden vor dem Untergang jener Zivilisation codiert und bekamen zahlreiche Informationen, um ihre Errungenschaften zu bewahren und genetisch und telepathisch weiterzugeben. Sie übermitteln diese Informationen gegenwärtig der menschlichen Spezies. Sie geben euch eine klare Botschaft: Ihre Lebensqualität ist bedroht, und wenn *ihre* Lebensqualität bedroht ist, dann ist es auch *eure.* Gegenwärtig sind sie euer Spiegel.

Die Delfine verlassen gerade in großer Zahl euren Planeten. Sie stranden nicht nur an euren Küsten, sie verfangen sich sogar absichtlich in den Fangnetzen. Es sind sehr kluge Geschöpfe; es sind keine Opfer. Sie überlassen euch den Planeten, denn es ist an der Zeit, dass ihr das Verwalteramt übernehmt. Wie andere Tiere auch haben sie Vertrauen in sich und wissen, dass sie nur ihre Form verändern, wenn sie sterben. Sie wissen, dass sich eine Neue Welt bildet, und deshalb bewegen sich so viele »aussterbende« Arten in Wahrheit durch Dimensionsfrequenzen hindurch und nähern sich einer Neuen Erde, während die alte stirbt. So viele von euch möchten gerne mit Delfinen schwimmen, weil ihr auf eine innere Codierung reagiert, die als Ergebnis eures Kontakts mit den Delfinen eine neue Schwingungsfrequenz erzeugt. Diese Frequenz verbindet euch mit eurem Erbe und dem Recht zu wissen, wer ihr seid.

∞

Es war nicht immer leicht, einen Weg zu finden, Hilfe auf die Erde zu bringen. Und doch hat es Energien von den Sternen gegeben, die unterschiedliche Kulturen ausgesät, den biogenetisch neugeordneten Menschen Lehren angeboten und sie mit Licht codiert haben, damit sich Wissensfragmente fünfhundert, fünftausend oder sogar zehntausend Jahre auf dem Planeten halten konnten. Wenn die Zivilisation dann erloschen war, wurden ihre Artefakte jeweils weitergegeben oder in der Erde vergraben. Jede Zivilisation mit dem geringsten Ansatz von Licht erschuf auf ihre Weise Artefakte, die Geschichten erzählen. Diese Objekte wurden über Zeitepochen hinweg verborgen, um wieder aufzutauchen, wenn sie entsprechend gedeutet werden konnten.

Die Erde enthält unermesslich viele Überreste von Zivilisationen, von denen einige tatsächlich einem Punkt entspringen, den ihr als Zukunft bezeichnen würdet. Euer »Jetzt« kann von vielen Richtungen ausgesät und beeinflusst werden. Einige der sogenannten Grundfesten eurer gegenwärtigen Weltanschauungen sind keineswegs Überreste aus der Vergangenheit. In der Zukunft können Verzerrungen konstruiert und im Jetzt ausgelegt werden und doch den Anschein erwecken, als kämen sie von einem weit zurückliegenden Punkt. Unter der Erde deponierte Artefakte können euch absichtlich davon abhalten, die Identität »unsichtbarer« Herrscher zu verstehen, die ihr vielleicht als Götter bezeichnet.

Wenn ihr die Ebene der Einsicht erreicht, dass der materielle Bereich eine symbolische Darstellung ist, und ihr euch nicht mehr im Anhäufen und Horten verliert, können viele großartige Artefakte wieder auftauchen. Bei den zahllosen Veränderungen, die euer Planet gerade durchmacht, treten mit codiertem Wissen geladene uralte Objekte zutage. Am Ende wird sich eine Verankerung vieler Dimensionen ergeben. Dies wird das Geheimnis hinter dem Dasein enthüllen, und es wird sein, als ob die Erde über Nacht erblüht, auch nachdem einige Teile scheinbar zerstört wurden.

Ihr habt vielleicht Visionen von diesen Ereignissen. Menschen werden von bestimmten Orten angezogen, und sie finden bestimmte Dinge, mit denen sie in Resonanz gehen. Vielleicht wird niemand anderer diese Artefakte sehen, denn es ist eine besondere Bewusstheit erforderlich, um sie in diese Dimension zu ziehen. Damit sie völlig in der dreidimensionalen Wirklichkeit verankert werden, ist eine Übereinstimmung des Massenbewusstseins notwendig. Es geht darum, diese Art von Energie wieder ins Sein zu rufen – sie wieder willkommen zu heißen, indem ihr zeigt, dass ihr die Erde achtet. Indem ihr lernt, eure Heimat wertzuschätzen, werden sich ihre Geheimnisse weiter enthüllen und euch ehrfürchtig stimmen.

Unterschiedliche Kulturen haben die Welt geprägt und ihre Schwingungen durch Sprache, Klangfolgen und steinerne wie auch goldene Artefakte verbreitet und weitergegeben. Die Vereinigten Staaten sind von der griechischen Zivilisation beeinflusst, besonders an der Ostküste. Der Bundesstaat Rhode Island etwa ist ein eigenes Land mit einer ähnlichen Geschichte wie Rhodos. Die amerikanischen Ortsnamen Syracuse, Ithaca und Utica sind griechischen Ursprungs, und es gibt in den Vereinigten Staaten viele Städte, die Sparta oder Athen heißen. Im Namen eingeprägt ist der Einfluss, der mit der Entfaltung eures inneren und äußeren Wissens zum Leben erwachen und eine größere Bedeutung vermitteln wird.

In früheren Zeiten gab es Verhaltensregeln, nach denen die Menschen lebten. In Delphi betrachtete man den Spruch »Erkenne dich selbst« als Lebensschlüssel. Sich selbst zu erkennen entspricht dem

Konzept, nach innen zu gehen und Versionen des multidimensionalen Selbst zu erkunden, Fragen zu stellen und Antworten zu finden und in andere Welten zu gelangen. Die Verhaltenscodes beinhalteten, dass man nie im Übermaß nahm und seine Umgebung achtete. Heute werdet ihr gedrängt, bestimmte Verhaltens- und Kommunikationscodes zu berücksichtigen, um wieder eine Welt zu erschaffen, in der alles von Bedeutung ist. Eure Einzigartigkeit liegt in eurer Verschiedenheit und den unzähligen Arten, die Wirklichkeit zu erfahren und zu deuten, nach denen ihr als Menschen gestrebt habt.

Tibeter verstehen viele der kosmischen Schlüssel der Erde. In Tibet gibt es ein Portal, eine riesige energetische Öffnung. Wenn euch jemand besuchen will, kann er durchs Fenster kommen, doch es ist eigentlich einfacher, die Tür zu benutzen. Planeten haben auch Türen, durch die man sie betreten kann. Solche Türen oder Portale sind die Zugänge und Mündungen von Zeitkorridoren. Doch wenn man einen Planeten betreten will, woher weiß man dann, in welcher Zeitepoche man landen wird, da doch alles gleichzeitig abläuft? Die Fähigkeit, Ereignisse zu lokalisieren, erfordert in jedem Augenblick eine große Meisterschaft des Selbst und ist keine leichte Aufgabe. Die Tibeter hielten bis in die 1950er Jahre hinein sorgfältig ein Energieportal offen. Über Hunderte von Jahren fungierten sie als Wächter und Boten derer, die sich hindurchwagten. Und mit Außerirdischen arbeiten die Tibeter schon seit Äonen.

Die als Himalaya bekannte Region lag einmal auf Meereshöhe. Unter den Bergen Tibets gibt es riesige Goldadern und Höhlen voller Kristalle. Dort lagern heute noch Gegenstände, die auf das hohe Alter der Zivilisation schließen lassen. Es gibt in ihnen auch viele mumifizierte physische Körper, denn ebenso wie die Ägypter hatten die Tibeter eine Vorliebe für die Erhaltung des Körpers über den Tod hinaus, nur verwendeten sie eine andere Methode, eine mit Gold. Die Ägypter balsamierten die Toten ein, was sich auf alte Erinnerungen aus Atlantis gründete, wo die Menschen – wenn ihre DNS intakt war – auf diese Weise verjüngt und wiederhergestellt wurden. Diese Möglichkeit wird heute übrigens gerade wiederentdeckt und angewendet. Die alten Tibeter gingen anders vor. Sie wollten den Körper nicht so sehr verjüngen, als ihn und die Bewusstseinsfrequenz, die er zu Lebzeiten erreicht hatte, erhalten. Sie mumifizierten – wir verwenden diesen Ausdruck hier im weitesten Sinn – den Körper außen und innen mit Gold. Das war eine umfassende Angelegenheit, die mehrere Monate in Anspruch nahm.

Wenn ein Tibeter im Leben einen seltenen Bewusstseinszustand erreichte und diese Frequenz aufrechthielt, empfing er am Ende seines Lebens den Ruf, sich tief in die gewaltigen Berge zurückzuziehen. Von den Meistern gerufen, saß er dann in einer bestimmten Haltung und erwartete den Tod. Wenn der Tod eintrat und der Geist den Körper verließ, begannen Boten sofort mit der Erhaltung des Körpers, indem sie ihn mit Gold überzogen, um die hochgeschätzten seltenen Bewusstseinsfrequenzen zu stabilisieren und zu bewahren. Hunderte dieser »Statuen« existieren unter den Bergen Tibets. Heute verstehen die Eingeweihten, dass sie sich mit diesen konservierten Schwingungen verbinden und bestimmte Bewusstseinsfrequenzen anzapfen können.

Eines der größten Geheimnisse der Maya waren ihre versteckten Goldlager und ihr Wissen über die Funktion des Goldes. Die Maya waren nicht dumm und prahlten nicht mit ihrem Gold. Sie erweckten den Eindruck, als ob sie es nicht brauchten. Gold ist eines der Elemente dessen, womit Dimensionsportale geöffnet werden können. Es verankert Portale, bewirkt Transformation und dient nicht nur als Material für Kostüme, Kronen, Masken und Schmuck. Es hält die höchste Schwingung und ist ein vorzüglicher elektrischer Leiter. Wenn Gold in großen Mengen gelagert oder erschaffen wird, können Lichttore aufgetan werden, und der Zugang zu anderen Dimensionen öffnet sich. Die Goldlager auf dem Globus sind nicht zum Ausbeuten oder Horten geschaffen. Sie enthalten große Geheimnisse und werden zum Öffnen von Portalen und zum Verankern von Energien verwendet.

Es gibt riesige Goldadern und Goldflüsse, die Frequenzen durch die Erde leiten, und sie sind ein wesentlicher Teil des Lebens. Die alten Ägypter glaubten, die Adern der Götter seien aus Gold. Im mittelalterlichen Europa fesselte so manchen die Suche nach alchimistischem Gold. In der Erde tritt Gold sehr häufig in Begleitung von Quarzkristallen auf, die der Grundbaustein all eurer heutigen Kommunikationsinstrumente sind. Es ist wichtig zu verstehen, dass Gold eine Säule der Kulturen ist und schon immer war. Zivilisationen werden durch den Einfluss dieser Substanz ins Sein gebracht. Denkt nur an eure alten Aufzeichnungen aus Sumer, in denen es Geschichten über Götter gibt, die vor Zehn- und Hunderttausenden von Jahren auf der Suche nach Gold hierherkamen.

Die Maya hüteten viele Geheimnisse.

Hinweise, die sie der äußeren Welt hinterließen, sollten euch leiten, verleiten und in die Irre führen – der Archäologe sollte eine Sache sehen, das geistige Auge eine andere. Der wahre Kern vieler Kulturen wird gerade erst langsam entdeckt. Teams von Regierungs- und Universitätsleuten entschlüsseln Codes und finden neue Teile der Vergangenheit heraus. Sie geben ihr Wissen nicht immer an die Archäologen weiter, weil sie nicht möchten, dass die Öffentlichkeit von ihren neuesten Entdeckungen erfährt. Ein abgesperrtes Gebiet, zu dem der Zutritt verboten ist, weist oft darauf hin, dass dort etwas vor sich geht. Denkt daran, dass Codes der Wertschätzung und der Absicht, die durch euer Sein ausgesendet werden, bestimmen, was entdeckt, entziffert und verstanden wird.

Das Verstehen des inneren und äußeren Kommunikationsprozesses ist ein Schlüssel zu einer friedlichen Erde. Euer inneres Ich kommuniziert ständig mit einem Ich, das als Höheres Selbst oder innerer Lehrer bezeichnet werden kann. Es ist eine Version von euch, die zwar für eure gegenwärtige Wahrnehmung unsichtbar ist, aber trotzdem einen mächtigen Einfluss ausübt. Euer Höheres Selbst ist mit einer Sicht der Wirklichkeit verbunden, in der es für all eure gewählten Erfahrungen einen Zweck gibt. Im Idealfall teilt euch euer Höheres Selbst diese höhere Sichtweise durch Impulse, Synchronizitäten und Gefühle mit. Es liegt dann an *euch*, eure eigenen Botschaften zu übersetzen und zu erkennen, dass sich die

Wirklichkeit euren Befehlen beugt. Euer Höheres Selbst zeigt euch das immer wieder. Zusätzlich habt ihr eure eigenen Gedanken – als Gefühle und Anschauungen –, die durch eure wahre Essenz und Präsenz ständig in euer Feld ausgesendet werden. Mit zunehmender psychischer Bewusstheit wird es für euch leichter zu erkennen, was jemand vorhat, denn es wird durch sein Sein energetisiert. Mit einer erweiterten Kommunikationsfähigkeit, die neue Wege der Übersetzung von Aussagen einbezieht, könnt ihr Energien lesen.

Eine Form der Kommunikation, die euch von den traditionellen Deutungen befreien kann, ist eine bestimmte Arbeit mit Klang, das *Tönen* – durch Singen oder Summen lasst ihr Töne in euch aufsteigen, leitet sie durch euch hindurch und werdet dabei selbst wie ein Instrument gespielt. Töne und Klang sind ein Schlüssel zur Freisetzung gespeicherten Wissens. Sie öffnen Portale und lassen die Informationen in euren Körper fließen. Wir empfehlen euch, bei euren Feldern und Gärten mit Tönen und Klang zu arbeiten. Die Pflanzen fühlen, was ihr für sie tut. Wenn ihr durch den Garten geht und eine Tomatenpflanze berührt, gibt sie dies durch ihre Pflanzenhormone, die im Lufthauch reisen, weiter und sagt zum Leben im Garten: »Die Tomatenpflanze wurde berührt. Menschen sind hier.« Ehe ihr euch verseht, wissen bereits alle Pflanzen, dass ihr kommt. Bei Tieren ist es das Gleiche. Wenn ihr für Tiere, Pflanzen und die Erde Töne und Klang hervorbringt, werdet ihr mit phänomenalen Antworten belohnt, und eure Verbindung zur Erde als ein intelligentes Wesen wird wieder energetisiert und ausgerichtet.

Getönt wird auf der ganzen Welt, nicht nur bei den Tibetern im Himalaya, auch im Westen. Dabei erzeugt ihr verschiedene Schwingungszahlen. Ihr bringt mehrere Töne gleichzeitig hervor, sogenannte Obertöne. Sie öffnen versperrte Energieportale, die eure Wahrnehmung verändern. Darin besteht das Prinzip des *Tönens* – auf subtile Weise eure Wahrnehmung zu verändern.

An Kraftorten oder Energiewirbeln könnt ihr in der Absicht tönen, Energie freizusetzen, die dort gespeichert oder eingesperrt ist, und schon durch euer Singen oder Summen verschmelzt ihr mit dem Platz. An heiligen Stätten aus Stein setzt der Klang, den ihr fühlt, in den umgebenden Steinen und in euren Knochen gespeicherte Daten frei. Steine arbeiten sehr gut mit euren Knochen zusammen, weil sie so kristallhaltig sind: Sie speisen die Knochen und umgekehrt, indem sie Daten teilen.

Im heutigen Informationszeitalter werdet ihr von den natürlichen Informationsquellen ferngehalten. Man hat euch aufgeschwatzt, dass das Fernsehen eine große Informationsquelle sei. Dieses Gerät ist als eine der größten Erfindungen aller Zeiten vermarktet worden. Eure Sendeanstalten, nicht nur die Presse, werden jedoch von denjenigen beherrscht, die euch kontrollieren und unbewusst halten wollen. Sie drehen euch ausgewählte Versionen der Wirklichkeit an und ignorieren andere Sichtweisen vollkommen. Fernsehen verlangsamt den Evolutionsprozess und begrenzt euch, besonders als Kinder. Wenn man jung ist, spielen frühe Eindrücke und die Vorstellungskraft eine Schlüsselrolle für das spätere Leben. Fernsehen hält euch in einem sehr engen Bereich des emotionalen Ausdrucks – grundsätzlich bloß dem von Chaos und Angst.

Mehr als je zuvor gibt es heute große Werbekampagnen, um die Menschen dazu zu verführen, vor der Glotze zu kleben und die neuesten Versionen von Skandal und Gewalt mitzuverfolgen, als wäre das Ausgestrahlte *das* wichtigste Thema überhaupt. Lernt zu beobachten, wie ihr euch beim Fernsehen fühlt. Es ist eine Form der Gehirnwäsche und Frequenzkontrolle. Diese Kontrolle ist weltumspannend, weil Chaos und Angst durch das Fernsehen auf der ganzen Welt in Windeseile verbreitet werden.

Die große Mehrheit der Menschen auf der Erde wird genau in diesem Augenblick vom Fernsehen hypnotisiert. Wir wollen euch ermutigen, das Leben wieder *aus erster Hand* zu erfahren – nicht durch die Bilder und Ideen, die andere euch vorsetzen. Ihr zerstört euer eigenes Bewusstsein und seine Möglichkeiten, wenn ihr eure Zeit dem Fernsehen widmet. Ihr unterdrückt eure Vorstellungskraft, und damit lasst ihr eine eurer größten Gaben ungenutzt. Viele von euch verstehen bereits, wie die Menschen durch das Fernsehen in einen ständigen Dämmerzustand gebracht werden, wie ihr Verhalten und ihr Schlaf gesteuert und sie krank gemacht werden.

Was immer ihr auch im Fernsehen seht, ihr verschwendet damit eure Zeit. Es hält euch vom Leben fern und tritt als Ersatz für eigene Erfahrung auf, die, liebe Freunde, der hauptsächliche Weg ist, wie ihr lernt. Einige von euch behaupten vielleicht: »Oh, es gibt durchaus einige gute Sendungen, und ich sehe mir nur Dinge an, die mich bilden.« Wir fragen euch: Was wird über oder unter den »guten Sendungen« ausgestrahlt, das ihr nicht bewusst seht? Wenn ihr darauf besteht, einen Fernseher zu haben, dann lasst ihn am besten ausgesteckt. Euer Fernseher überträgt Frequenzwellen, genau wie euer Handy, selbst wenn er nicht eingeschaltet ist. Haben wir uns klar genug ausgedrückt? Bedenkt noch einmal, was ihr über das Leben gelernt habt, und entscheidet euch dafür, auf die Nachrichten der Natur zu hören – die Stimme der Erde, da sie spricht.

∞

Ihr seid jeden Tag im Einsatz. Ihr habt euch entschieden, dass ihr dies immer so handhabt, dass es ein Teil eures Wesenskerns ist. Ihr wisst, dass die Dinge möglicherweise herausfordernd werden, denn auf diese Weise lernt ihr; niemand hat je gesagt oder garantiert, dass es einfach ginge oder alles immer mühelos sei. Vielleicht versteht ihr allmählich das Ausmaß der Hingabe, die notwendig ist, um die Grenzen der Wirklichkeiten zu transzendieren. Wenn ihr euch diesen Grenzen nähert, könnt ihr fühlen, wie es ist, den Fuß in einer Welt, den Finger in einer anderen und die Nase und Zehen in wieder ganz anderen Welten zu haben. Es ist ein ziemlich ungewöhnliches Gefühl, wenn sich Energien aus vielen Welten in eurem Körper treffen.

Freude, Sicherheit, Harmonie und Klarheit sind sehr feine Begriffe. Manchmal müsst ihr, um ein Konzept wirklich zu verstehen, in seine Polarität hineingehen, denn in dieser Welt von Licht und Dunkel wird das Licht durch Schatten definiert. Deshalb erkunden wir mit euch Polaritäten. Denkt daran, dass ihr immer die Wahl habt, und je mehr ihr die verschiedenen Meinungen und Einflüsse auf der Erde versteht, desto mehr Auswahl habt ihr.

Auf eurer Reise, euch selbst zu erkennen, gibt es viele Glaubenssätze, von denen ihr euch befreien werdet. Diese Paradigmen sind wie Grenzen und Zäune, die euch unbemerkt umgaben.

Bittet um eine beträchtliche Erweiterung eurer Identität, und lernt, wie es ist, sich auf vielen Wahrnehmungsebenen zu erfahren. Lernt vor allem, wie es ist, *dem Prozess zu vertrauen.* Verkündet eure Absicht, jetzt lebendig zu sein, und lasst es die Erde fühlen. Wenn ihr euch aber gerade unsicher seid, wäre es von größter Dringlichkeit, einen Zweck zu erschaffen und an euch selbst zu glauben. Wir können das nicht für euch tun. Nur ihr wirkt letztlich auf die Erde, auf euer Leben und auf eure Version der Illusion ein.

Es gibt nicht gerade viele Handbücher, die über euer Tun Aufschluss geben. Viele Menschen fühlen sich so, als ob sie durch ein Land der Seltsamkeiten schlichen. Und in gewisser Weise ist es voller Seltsamkeiten, aber auch heiter und freudvoll bei aller Verschrobenheit. Zudem besitzt ihr Charisma, das ihr ausstrahlt. Ihr alle wisst, dass ihr aus einem Grund hier seid, der sich in dem Maß erweitert, in dem ihr gegenseitig eure Talente entdeckt. Die Mosaiksteine und losen Fäden verbinden sich und ergeben ein Bild von Bedeutung. Die Geschichte, die sich für euch entfaltet, ist in vieler Hinsicht ihrer Zeit voraus. Jeder Einzelne von euch wünscht sich, ein bedeutsames Leben zu führen, ein Gebiet des Bewusstseins für sich zu beanspruchen, sich darin geschickt zurechtzufinden und dorthin zu gehen, wo noch niemand vorher war.

Wir können sagen, dass ihr auf dem richtigen Kurs seid.

Wenn ihr euch auf eine Reise begebt, versteht ihr oft nicht alle damit verbundenen Verwicklungen. Auf dem Weg zum höheren Bewusstsein befindet ihr euch inmitten eines tiefen Geschehens, und ihr könnt nicht den ganzen Pfad erkennen.

Euer innerer Lehrer unterrichtet euch. In euch habt ihr eine Blaupause, die euch auf einen anderen Weg führt. Ihr werdet lernen, indem ihr dem nachfolgt, was von innen erwacht. Ihr seid hier, um eine neue Blaupause der Möglichkeiten für die gesamte Rasse zu erschaffen. Das größte Wissen werdet ihr durch individuelle Erfahrungen erlangen – indem ihr etwas selbst tut und nicht immer nur zu Hause herumhockt. Wir ermutigen euch, viele Spiegel zu suchen, unter die Steine zu blicken, mit den Insekten zu sprechen. Erkennt an, dass es in jedem Ereignis, das euch im Leben zustößt, etwas zu lernen gibt. Jeder Mensch, jedes Buch, jeder Papierfetzen, der vor euch liegt, und jedes welke und staubige Blatt vor euren Füßen bietet euch ein Stückchen Wissen vom Gesamten.

Bleibt offen. Stellt mit Klarheit fest, dass ihr bereit seid, euch in einen Bereich hinein zu entwickeln, der für die menschliche Spezies brandneu ist – eine Erde, die Freude, Sicherheit und Harmonie umfasst –, und dann werdet ihr auch dorthin gebracht werden. Entwerft neue Vorstellungen des Selbst und denkt an die Wichtigkeit, stets eure Absicht zu verfolgen, indem ihr euren Geist benutzt, um die Erfahrung des Lebens zu erschaffen.

Wir erinnern euch daran, dass es nicht *eine Welt* geben wird. Es wird nicht eine Welt geben, in der jeder mit dem, was geschieht, einverstanden ist. Dies ist die Zeit des großen Bewusstseinswandels, und deshalb wird sich jeder von euch in der Welt seiner eigenen Schöpfung wiederfinden. Wenn ihr Geschichten von Überfällen hört, dann versteht, dass manche Menschen das sehr wohl erfahren können. Sie werden das anziehen, wovon sie lernen müssen. Im Leben ist es wie an einer Buffettafel, an der ihr euch nehmt, was ihr möchtet. Ihr habt immer die Wahl.

Ihr macht den Unterschied in dem, was ihr erfahrt.

Ihr dürft uns glauben, dass ihr euch in euren wildesten Träumen nicht vorstellen könnt, worauf sich die Erde gerade zubewegt. Die Massen stehen unter dem Bann einer Flutwelle an Fakten, Dokumentationen, Sendungen und Medienberichten, wie irreführend sie auch sein mögen; multidimensionale Anomalien beginnen eure Existenzebene immer tiefer zu durchdrungen.

Je mehr sich das ausbreitet, desto öfter werden Dinge geschehen, die ihr jetzt noch gar nicht begreifen könnt.

Energieübung – auf CD & im Download enthalten

Entspanne deinen Körper und kläre deinen Geist. Stelle dir eine Lichtsäule vor, die durch deinen Körper fließt und Lichtfäden in die Erde sendet. Stelle dir vor, wie diese Fäden hinunter in die Erde gezogen werden, wie sie durch das Erdreich und dessen vielfältige Lebewesen hindurchgehen und Schichten von Erde, Gestein, Wasser, Kristallen und Gold durchdringen. Deine Fäden gehen sehr tief hinunter. Sie suchen nach einer Goldader. Sende sie also weiter hinunter, bis du fühlst, dass die Herzwurzel deiner Fäden tief unten in der Erde eine Goldader berührt – eine uralte Ader.

Wie fühlt es sich an?

Gold überträgt eine bestimmte Frequenz. Dies hängt sehr stark mit der Kraft und Schwingung der Liebe zusammen, der verbindenden Energie, die alle Dinge erhält. Das Gold und die Kristalle tief unten bewegen dieses Bewusstsein durch die Erde, ebenso wie deine Adern Blut durch deinen Körper transportieren. Viele Geschöpfe wissen um diese Adern und benutzen sie.

Schicke nun sehr tiefe, langsame Töne in die Lichtfäden, die sich in die Erde hinein erstrecken. Singe einen dröhnenden und dumpfen Ton und stabilisiere das Licht; sende Energie entlang der Goldader, damit sie als eine Kernschicht um die Erde herumreist. Du weißt, dass dein Ton tief drinnen im Kern der Erde etwas stabilisieren wird. Sogar in ihrem Herzen wird die Erde dich immer erkennen und wissen, wer du bist. Wenn du nun die Herzwurzel stabilisiert hast, erzeuge einen höheren Ton, um eine Lichtkuppel über dir auszubreiten. Diese Kuppel ist ein Energieschirm, unter dem du im Augenblick inspiriert wirst. Stelle dir in der Kuppel ein violett-blaues Zwielicht vor, das von außen mit weißem Mondschein übergossen wird.

Alles, was du denkst, energetisierst du in die Form.

Also, liebe Freundin, lieber Freund, befreie dich bitte von allen Bürden und Lasten und stelle dir die Erde wieder als einen prächtigen Ort innerhalb der Existenz vor. Sieh dich selbst, wie du harmonisch inmitten dieser Pracht lebst.

4

Die Erde ist euer Zuhause

Wenn ihr die Erde und ihre Geheimnisse versteht, bringt das mit sich, dass ihr die Rätsel in euch selbst versteht, besonders jene, die an den Wurzeln eures unbewussten Selbst verborgen liegen.

Im Laufe eurer Reise werdet ihr die Wurzeln eurer menschlichen Identität hier auf der Erde entdecken, eurer gewählten Heimat. Ihr werdet bald herausfinden, dass ihr dieses Zuhause mit einer Vielzahl von äußerst eigenartigen Lebensformen teilt – neben jenen, die ihr jetzt schon kennt und akzeptiert habt. Ihr werdet auf Möglichkeiten für bereicherndes Wachstum und persönliche Weiterentwicklung stoßen, indem ihr sowohl eure menschlichen Wurzeln als auch eure Sternenherkunft erkundet, wie sie hier auf der Erde gespeichert und aufgezeichnet sind und *gefühlt* werden. Nun sprechen wir euch als Erdenbewohner an, deren genetische Linie reich und lebendig ist und mit vielen anderen Wirklichkeiten in enger Verbindung steht. Wir erinnern euch daran, dass es mit eurer Heimat mehr auf sich hat, als man euch bisher erzählte.

Seid offen für die Geschichte eurer Abstammung – als Rasse und Kultur habt ihr kollektiv mehr gemeinsam, als ihr glaubt.

Als Reisende wurdet ihr gerufen und angeregt, die Erde als einen Ort in diesem Sonnensystem zu erkunden, der als Bühne des Lebens dient und Heimat der Codes der Ahnen ist. Wir bezeichnen die Erde als Lebendige Bibliothek, ein biogenetisches Zentrum, wo große Mengen an Daten als unvergleichliche Übersetzungen und Werkzeuge für die Erschaffung von Leben gespeichert sind. Diese Daten existieren in Mustern, die euer gegenwärtiges Begriffsvermögen übersteigen. Die Erde ist ein Ort der Geburt, wo Leben erschaffen und erfahren wird. Traditionellerweise geschieht Zeugung auf eurem Planeten in einem biologischen Prozess, bei dem zwei Menschen unterschiedlichen Geschlechts zusammenkommen und Leben hervorbringen. Im Moment experimentiert ihr jedoch mit der Erzeugung von Leben in Laboren; ihr seid also herausgefordert, euch geistig auszudehnen und in Betracht zu ziehen, dass es vielleicht unterschiedliche Wege gibt, zu zeugen und Leben zu erschaffen.

Ruft euch für einen Augenblick den Gedanken in Erinnerung, dass die Spielleiter Eltern von Zivilisationen sind, und zwar durch das Formulieren von Ideen. Sie erschaffen und halten Gedankenformen, und dann verteilen sie unermessliche Pläne, um sinnvolles Leben in ihre Schöpfungen zu ziehen. Sie erfahren das Daseinsgeflecht als eine Kraft und ein Feld unbegrenzter Bewusstheit, das intelligent und empfänglich ist. Ihr könnt euch das vielleicht als Urschöpfer vorstellen. Denkt daran, dass wir unser Bestes tun, um uns Geschichten auszudenken, durch die ihr euch entwickeln könnt. Wir bieten Konzepte an, damit ihr euch von heimlichen Grundvorstellungen lösen könnt, die ihr als Glaubenssätze übernommen und als nicht hinterfragte Tatsachen manifestiert habt. Erweitert bitte eure Vorstellungen von der Erde. Die Erde ist einzigartig im Dasein, denn hier kann Leben erzeugt werden, und das ist ein Grund, warum sie so anziehend ist. Vielleicht seid ihr euch derer bewusst, die über eure Heimat wachen und sie als einen Ort für Besuche und zum Spielen mit der Wirklichkeit erfahren. Ihr erkennt euch darin selbst wieder. Ihr werdet euch als Spielleiter bewusst, die die Erde als Bewohner ihrer eigenen Schöpfung erfahren.

Erinnert euch an die Idee von Spielleitern, die Zivilisationen erschaffen und dann in ihre selbst konstruierte Realität eintauchen – nur um darin aufzuwachen und alles zu erkennen.

Zeitlich gesehen ist die Erde recht alt, und es gibt jede Menge Geschichten über sie, die lange verborgen und geheim gehalten wurden. Eure sich gerade offenbarende Ahnenlinie enthält Auslöser und Ereignisse, die etwa 500.000 Jahre zurückreichen und die unterschiedlichsten Erfahrungen in der Zeit hervorriefen. Sumerische Aufzeichnungen weisen viele Schlüssel zur Erweiterung des Verständnisses eurer Abstammung auf. Diese Aufzeichnungen geben darüber Auskunft, dass sich äonenlang eine Truppe von Sternendarstellern mit einem mannigfaltigen Repertoire auf der irdischen Bühne bewegte. Einige davon erzählen von einer Zeit vor Hunderttausenden von Jahren, als zwei Herrscherbrüder, Enki und Enlil, für das Projekt Erde zuständig waren. Die beiden gehörten zu den Anunnaki, die vom Himmel auf die Erde kamen und Gott spielten. Sie erschufen auf Erden, was sie haben wollten, und verfolgten ganz eigene Absichten. Unter anderem zwangen sie euch, Gold zu schürfen.

Versteht, dass es hier auf der Erde sehr viel gibt, das mitgenommen und in der Heimat anderer Sternenvölker verwendet werden kann. Die Erde enthält unfassbar viele Schlüssel zu den Galaxien, und sie ist mehr als einfach nur eure Heimat. Ihr seid die Verwalter der Erde – diejenigen, die sie bewohnen.

Die Götter von oben, die Anunnaki, besuchten die Erde und fingen an, Produkte von diesem Zuhause in ihr Zuhause zu bringen. Ihr Vorhaben bestand darin, mit Leben zu experimentieren und Menschen als Bewohner für die Erde zu erschaffen. Diese Götter sind eure Eltern aus Vorzeiten, die eine Version der genetischen Abstammungslinie der Erde ausgesät haben. Wenn ihr euch entschließt, auf der Erde zu sein, wisst ihr, dass ein Teil des Programms darin besteht, Souveränität und freien Willen innerhalb eines biogenetischen kosmischen Experiments zu entdecken.

Zahlreiche anthropologische Erkenntnisse aufgrund alter Skelettformen geben Hinweise auf eure Vergangenheit. Die Funde sind wie ein menschliches Album der Veränderung in den letzten paar Millionen Jahren. Diese Relikte stellen laut euren Wissenschaftlern Stufen der menschlichen Entwicklung oder Evolution dar, wobei angenommen wird, dass das menschliche Leben überall gleich aussah. In Wahrheit unternahmen die Götter aber verschiedene Experimente, indem sie das hier in der Bibliothek gespeicherte genetische Material verwendeten. Ein Hauptmerkmal dieses besonderen Gebiets der Existenz ist die Erkundung dessen, was möglich ist. Ganz entscheidend für euch ist, dass ihr den Gedanken in Betracht zieht, dass die Götter eure Eltern sind. Bedenkt, wer sie sind, und auch, wer ihr seid, in Beziehung zu den Sternenenergien, die nun anerkannt werden möchten.

Die Erde und ihre Geheimnisse zu verstehen bringt mit sich, dass ihr die Rätsel in euch selbst versteht, besonders die Teile, die in den Wurzeln eures unbewussten Selbst versteckt sind. Wichtige Objekte können in der Erde selbst verborgen liegen, aber auch tief in Energieschichten eures Seins. Empfindet die Erde als euer Zuhause, und handelt so, dass ihr sie zu einem besseren Ort macht. Erkennt an, dass ihr als biologisches Wesen die Empfindungen, Gefühle und das intuitive Wissen besitzt, das euch mit der Erde verbindet. Eure Biologie bildet Wurzeln, die euch mit dem verbinden, wer ihr seid. Indem ihr lernt, euch auf die Erde einzustimmen, werdet ihr die stattfindenden Veränderungen fühlen. Die Erde bietet euch eine Gelegenheit, das Wissen über eure Wurzeln auszuweiten und euch mit der eigentlichen Essenz des Lebens zu verbinden.

Woher seid ihr gekommen? Wer hat euch erschaffen? Wer hat euch erdacht und dann gemacht? Die Sumerer verstanden die Besucher von den Sternen, die jahrtausendelang das Leben auf jedem einzelnen Kontinent beeinflussten und mit Experimenten spielten. Der zielgerichtete Austausch und Handel zwischen den großen experimentellen Zivilisationen war oft eingeschränkt. Wenn sich die Götter von einem Kontinent zum anderen bewegten, wechselten sie ihre Namen und erschufen neue Klänge, während sie die biogenetischen Grundlagen des Lebens veränderten, um zu sehen, was möglich war. Die Götter beobachteten und nahmen an ihren Schöpfungen auf der Erde teil, wodurch sie ihre eigenen Lektionen aufgrund der Gesetze von Ursache und Wirkung ausbauten.

Die von den meisten Experten als die Wiege der Zivilisation betrachtete sumerische Kultur erblühte vor ungefähr sechstausend Jahren in Mesopotamien, dem Gebiet zwischen den uralten Flüssen Euphrat und Tigris, im heutigen Irak und in Kuwait. Erst im neunzehnten Jahrhundert wurde diese Zivilisation wiederentdeckt. Noch vor kurzem war die Region, in der sie sich einst entfaltete, ein politisch hochbrisantes Gebiet. Lange Zeit spielten sich dort Kriege ab, erfuhren Macht und der Wert des Lebens immer wieder Erschütterungen. Die sumerische Kultur wurde von denen gelenkt, die von den Sternen kamen – euren stellaren reptilischen Urahnen, die euch nie verließen. Sie errichteten eine weitere Zivilisation und erschufen ein weiteres Experiment, um zu sehen, was sich mit den biologischen Kräften der Erde so alles machen ließ.

Archaische Mythen und Legenden, die über Hunderttausende von Jahren überliefert wurden, erzählen von den Schlangen, Drachen und reptilischen Besuchern vom Himmel. Über Äonen wurden diese Schöpfungsgeschichten mündlich von Generation zu Generation weitergegeben. Ausschlaggebende Ereignisse blieben durch das gesprochene Wort in Erinnerung und wurden an Gruppen von Menschen überliefert, die sich versammelten, um über Lied oder Schauspiel von den Ahnen zu hören und zu sehen. Viel später wurden die besonderen Augenblicke von den Sumerern auf ihren berühmten Rollsiegeln festgehalten, die ausgewählte Aspekte der Wirklichkeit in Bildform wiedergeben. Heute liefern diese Siegelzylinder Hinweise auf signifikante Symbole. Sie werden archäologisch gedeutet, obwohl sie eigentlich in materielle Form gebrachte Schlüssel sind, die eine andere Zielsetzung enthüllen.

Überall auf dem Planeten besaßen Kulturen innere Wahrheiten, die nicht an die Masse weitergegeben wurden. Das geschah deshalb nicht, um Macht über andere zu gewinnen. Die selbsternannten Götter blieben an der Macht, indem sie einige wenige autorisierten und nicht alle ermächtigten. Das führte zu einer Hierarchie der Trennung, die Teil des großen Missverständnisses ist, das euch bis zum heutigen Tag zu schaffen macht.

Völker rund um den Planeten – von den australischen Aborigines über die Maya und Inka, die Ureinwohner Nord- und Südamerikas, Gruppen auf dem europäischen Kontinent bis hin zu den Völkern in Afrika und Asien – gehen alle von der Vorstellung aus, dass Drachen oder Schlangen die Schöpfer des Lebens sind. Die Drachen konnten Feuer speien, und wenn auch einige gefürchtet waren, so brachte man andere doch mit Macht, Wohlstand und Leben in Verbindung. Mit der Zeit wurden die Mythen und Legenden abgeändert und neu geschrieben, je nachdem, wer gerade das Sagen hatte und welcher Zweck erreicht werden sollte. Ihr könnt das Wesen dieser mythischen Gestalten verstehen, wenn ihr euch diese Sagen anseht und herausfindet, ob sie den Menschen Macht zusprechen oder aber vermitteln, dass nur wenige Macht über viele haben.

Stellt euch vor, dass ihr in einer unermesslichen Zeit lebt, in der eure jetzigen Jahre bloß Augenblicke sind. Was würdet ihr tun, um euch zu beschäftigen? Welche virtuellen Realitäten würdet ihr erschaffen, um ab und zu noch einmal einen Blick auf sie zu werfen? Angesichts der Fähigkeit, die Schlüssel der Genetik zu verstehen und Leben zu erschaffen, was würdet ihr als menschliche Wesen mit so viel Freiheit, Zeit und Wissen tatsächlich anstellen?

Die reptilische Rasse – oder Dinos, wie wir sie liebevoll nennen – ist ein fester Bestandteil eurer Ahnenreihe. Sie ist eine ehrfurchtgebietende, wilde und anmutige Ansammlung von Bewusstsein, denn in ihr ist vieles kombiniert. Es ist wichtig, dass ihr diese Reptilien als Seinsaspekte versteht, die euch mit der tiefen Herzwurzel eures eigenen Erbes, eurer Vergangenheit, verbinden. Damit ihr euch selbst als blühende Wesenheit auf dem sich in die Geschichte der Zwölf entfaltenden Rad des Lebens besser verstehen könnt, ist es unerlässlich, dass ihr eure Heimat, eure Wurzeln und eure Gene versteht.

Erkennt, dass die reptilischen Energien Schöpfergötter sind. Sie sind meisterhafte Gentechniker, die den Ursprünglichen Planern beim Entwurf der Lebendigen Bibliothek zur Seite standen. Sie sind eine uralte Rasse und sehr fortgeschritten, was die Erschaffung gefühlsbegabter biologischer Formen betrifft. Sie gehörten zu den Hauptinitiatoren bei der Komposition der menschlichen Spezies auf diesem Planeten. Sie lernten ihre Kunst von den Uralten. Als meisterhafte Gentechniker verstehen die Dinos ihr Handwerk; sie können Gene äußerst geschickt anordnen und manipulieren. Sie überflügeln viele brillante Wesenheiten bei weitem mit ihrer Fähigkeit, Leben genetisch anzupassen. Daher sind die reptilischen Familien überall in der großen Weite der Existenz als erfahrene Schöpfer bekannt und vielerorts für die Ordnung der genetischen Struktur von Lebensformen verantwortlich.

Diese Vorstellungen bieten euch Stoff zum Nachspüren, liebe Freunde. Wenn ihr über dieses Thema nachsinnt, dann untersucht die Verzweigungen eures Stammbaumes. Betrachtet die Reise durch die reptilische Familie als Schlüssel, der euch näher zu euren Wurzeln bringt. An der Basis eurer biologischen Struktur herrscht ein reptilischer Einfluss, und so ist es kein Wunder, dass diese Geschöpfe in den letzten Jahrzehnten wieder in euer Tagesbewusstsein zurückgekehrt sind. Sie erscheinen als Spielzeug und Filmmotiv, als moderne Aufmacher in der Werbung und geben ihren Namen für all jene her, die es wagen, sich an die alte Zeit zu erinnern. Sie erheben sich aus dem Unterbewusstsein als ein Teil des Selbst, der ausgedrückt, verstanden, geliebt, geheilt, integriert und angenommen werden will. Euer spirituelles und biologisches Selbst besitzen den Schlüssel zu diesem Prozess.

In ihrer eigenen fernen Geschichte war die reptilische Familie einmal eine sehr wohlwollende und inspirierende Rasse. Mitglieder dieser Familie kamen auf die Erde und waren stark daran beteiligt, die Lebendige Bibliothek zu erschaffen. Schließlich lösten sie jedoch einen Krieg untereinander und zwischen anderen Vertretern der Schöpfergötter aus. Bei diesen Kriegen ging es immer darum, sich voneinander abzusondern, um Macht zu gewinnen. Denkt daran, dass ein Teil eurer Reise als sich entwickelnde Menschen darin besteht zu verstehen, dass ihr individuelle, einzigartige, erstklassige menschliche Geschöpfe mit freiem Willen seid. Ihr seid gerade dabei, andere individuelle, einzigartige, erstklassige Geschöpfe mit freiem Willen zu entdecken und zu erkennen, dass ihr alle eins seid. Es wird allmählich Zeit, die große Einzigartigkeit der Intelligenz anzuerkennen, da sich unzählige Geschöpfe eurer Welt offenbaren und die Hindernisse vor den inneren Wahrheiten wegräumen.

Wenn ihr die alten reptilischen Urahnen erst einmal erkennt und als existierende Wesen akzeptiert, könnt ihr sie von der Rolle, die sie gespielt haben, befreien. Ihr seid multidimensionale Geschöpfe, und eine Version von euch ist die als menschliche Wesen hier auf der Erde. Gleichzeitig könnt ihr in einer anderen Version der Wirklichkeit genau diese Wesen sein, die euch beeinflusst haben. Ihr könnt euch in eine Identität dieser Wesen hineinbewegen, sie erfahren und ihr Dilemma fühlen, ihre Einschränkung innerhalb ihres eigenen Glaubensmusters. Da sich eure Vorstellungen von euch und eurer eigenen Heimat verändern und zu einer neuen Souveränität führen, beeinflusst ihr eure Wurzeln in alle Richtungen: Vergangenheit, Gegenwart und Zukunft. Ihr seid tief im Daseinsgeflecht verwoben, und indem ihr euch verändert, senden eure Bedeutung tragenden Gedanken neue Impulse als Möglichkeiten für alle Aspekte des Seins durch dieses Geflecht.

Als Plejader besitzen wir gegenwärtig im Vergleich zu euch eine ausgedehntere Sicht der Wirklichkeit, und wir sind da, um sie mit euch zu teilen. Wir haben freien Zugang zu dieser Renaissance, die im gesamten Kosmos stattfindet. Wir können euch erzählen, was wir sehen. Ihr glaubt oft, dass wir das gesamte Treiben beschreiben, doch wir konzentrieren uns auf die Randnotizen zu einem immensen Ereignis, indem wir besonders kuriose und bedeutsame Bereiche betonen. Ihr versteht nicht, dass das alles ein einziges großes Jetzt ist. Es scheint Chaos und freier Wille zu herrschen, und doch werden durch diesen Prozess Energien vermischt und dann neu verbunden, um den innewohnenden Wert und die unvermeidliche Zusammenarbeit des Lebens zu erfahren.

Denkt daran, dass wir eure Wirklichkeit nicht übermäßig definieren wollen. Wir beabsichtigen, entscheidende Perspektiven zu vermitteln, wo ihr stehenbleiben und schöne Aussichten in euch aufnehmen könnt. Ein Blick auf den biologischen Aspekt des Seins wird euch helfen, das vor euch Liegende zu begreifen. Auf eurem inneren Ausflug durch euren Stammbaum verdient das reptilische Bewusstsein aus eurer Ahnenlinie mehr Beachtung, denn sonst fehlt euch eine Erfahrungsschleife als Entwicklungsstadium, das euch hilft zu verstehen, wo eure Wurzeln liegen, wohin ihr geht und woher ihr gekommen seid.

Für einige von euch ist die Vorstellung eines reptilischen Erbes mit Angst besetzt. Diese Angst wurde euch tatsächlich eingeflößt, damit ihr euren Ursprung nicht herausfinden konntet. Sehr, sehr lange Zeit musste eure reptilische Ahnenreihe sich aus eurem bewussten Verstand heraushalten. Durch die sogenannten unsichtbaren Einflüsse, die an eurer Welt teilhaben, gab es so manchen Umweg im Denken und im Aussäen von Wirklichkeiten. Heute kommen reptilische Erinnerungen aus eurem Unterbewusstsein als Träume, vage Vorstellungen, Symbole und Szenarien aus vergangenen Leben in euch hoch – lauter wichtige Verbindungsstücke zu Mustern des menschlichen Verhaltens.

In euren Zellen liegen Erinnerungen begraben, aber ihr seid euch nicht so sicher, was dort alles zu finden ist. *Fühlt* euren Körper und stellt euch eure Wirbelsäule, die Chakren und die zwölf DNS-Stränge als einen nach oben strebenden Lebensbaum vor. An der Basis des Baumes ist eine Schlange, die euch wie eine Herzwurzel mit der Erde verbindet. Die Vorstellungskraft wird euch helfen, mit eurem reptilischen Erbe in Kontakt zu kommen, damit ihr einen wertfreien Blick darauf werfen könnt. Visualisiert, wie die Schlangenenergie euren Baum hinaufklettert, in eurem Körper aufsteigt und euch elektrisiert. Als Mitglied der reptilischen Familie regen innere Bilder von Schlangen vor allem eure Zellerinnerungen an die

Götter, die euch erschufen, an und zeigen euch, dass ihr von der Schlange abstammt und sie euch Leben bringt.

Hinweise und Andeutungen eines reptilischen Erbes gibt es zuhauf. In Stein geritzt und geformt kann man sie als Symbole an zahllosen heiligen Plätzen sehen und auch an Orten entlang der großen Leylinien der Erde finden. Schlange, Drache und reptilische Mythen und Legenden sind der Kern des tiefen Verständnisses und der Hauptlehren fast jeder eingeborenen Kultur. Schlange, Reptil und Drache sind kraftvolle Totems. Auch wenn sie oft missverstanden wurden, verehrte man sie doch als rituelle Symbole für Macht und Abstammung der Völker. In der modernen Welt verwendet eure Ärzteschaft den Merkurstab, ein uraltes Symbol, das zwei um einen Stab sich windende Schlangen darstellt und auf die Wurzeln ihres Erbes hinweist.

Manchmal häuften die alten Reptilien, die in euren Mythen Drachen heißen, Kristalle an. Kristalle sind Sender und Empfänger von Information. Viele der höchsten Zivilisationen wurden von reptilischen Energien verankert, die Zugang zur menschlichen Blaupause hatten und diese von einem anderen System hierhertrugen. Die Reptilien bewerkstelligten dies, indem sie eine riesige Menge an kristalliner Energie zusammentrugen, horteten und in Schlupfwinkeln oder Höhlen als unterirdische Operationsbasen lagerten. Dann schickten sie Versionen von sich als ihre Stellvertreter in die Außenwelt, sehr oft in der Form von Schlangen. Dies war die einzige Möglichkeit, wie sie die Außenwelt ungefährdet betreten konnten. Wären sie in ihrer Drachennatur erschienen, hätte das Bewusstsein der damals existierenden Menschen ein solches Zusammentreffen nicht ertragen können.

Heute erkundet ihr neue Gesichtspunkte und größere Glaubenssysteme. Indem ihr die Wirklichkeit betrachtet, eine umfassendere Version davon, beginnt sie, sich in eure Richtung zu neigen. Die Lebendigkeit der Erde wartet darauf, von euch entdeckt zu werden. Sie vermag euch mehr Fülle im Leben zu geben, wenn ihr verstehen könnt, wer sie ist. Ihr könnt sie euch als Muttergöttin vorstellen – als einen Aspekt des Seins, der für euch sorgt, euch aufzieht, ernährt und schützend hält. Sie ist euer Zuhause und eure Mutter, die Quelle, aus der ihr gekommen seid.

∞

Stellt euch vor, dass ihr unbegrenzt seid, dass an jeder Ecke eine Gelegenheit wartet, und dann werdet ihr genau das erschaffen: Gelegenheit über Gelegenheit. Setzt euch Grenzen, und ihr werdet an sie stoßen. Denkt daran, dass ihr ganz mühelos die Energien anzieht, die eure Version des Lebens unterstützen. Jeder Augenblick, in dem ihr an euch glaubt, erschafft eine Bewegung, durch die ihr ständig Licht und brillante Lebensalternativen zum Erblühen bringt. Dieser Prozess beinhaltet, dass ihr in die Erkenntnis hineinwachst, eurer Sternenfamilie gleichgestellt zu sein.

Viele Menschen möchten jetzt die Erde verlassen, als ob diese des Lebens nicht mehr würdig sei. Zornige Stimmen beklagen den Zustand der Städte und des Wassers, als ob die Erde dies selbst erschaffen hätte. Wir möchten euch fragen: Welchen besseren Ort würdet ihr finden? Euer Zuhause ist, was ihr daraus macht.

Ohne die Mitarbeit der Erde könnt ihr vieles nicht haben. Unberechenbare Wettermuster sind die Norm geworden; Sturmfluten und überraschende Geschehnisse treten aus dem Nichts auf. Die Wirklichkeit kann nicht mehr als verlässlich und beständig gelten. In eurem Leben als Menschen treten immer wieder Ereignisse auf, die mit eurem unverantwortlichen Handeln und eurer Opferrolle zu tun haben. Ihr kehrt immer wieder zur Grundeinstellung der menschlichen Machtlosigkeit zurück. Ihr habt schon viel zu lange an Opferrollen und Machtlosigkeit geglaubt.

Verpflichtet euch der Erde gegenüber, euer Herz zu öffnen und euer Zuhause umzuwandeln. Es ist entscheidend, dass ihr euer Bewusstsein auf ein Leben in Verantwortung verlagert. Ihr hetzt über die Erde und wartet darauf, was euch als Nächstes in Form von Geldern, Waren und Dienstleistungen zusteht, und vergesst dabei, dass die Mitarbeit der Erde als ein stabiler, verlässlicher Lebensort unerlässlich ist. Eure Herausforderung innerhalb des globalen göttlichen Seins zum Thema Absicht und Zweck besteht in der Erkenntnis, dass die Erde lebendig ist und dass ihr auf sie aufpassen und als Familie miteinander auskommen müsst.

Die Neuinszenierung der Lektionen für verantwortliches Leben wird sich auf den Bühnen des menschlichen Dramas beschleunigen und mit einer Zugabe dessen zurückkehren, was ihr in Bewegung gesetzt habt. Wenn es euch nicht gefällt, wo ihr lebt, dann nehmt eine Neubewertung vor und sprecht aus ganzem Herzen zur Erde. Sprecht mit den Zellen eures Seins, zieht Licht durch euch und sagt zur Erde: »Es ist meine Absicht und mein Vergnügen, dich in diesem Leben mit meiner vollen Kapazität zu erfahren. Ich bitte dich, große Erde, mir zu helfen und beizustehen, einen angenehmen Ort der Freude, Sicherheit und des Abenteuers für mich zu finden – einen Ort, an dem ich mich selbst und dich als Zuhause erkennen kann.« Die Erde weiß immer, wer ihr seid. Es ist daher eine gute Idee, mit ihr zu sprechen und sie anzuerkennen.

Viele von euch sind sehr beunruhigt von den Menschenmassen, die sich nach wie vor für das Töten und die Kriegsführung entscheiden. Wir erinnern euch daran, dass diejenigen, die an diese Erfahrung glauben, sie erschaffen und suchen werden. Ihr könnt gleichzeitig in einer parallelen Wirklichkeit leben und all das nicht zu euch ziehen. Es findet eine große Reinigung statt, und ihr könnt sie nicht aufhalten. Die Energie der Erde wird beschleunigt, damit die Energien, mit denen ihr im Grunde eures Seins schwingt, und die Wahrheiten, die ihr über eure Ahnenlinie herausfindet, sich manifestieren. Es ist eine traumatische Zeit, denn es scheint, als ob die Systeme, die Familie und Kultur repräsentieren, zerbrechen. Die nicht funktionierenden Systeme brechen tatsächlich auseinander, und ihr werdet bis in den Kern eures Seins erschüttert, um endlich etwas zu finden, das wirklich funktionieren wird und die Erde wertschätzt. Wenn ihr euch um euer Zuhause nicht kümmern könnt, verdient ihr vielleicht keines.

In eurer Welt habt ihr zahlreiche soziale Systeme, durch die man sich um andere kümmert. Fürsorge ist wirklich eine edle Sache, doch wenn ihr ständig für andere die Fische fangt, werden sie von euch abhängig. Am besten zeigt man ihnen, wie sie selbst fischen, gärtnern und Nahrung anbauen können. Oft verfangen sich diejenigen, die sich ständig um andere kümmern, in der Rolle des Helfers und Versorgers und halten dies fälschlicherweise für ihre Identität und ihren Zweck. Bis zu einem gewissen Grad verfingen sich die Götter, eure Vorfahren, darin. Sie gewannen in ihrem eigenen Spiel an Macht, da ihre Schöpfungen sie verehrten und für sie da waren. Aber schließlich fanden die Götter heraus, dass sie in der Falle saßen und nicht weiterkamen. Es ist am besten, das Entdeckte zu verschenken – um die Erdenumwelt und die Menschenfamilie höher zu tragen.

Wir bezeichnen die Erde als ein Zuhause, einen Ort, dem ihr euch verpflichtet fühlen müsst. Doch denkt daran, dass sie für sehr viele Wesen ein Zuhause ist. Ihr teilt eure Wirklichkeit mit Lebensformen, die ihr erst noch kennenlernen müsst. Dies ist Teil der Offenbarung der Erde an euch: Wie viele parallele Dimensionen existieren innerhalb des gleichen Raumes wie ihr? Wer sind die Energien oder Wesenheiten, die sich durch diese Dimensionen bewegen können? Viele Mythen und Legenden, die abgetan oder unterschätzt werden, sind die wahren Geschichten eurer Heimat.

Die Erde ist ein kostbares Juwel, und viele betrachten euch als den wesentlichen Schlüssel zu diesem Edelstein. Und doch habt ihr in eurer eigenen fehlgeleiteten Sicht des Zwecks danach gestrebt, das Selbst zu erhöhen, ohne die Bühne zu achten, von der ihr das Leben erkunden könnt. Im Massenbewusstsein treten Konflikte darüber auf, worin gegenwärtig die Prioritäten bestehen. In den nächsten paar Jahren werden viele Menschen ihre Heimat verlieren oder aufgeben, was euch näher zusammenbringen wird, damit ihr die Menschheit als eine große Familie erfahren könnt. Wenn ihr euch vereint – vielleicht aufgrund herausfordernder Situationen –, werdet ihr auch die verstehen, die nicht zu eurer Familie gehörten. Diese anderen Lebensformen, die darauf warten, mit dem Öffnen der

Dimensionen integriert zu werden, werden die immense Kreativität und Vielfalt der Wirklichkeit offenbaren.

Die Lehre der Erde ist dabei, sich vor und für euch zu entfalten, denn ihr befindet euch jetzt auf der entscheidenden Stufe, sie zu verstehen. Ihr definiert euer Zuhause neu, und die Erde nimmt das wahr. Sie gibt ihre Codes und Geschichten frei, denn sie weiß: »Ah, da gibt es Menschen, die nach dem suchen, was ich habe.« Denkt darüber nach, was ihr wollt. Die Erde liest in euch. Sie ist eine lebendige, biologische Wesenheit. Sie lebt.

Aber ihr braucht nicht nur die Erde, sondern auch die Milliarden von Bakterien, die in eurem Körper leben und Funktionen erfüllen, die ohne eure bewusste Kontrolle ablaufen. Als isolierter Mikroorganismus könnte eine Bakterie recht giftig sein. Gemeinsam wissen die Bakterien jedoch, was zu tun ist. Sie vergiften euch nicht; sie vertilgen alles, damit ihr *leben* könnt. Wären sie nicht in euch, würde die aufgenommene Nahrung euch nicht durchwandern.

Ihr toleriert diese sogenannten toxischen Wesen, die in euch existieren, und tatsächlich könnt ihr ohne sie nicht leben. Ebenso kann die Erde nicht ohne euch und das gesamte Leben sein.

Hier auf der Erde wird Leben gemacht. In diesem Sonnensystem ist die Erde die Heimat des Lebens, das riesige Labor, in dem Leben erschaffen wird. Versteht bitte den Sinn, der sich dahinter verbirgt, die Erde zu lieben, denn ihre Arbeit wird darin bestehen, alles freizusetzen, was ihr braucht, um hier zu Hause zu sein.

Stellt euch vor, was es bedeutet, wenn die Erde ihre königliche Schönheit zurückerlangt. Stattliche Bäume ragen wieder bis hinauf in den tiefblauen Himmel, und die Wolken türmen sich zu majestätischen Gipfeln. Vogelgesang erfüllt die Luft und erzeugt Sinfonie über Sinfonie, jede für den Augenblick orchestriert.

Lernt, euch lebendig zu fühlen. Entdeckt Sinn in eurem Leben, da ihr den Aspekt erkundet, der als Unterbewusstsein gespeichert ist. Schickt eure Herzwurzel wie eine Schlange in die Aufzeichnungen der Erde und ruft in euren Geist eine majestätische Erde zurück als ein Zuhause für euch, die rechtmäßigen Bewohner dieses Ortes.

Energieübung - auf CD & im Download enthalten

Nehme einen tiefen Atemzug, schicke eine Welle von Vitalität und Entspannung durch deinen Körper und schaffe so Raum. Baue mit deinem Atem ein Fahrzeug, mit dem du in deine Vorstellungskraft hineinreisen kannst. Finde den Ort, den du in dir betrittst, einen Ort, der die Vorstellungskraft ist. Stelle dir vor, dass die Erde im Weltraum schwebt, ein wunderschönes Juwel, das Licht reflektiert und ausstrahlt. Fühle deine Verbindung mit dem Weltraum von deinem Herzen aus, aus dem tiefsten Kern deines Seins. Fühle, dass dieser Ort deine wahre Heimat ist. Würdest du die Sternenweiten des Raumes bereisen, dann wärst du freudig erregt, da du deine heimatliche Umgebung wiedererkennen würdest.

Sende aus deinem Herzen einen großen Strahl tiefer Liebe, der Licht enthält. Sende ihn auf die Erde. Und nun lass zu, dass du zur Erde hingezogen wirst, als ob du aus den Tiefen des Weltraums herschwebend immer näher an die Erde getrieben würdest. Da sie nun immer klarer und größer wird, fühle ihre Großartigkeit und fühle, dass sie lebt – dass sie eine unsagbare Lebendigkeit und Kraft besitzt, und doch ist sie in Zartheit für jeden da.

Während du dich nun zur Erde hingezogen fühlst, lasse es zu, dass ihre Schwingung dich aus dem All zieht. Stelle dir vor, dass du leicht wie eine Feder landest, dass du ganz sanft auf den idealen Platz gleitest. Mit der Leichtigkeit einer Feder lande nun in der weichen Schwingung der Erde. Blicke dich um und sieh, wo auf der Erde du gelandet bist. Was zeigt dir die Erde über den Ort, an den sie dich gezogen hat? Während du dir dies vorstellst, fühle Dankbarkeit und Erregung, dass die Erde zu dir spricht und dir ein Abenteuer anbietet. Nehme einen tiefen Atemzug, schaue dich um und fühle dich beseelt von dem, was du gefunden hast.

Sende der Erde die Botschaft, dass du für ein friedliches Leben bereit bist und dass du diesmal die Absicht hast, ihre Ganzheit wiederherzustellen, nahe bei ihr zu leben und sie während deines Lebens hier immer zu achten. Sieh dich selbst, wie du auf der Erde lebst, sie liebst, ihr vertraust und auf ihr wandelst – in Frieden mit allen Elementen des Daseins und in deinem Streben nach Harmonie. Und nun beginne, sehr langsam die Erde zu erkunden; nehme einen tiefen Atemzug und fühle, was es heißt, wahrhaft lebendig zu sein und dein Zuhause zu lieben. Fühle diese Dankbarkeit, denn sie wird dich tragen. Vertraue. Die Erde ist dein Zuhause.

5

Die Göttin erwecken

Heißt ihr die Göttin willkommen, so wird sich vor euch die Lebendige Bibliothek auftun und euch die Geheimnisse lehren, die im Schoß von Mutter Erde verborgen sind. Denn wer ist die Erdenmutter, wenn nicht die Göttin selbst?

Wenn ihr an Urschöpfer denkt, wen oder was stellt ihr euch dann vor? In eurer Kultur hat man euch gelehrt, dass die Gottenergie die Quelle vertritt und die weibliche Energie ihre Anwendung oder Aktivität. Wir würden sagen, dass es umgekehrt ist – das Weibliche stellt die Quelle dar und das Männliche ihre Anwendung.

Urschöpfer ist eigentlich eine weibliche Schwingung. Die Quelle allen Seins, so wie wir sie kennen, schwingt in einer weiblichen Frequenz. Die Gefährten dieses weiblichen Prinzips – die männliche Schwingung – begannen sich vor Millionen von Jahren im Wettstreit um die Liebe der Göttin durch Energiemissbrauch abzuspalten. Ihr seid ein Teilstück dieses Energiemissbrauchs. Zwei Söhne eines mittelmäßigen Gottes übernahmen die Erde, gerieten untereinander in Streit und erzeugten das gegenwärtige Dilemma. In einem größeren

Zusammenhang betrachtet, war es bloß ein kleinerer Familienzwist. Die Muttergöttin teilte sich und kleidete sich in viele Formen, um Gefährtin zahlreicher Götter zu sein. Die Götter wollten diese Mutterschwingung besänftigen, lieben und in ihr sein, denn von dort kamen alle schöpferischen, vitalen Kräfte.

Das Bewusstsein der Göttin lässt alles zu. Sie ist die Quelle, die alle Dinge zusammenhält, der Leim der Schöpfung. Für manche ist dies eine Vorstellung, die schwer anzunehmen, geschweige denn umzusetzen ist. Es ist ein schwieriger Gedanke für Frauen, sich eine machtvolle Wesenheit vorzustellen, die ihnen als ihr eigenes Abbild im Blut liegt. Für Männer ist es schockierend, sich vorzustellen, dass eine weibliche Schwingung als Quelle hinter allem stecken könnte.

Fühlt im tiefsten Inneren eurer Identität das Nährende der Mutter, ihr großes Geschenk und ihr Mysterium. Die Energie der Muttergöttin wird zurückkehren und erwachen.

Ihr habt bereits herausgefunden, dass alle eure Religionen auf einem falschen Ideal gründen. Sie beruhen alle auf einer kontrollierenden, kaltherzigen und patriarchalen Bewegung, doch in Wahrheit steht die Muttergöttin hinter allem. Wir in den Plejaden haben die Wurzel unseres einstigen Energiemissbrauchs entdeckt: Wir haben die Mutter nicht geehrt. Wir haben Dinge gemacht, um ihre Aufmerksamkeit zu erlangen, doch wir haben die Schöpfungen der Mutter, ihr Geschenk, nicht gewürdigt.

Euer Planet muss lernen, wer die Göttin als Schöpferin ist. Ihr müsst es lernen. Die dunkle Seite der Göttin zu verstehen ist Teil der Erkundung ihrer Energie, denn die Göttin tat etwas, um ihre Macht zu verlieren. Es steckt in den Zellen eures Seins, weil ihr alle, Männer wie Frauen, die Göttin in euch habt.

Die Göttin wird durch euch geboren werden, ganz gleich ob ihr männlich oder weiblich seid. Aus sehr wichtigen Gründen kam es zu einem Niedergang und Fall der Göttin. Die Göttinnenenergie erkannte immer die Rechte der Fruchtbarkeit an. Die Energie der Göttin war nicht wie eure westliche Welt; sie schämte sich nicht für das geschlechtliche Miteinander. Die Göttin liebte Sex. Sex ist euer natürliches Erbe. Doch wie in jeder anderen Hinsicht auch gab es bei euch einen Missbrauch der sexuellen Energie.

Es kam eine Zeit im Reich der Göttin, als ein gewaltiger Missbrauch der männlichen Schwingung stattfand. Durch äußeren Einfluss verloren die Frauen ihre Achtung vor den Männern und deren Rolle als Partner sowie ihr Wissen über die Einheit zwischen Mann und Frau. Nach einiger Zeit verkamen die Männer im Reich der Göttin zu bloßen Samenspendern. Die Frauen verloren sich so sehr in der Macht der Göttin, dass sie die Männer nicht mehr als gleichwertig betrachteten. Sie wurden als Objekte gesehen, die für die Fruchtbarkeit notwendig waren. Viele Männer wurden nach einmaligen Fruchtbarkeitsritualen mit bestimmten Vertreterinnen der Göttin getötet. Es fanden Kastrationen und anderweitige Opfer statt. Das ist wahr. Die Frauen missbrauchten die Sexualenergie der Männer und erzeugten so den gegenwärtigen Rückschlag. Dies ändert sich gerade alles wieder, und ihr werdet herausfinden, dass die Göttin mit Mitgefühl in das Leben all jener tritt, die empfindungsbereit sind.

Die Göttinnenenergie wurde einst mit einer ganz außerordentlich negativen Kraft durchtränkt und in ihrem Zweck verzerrt. Das geschah in vorchristlicher Zeit. Dann schlug das Pendel in die andere Richtung aus, denn sobald die männlichen Schwingungen ihre Rolle zu spielen begannen, reagierten sie vehement auf das, was einige der Frauen getan hatten. Eure Erinnerungen sind in euren Zellen und eurem Blut gespeichert, und ihr habt eure Erfahrung durch die von euch getroffenen Entscheidungen geprägt.

Ihr wurdet von einer negativen, kontrollierenden und bloß gottähnlichen Energie überlagert, und es ist an der Zeit, dass die Göttin anerkannt wird. Ein Ausgleich ist erforderlich, ohne dass eine andere Schwingung angebetet wird. Indem die Männer die Göttin ehren, werden sie lernen, auch das Leben zu ehren. Die Frauen werden neu zu definieren lernen, wie sie Leben hervorbringen. Das Leben kann mit einem enormen Orgasmus bei der Geburt hereinkommen. Dies ist ein Gebiet, auf dem ihr eure Glaubensvorstellungen und Erfahrungen anders ordnen werdet.

Wenn ihr die Göttin erkundet, beginnt ihr, das Leben zu achten. Wenn ihr das Leben achtet, übervölkert ihr die Erde nicht und tötet nicht. Was in den Vordergrund kollektiver Glaubensmuster rücken muss, ist ein Verständnis dessen, was Leben ist, was Tod ist, was die Spezies sind, und die Tatsache, dass alles miteinander in Verbindung steht – dass alles zur selben Quelle gehört.

Die patriarchale Bewegung veränderte eure Geschichte, indem sie die Göttin in den Dunstkreis der Mythen und Legenden verbannte. Wo ist die Göttin in eurer Bibel, eurem Koran, eurer Thora? Der Kampf zwischen der Göttin und dem Patriarchat dauert schon so lange an, und heute seid ihr so weit von der Energie der Göttin entfernt, dass ihr nicht einmal mehr ein Bild davon habt, wer die Göttin vielleicht sein könnte. In welcher westlichen Gesellschaft wird die Göttin denn schon noch verehrt? Und doch erhebt sich am Hafen der Ostküste der Vereinigten Staaten eine tapfere Frau mit einer Lichtfackel in der Hand.

Die Göttin ist sehr großzügig. In diesem Kampf des Patriarchats ist sie hinter den Kulissen geblieben, weil sie weiß, dass sie die schöpferische Kraft hinter allem ist und dass alle Dinge sie schließlich finden müssen. In ihrer Großzügigkeit lässt sie das zu. Was heißt es, zu gebären und zu lieben, was man geschaffen hat, und dieser Schöpfung ihren Evolutionsprozess ohne Eingriffe zu erlauben? Ist Liebe beschützend oder gewährend?

Wenn eine göttliche Kraft ihre Schöpfungen beschützte, würde sie das kontrollieren, was sie von ihren Schöpfungen lernt, und könnte daher nur so viel lernen, wie sie zulässt. Eine alles zulassende Kraft hat die Möglichkeit, unbegrenzt zu lernen, denn sie besitzt die Fähigkeit zu sagen: »Erkläre es mir. Lehre es mich. Ich bin du. Du bist ich.« Dies ist ein Bewusstseinszustand.

Wir möchten, dass jeder von euch die Göttin kennenlernt. Macht euch auf die Suche, die Göttin auf irgendeine Weise zu euch zu rufen. Ladet die Göttin ein, euch etwas über das Leben beizubringen. Sie wird anfangen, auf recht tiefgreifende Weise mit euch zu arbeiten. Viele von euch haben uns, die Plejader, in ihr Leben gerufen, um umfassend Heilung zu erfahren. Wir teilen das Leben mit euch, und ihr kennt unsere Schwingung, unseren Humor, unsere Kniffe – auch wir arbeiten mit der Göttin zusammen.

Alles auf eurem Planeten darf sich verändern. Die Göttin inszeniert dazu Ereignisse als Teil der Lösung. Göttinnenenergie arbeitet mit eurem Herzen, um es geöffnet zu halten. Nicht einzig für euch bitten wir darum, euer Herz geöffnet zu halten, sondern auch für jene, deren Wege sich in dieser Zeit der großen Lektionen mit euren kreuzen. Wenn ihr das weibliche Prinzip in euch und auf dem Planeten achtet, wird diese Erkenntnis als neues Fundament eurer Gemeinschaften und Zivilisationen dienen.

Wir möchten, dass ihr nach dieser vitalen Kraft sucht. Blickt hinter die Dinge, die ihr gelernt habt. Findet den Anteil der Göttin, die weibliche Energie in Mann und Frau, die nur darauf wartet, geboren zu werden. Beobachtet spielerisch, wie ihr andere erreicht und wie sie über das sprechen, was ihr gerade herausfindet. Alles, was ihr lernt, wird vergrößert und ohne große Verluste telepathisch an jene übertragen, die sich mit euch auf dieser Reise befinden.

Die Muttergöttin repräsentiert das Prinzip der Liebe. Wir haben bereits die Lichtfrequenz erwähnt – Licht ist Information –, und wir haben die Liebesfrequenz erwähnt, die Schöpfung ist. Die tiefste Schicht der plejadischen Information ist die Sinnlichkeit und Sexualität eurer Welt – ihre Schöpfung durch die Liebesfrequenz mit der Göttin. Die Arbeit mit der Göttinnenenergie erfordert eine umfassendere Erkundung des weiblichen Prinzips.

Es ist an der Zeit, dass das Wissen der Frau ausgesprochen, gezeigt und auf magische, mystische Weise mitgeteilt wird. Es ist an der Zeit, dass die Frauen mehr über ihre eigenen Geheimnisse entdecken – die Vorgänge von Menstruation und Geburt und die Zyklen ihrer Emotionen. Es ist an der Zeit, dies mit den Männern zu teilen. Viele Frauen sagen: »Was kann ich da teilen? Ich verstehe es doch selbst nicht.« Nun, es ist an der Zeit, dass ihr nach innen geht und sagt: »Was sind diese Gefühle, die ich habe? Wenn ich jemandem erklären sollte, wie es ist, eine Frau zu sein, was würde ich dann sagen? Was kann ich tun, um mehr Göttin in einem weiblichen Körper zu werden – mehr die Erzeugerin von Wundern zu sein?« Die innere Göttin weiß es – sie bringt Informationen von einem System in ein anderes.

In den letzten Jahrzehnten gab es bereits einen merklichen Zuwachs an Lehrerinnen und Führerinnen, denn die Göttin verkörpert sich durch ihresgleichen. Das heißt nicht, dass die Göttin nicht mit männlichen Schwingungen arbeitet, denn auch Männer werden lernen, die Göttin zu verkörpern. Für die Göttin gibt es keine Diskriminierung und keinen Zorn. Die Göttin ist eine Wesenheit, die zulässt. Über Äonen hinweg hat sie viel zugelassen, damit jeder lernen konnte. Jetzt fordert die Göttin dazu auf, das zu ehren, was sie durch das Kernmysterium des Blutes zu erschaffen erlaubt – durch das Geschenk aus ihrem eigenen Schoß.

Das Blut und seine Geheimnisse sind der Schlüssel zum Verständnis eurer selbst, eurer genetischen Linie und der Lebendigen Bibliothek. Ihr seid Teil aller Reisen eures Blutes – vor und zurück durch die gesamte Zeit. Eure Ahnen und Vorfahren können kontaktiert, gefühlt, erfahren und beeinflusst werden, wenn ihr dem Blut bewusst Aufmerksamkeit schenkt. Als Menschen nährt ihr euch und wachst ins Sein mit dem Blut eurer Mutter. Diese reiche und lebendige Substanz kommt wie durch ein Wunder durch die Frauen. Doch Männer und Frauen gleichermaßen haben die Blutung sowohl als Akt der Macht wie auch als einen Fluch, der Schande und Lächerlichkeit bringt, verstanden.

Das Blut ist ein lebendiges Symbol, das einen zyklischen Beweis eurer Verbundenheit mit den Ahnen und den in allen Wesen gespeicherten Bewusstseinscodes darstellt. Ihr seid eine genetische Bibliothek, und in der Essenz eures Geistes sind die Archive der individuellen, planetaren und himmlischen Erfahrungen katalogisiert. In eurer dreidimensionalen Existenz stehen euch diese Erfahrungen in Form eures Blutes zur Verfügung.

Euer Blut ist reich an Geschichten. Es ist voll mit geometrischen Mustern und Entwürfen, die sich gemäß eurem Bewusstseinszustand und eurer Absicht neu ordnen. Damit ihr zu einer neuen

Weltsicht erwachen könnt, müsst ihr bereit sein, neue Gedanken zu fassen und Veränderungen vorzunehmen. Eure Gedanken werden von eurem Blut aufgezeichnet. Entsprechend euren Gefühlen werden sie in bestimmte Lettern gegossen und dann ausgesendet, so dass alle Welt sie lesen kann. Durch euer Blut seid ihr die Gesamtsumme eures Seins in physischer Form.

In den Hohlräumen eurer Knochen wird Blut produziert. Je nach eurer Blaupause wird es angereichert oder geschmälert, und es wird mit eurer Fähigkeit verbunden, das Leben als eine Reihe von selbstgeschaffenen Lektionen zu entschlüsseln. Euer Blut kann leicht angereichert und neu strukturiert werden, und zwar durch Absicht.

In eurem Gehirn befinden sich winzige Partikel, wie Magnete, die durch Sonnenstrahlen beeinflusst werden. Große Energiewellen und telepathische Codes für Zivilisationen werden auf kosmischen Autobahnen von den Plejaden zu eurer Sonne geschickt. Diese leitet die Energie an euch und den Mond weiter. Die Energien treten in euren Schädel ein und werden aufgrund dieser kleinen Partikel durch einen elektromagnetischen Vorgang in eurem Gehirn gehalten.

Körperarbeit kann die Struktur eures Blutes verändern. Indem ihr euer Bewusstsein darauf ausrichtet, ganzheitlicher zu werden, reinigt sich euer Blut. Es wird zu etwas sehr, sehr Heiligem. Ihr wisst doch: Information ist in Stein und Knochen gespeichert.

Die roten Blutzellen werden im Knochenmark produziert. Wenn ihr die Knochen neu ausrichtet, beginnt sich das zu verändern, was die Knochen mit dem Rest des Körpers tun. Sie stellen einfach ihre Produktion entsprechend um. Die neu ausgerichteten Knochen reinigen das Blut, eröffnen einen besseren Zugang zur Abstammungslinie und ordnen die inneren Geheimnisse der Identität.

Oft haben Frauen ihr Menstruationsblut verachtet und es nicht als Quelle ihrer Macht verstanden. Das Blut enthält den genetischen Code, und weil die Muttergöttin die Quelle von allem ist, kommt der Code von dort. Dort liegt der Lebensentwurf verborgen. Menstruationsblut kann verwendet werden, um Pflanzen zu nähren, die Erde zu markieren und sie wissen zu lassen, dass die Göttin wieder lebt. Im Allgemeinen bluten die Frauen nicht mehr in die Erde. Wenn sie es aber tun, erfolgt eine direkte Energieübertragung der Göttin. Wenn Frauen ihr Blut auf die Erde geben, wird sie genährt. Man hat den Frauen seit Äonen erzählt, ihr Blut sei ein Fluch, und nun fürchten sie sich vor ihrem eigenen Blut. Sie verstehen nicht, dass es ihre Quelle und ihre Macht ist.

Wenn ihr alte Tabus fallenlasst und mit Menstruationsblut arbeitet, werdet ihr herausfinden, dass ihr eine andere Wirkung auf die Tiere und Pflanzen der Lebendigen Bibliothek habt.

Ihr Frauen, die ihr noch blutet, werdet weise und achtet euren Körper und euer Blut. Euer Blut ist eine der höchsten Quellen der Fruchtbarkeit, die ihr zur Verfügung habt, und das beste Instrument zur Kennzeichnung von Territorium. Die Mysterien des Blutes zu verstehen ist ein Schlüssel zur Verbindung mit der Quelle eurer Macht und tiefem inneren Wissen. Ihr könnt das Land, in dem ihr lebt, mit eurem Menstruationsblut kennzeichnen. Ihr beginnt vielleicht mit den Kardinalpunkten: Norden, Süden, Osten und Westen. Dann könnt ihr nach und nach die Erde zeichnen, wie ein Maler eine Leinwand mit Farbe bedeckt. Ihr könnt das Blut mit Wasser verdünnen und so die Menge vergrößern. Ihr könnt es segnen und Kristalle verwenden, um die Schwingung zu halten. Dieser Vorgang gilt als Markierung des Territoriums der Göttin. Es wird Pflanzen und Tiere anziehen, die neue Lebendigkeit besitzen und fühlen, dass sie eins sind mit der Göttin.

In vielen eurer uralten Geschichten wurde Blut verwendet, um Böses abzuwehren oder eine Absicht zu erklären. Vielleicht wurde eine Tür mit Menstruationsblut gekennzeichnet. Niemand wagte es, diese Tür oder diejenigen, die dahinter lebten, anzutasten, denn man verstand, dass die Göttin dort regierte. In jenen alten Zeiten wurde die Göttin noch respektiert. Man verstand, dass die Arbeit nicht gottgeweiht war, wenn man es sich mit der Göttin verscherzte oder ihr nicht gehorchte.

Wenn ihr neue Gemeinschaften aufbaut und entwickelt, schlagen wir vor, dass sich die Frauen aller Altersgruppen versammeln und sich vornehmen, die Blutungszeit zu verstehen und ihre Macht und ihr Wissen als Schlüssel mit den Männern zu teilen. Erforscht die Mysterien des Blutes als einen natürlichen Vorgang im Gemeinschaftsleben. Euer Körper und seine Zyklen erschaffen das Gewebe des Lebens. Es ist sehr wichtig, dass ihr diese Macht versteht. Denkt an die Dynamik einer Frau, die ein Kind bekommt. Sie trägt eine Lebenskraft, die Bewegung erzeugt und geboren werden will. Darin liegt eine so geheimnisvolle Macht, dass die männliche Schwingung den Vorgang und den Zauber der Geburt fürchtete. Weil der Mann vergaß, durch seinen Körper Geburt auf den Planeten zu bringen, wurde er durch die Macht der Frau bedroht. Männer müssen sich mit der Blutung der Frau vertraut machen und sie unterstützen. Es wird eine Zeit kommen, da ihr über eure Abstammung mehr wissen wollt und über die Verantwortung einer angemessenen und zeitlich passenden Schwangerschaft, denn das Leben wird sehr wertvoll werden. Die Blutung der Frau wird ein sehr wichtiger Teil der Gemeinschaft sein. Indem die Frauen durch diese Macht Einsicht gewinnen, wird die Göttin erweckt und kehrt zu euch allen zurück.

Wenn ihr einen fruchtbaren Garten haben wollt, den besten Garten weit und breit, dann verwendet euer mit Wasser versetztes Blut. Euer Garten wird aufblühen. Ihr werdet herausfinden, dass euer Blut das Wachstum der Nahrungspflanzen beschleunigen kann. Es wird sehr, sehr viel beschleunigen. Es ist kein Fehler, dass Frauen bluten. Es ist eines der größten Geschenke. Es ist das Elixier der Götter.

Bei den Aborigines heben die Frauen ihr Menstruationsblut in Beuteln auf und verwenden es, um Wunden zu heilen. Es gibt sehr viel, was Frauen mit ihrem Blut machen können. Einigen von euch gefällt der Gedanke nicht, eine Frau zu sein. Wenn eure Blutung kommt, empfindet ihr es als eine unangenehme, unbequeme, schmerzhafte und unpassende Erfahrung. Die Männer haben oft keine Ahnung, was vor sich geht, und so ist es auch für sie ein seltsames Ereignis. Kontaktiert in künftigen Zeiten die Göttin, öffnet euer Herz, und entdeckt, wohin euch das Bluten führen und was es euch lehren kann, denn im Vorgang der Blutung liegen viele

Schlüssel, um die Göttin auf den Planeten zurückzubringen. Damit Macht geteilt werden kann, ist es aber erforderlich, dass Partnerschaft wiederkehrt, dass ihr Gemeinschaft lebt.

Es gibt noch viele Mysterien zu entschleiern, zu entfalten und neu zu interpretieren. Einige von euch wundern sich vielleicht, warum wir dieses Thema behandeln. *Es ist sehr wichtig.*

Wenn ihr euch nicht für die Göttinnenenergie und die Mysterien des Blutes interessiert, entgeht euch ein integraler Bestandteil des Lebens, und ihr werdet die Vorgänge auf dem Planeten nicht verstehen. Wenn das Thema euch anödet oder ihr es nicht für wichtig haltet, entgeht euch der springende Punkt. Dies ist eine der mächtigsten Lehren, die wir euch derzeit geben können, um euch darin zu unterstützen, dass ihr das Kommende versteht. Als Männer und Frauen müsst ihr hingebungsvoll die Schwingung der Göttin ehren, die durch euer Herz kommt und euch hilft, es zu öffnen.

Menstruationsblut ist stark mit Sauerstoff angereichert, es ist das reinste Blut und trägt entschlüsselte DNS. Es ist der Sauerstoff, der diese Stränge decodiert und die Neustrukturierung der Daten zulässt. Eure Wissenschaftler spielen seit geraumer Zeit mit einem dritten DNS-Strang. Sie haben schon vor Jahrzehnten gelernt, wie sie DNS-Stränge basierend auf Photonenlicht erzeugen können – das sind Fasern im Körper, die wir codierte Lichtfäden nennen.

Das Mysterium des Blutes ist in euren modernen Religionen unterminiert worden. Fragt ihr euch manchmal, was es mit der christlichen Kommunion auf sich hat? Man sagt euch, ihr sollt den Leib Christi essen und sein Blut trinken. Was heißt das? Wenn ihr christlich erzogen wurdet, habt ihr das immer wieder gehört: »Dies ist mein Leib. Dies ist mein Blut.« Dieses Ritual ist eine Verzerrung. Hier den Körper und das Blut zu beschwören lädt zu einer Art Kannibalismus ein und gründet auf einer uralten und jetzt erst in Heilung begriffenen reptilischen Einströmung.

Eine Krankheit auf diesem Planeten ist auch die Tendenz der Masse, willige Vertreter einer Sache zu sein, ohne zu wissen, worum es sich wirklich handelt. Aber die Ära der Unwissenheit geht zu Ende. Ihr gelangt gerade in ein Zeitalter des seligen Wissens und der Freude. Wenn wir sprechen, verwenden wir einige Schlüsselbegriffe, die für euren Verstand von Bedeutung sind. Doch auf einer anderen Ebene wird eine Sprache gesprochen, die von eurem Körper entschlüsselt wird, wie bei den Kornkreisen.

Wir möchten hier für euch noch eine Information draufsetzen. Der Mond beeinflusst die Rhythmen auf der Erde. Wer sagt, dass er nicht konstruiert wurde? Viele von euch wissen das bereits. Der Mond herrscht über den Energiefluss im Körper, ebenso wie er die Gezeiten auf eurem Planeten steuert. Er ist ein mächtiger elektromagnetischer Computer. Wenn der Mond die Gezeiten in den Meeren beeinflusst, beeinflusst er auch die Gezeiten in eurem Körper, das Blut im Körper und die Hormone im Blut.

Auf eurem Planeten hat es verschiedene Zyklen gegeben, begleitet von Ausschlägen des Pendels. Es gab eine lange Herrschaft der matriarchalen Energie auf der Erde. Dann kam die patriarchale Energie an die Herrschaft und löschte alle Hinweise auf weibliche Führung und weibliches Wissen aus. Das weibliche Wissen wurde nur noch in Mythen und Legenden weitergegeben, in denen die Frau als Teilnehmerin und Wahrnehmerin des Lebens anerkannt war. Sie fühlte sich fast nur noch durch den Geburtsvorgang mit dem umfassenden Seinsgeflecht verbunden.

Es gab eine Zeit, in der Kräfte außerirdischer Intelligenz daran arbeiteten, die weiblichen Prinzipien zu aktivieren. Das geschah wegen der Fähigkeit der Frau, Leben zu empfangen und hervorzubringen. Daher stammt die weibliche Verbindung mit dem Mond. Hinter dieser Verbindung verbarg sich, dass der Mond ein weibliches Energieprogramm übertrug. Der Mond ist wie ein großer Computer, daher können verschiedene Wesen oder Intelligenzformen den Mond besitzen oder ihn programmieren. Bestimmte Wesen haben damals den Mond auf einen weiblichen Zyklus programmiert. Daran erinnert man sich noch heute, denn es war eine Zeit voll Liebe und Wohlwollen. Dann allerdings änderten sich die Dinge. Bereits seit Äonen strahlt der Mond elektromagnetische Frequenzen auf die Erde, um die doppelstrangige DNS beizubehalten. Seid nicht sauer auf den Mond, weil er dies tut. Es ist nichts falsch am Mond. Er sendet einfach nur Programme.

Die christliche Religion ist ein weiteres Instrument, um die Frauen zu entmachten. Wie jede Religion in dieser Zeit ist sie sehr patriarchal und fürchtet die Göttin und die Frauen. Die weibliche Macht soll nicht die Autorität der Kirche und der Männer untergraben. Hebammen wurden viele Jahrhunderte lang als die größten Feinde der christlichen Religion betrachtet, denn sie konnten Schmerzen lindern, andere Frauen über die Geheimnisse ihres Körpers aufklären und verstanden etwas von Kräutern, einem heiligen Teil der Lebendigen Bibliothek. Und in der Abtreibungsfrage, bei der es nur darum geht, die Menschen getrennt und verwirrt über die weibliche Energie zu halten, setzt sich dies dort. Dahinter steht ein Plan gegen die Göttin, um die Frauen glauben zu lassen, sie hätten keine andere Wahl; sie glauben zu lassen, dass sie die Abtreibung wählen müssten. Die Frauen sollen in hohem Maß über ihren Körper im Unklaren gelassen werden. Nun, jeder von euch wählt die Lektionen selbst aus, die er lernen muss. Jeder Einzelne von euch kann sein Herz öffnen, den Menschen Heilenergie schicken und sie in einen erweiterten Bewusstseinszustand einladen; ihr könnt sie allerdings nicht zwingen, sich zu ändern.

Die Energie der Göttin bewegt sich schnell; sie ist bereit, mit denen von euch zu arbeiten, die sich an ihren Ruf erinnern möchten. Ihre Anweisungen lauten, euren Körper, die Erde und eure Sexualität zu achten, denn durch diesen Vorgang wurdet ihr alle erschaffen. Wir wissen, dass euch einige dieser Gedanken unangenehm sind, und deshalb sprechen wir darüber. Sagt ja zur Gesamtheit eures Körpers und zu dem, was getan werden muss, und macht euch an die Arbeit. Arbeitet gemeinsam, spielt gemeinsam. Ihr Frauen, wacht auf und lest die Bedienungsanleitung eures Körpers; entdeckt, dass ihr etwas Wertvolles besitzt. Ihr Männer besitzt auch etwas Wertvolles, und dieses Etwas, genannt euer Körper, hat ebensolche Zyklen, Rhythmen und Muster. Das kann wundersame Dinge vollbringen.

Es ist eine große Verzerrung eurer Identität zu glauben, Sex sei nur zur Fortpflanzung da. Es ist ein Hohn, dass dies gelehrt worden ist. Niemand muss je ein Kind haben, wenn er es nicht will. Beginnt, in die Richtung zu denken und zu fühlen, dass ihr all eure Körperfunktionen beeinflussen könnt, auch die Zeugung. Ihr könnt sagen: »Ich weiß, dass meine Gedanken und Gefühle meine Körperfunktionen bestimmen. Ich beeinflusse sie, und wenn ich bereit bin, ein Kind zu haben, werde ich das energetisieren. Sonst stehe ich nicht zur Verfügung.« Diese Vorstellung ist sehr befreiend.

Wenn jede Frau auf dem Planeten wirklich über ihre Macht Bescheid wüsste, was glaubt ihr, würde das Patriarchat tun? Vor Äonen wurde eine Version des Patriarchats von der weiblichen Macht bedroht. Um ihre Macht zu verbergen, zweifelten die Frauen an sich, so dass die Männer eine bestimmte Haltung einnehmen und sagen konnten: »Lasst uns einmal die Welt regieren und sehen, wie das ist.« Die weibliche Kraft zog sich zurück. Die Frauen akzeptierten den Glauben, dass ihr Körper fluchbeladen und dass Bluten schlecht sei. Sie zweifelten an der ihnen innewohnenden großen Lebenskraft und daran, ob sie sie beeinflussen konnten.

Nicht nur die Frauen werden vom Mond beeinflusst und gesteuert, sondern auch die Männer. Ihr werdet durch den weiblichen Zyklus geboren, und eure sexuellen Zyklen werden durch diesen Vorgang geprägt. Weil der Mond die Meeresgezeiten steuert und der menschliche Körper zu ungefähr neunzig Prozent aus Wasser besteht, beeinflusst der Mond auch die Gezeiten in eurem Körper. Männer können ebenfalls ihre Hormonschwankungen fühlen und damit arbeiten, wenn ihr Körper den eigenen Zyklus durchläuft; sie können lernen, die Feinheit der männlichen Rhythmen zu erkennen. Wegen des unerbittlichen Drucks und der Kontrolle in der Männerwelt sind diese Zyklen nicht so augenscheinlich wie die der Frauen, die nach außen mit Symbolen wie Blut in Erscheinung treten.

Die männliche Schwingung ist nicht im Einklang mit Spontaneität und sehr auf Gehorsam ausgerichtet. Gehorsam gegenüber was? Gehorsam gegenüber Vorstellungen, die sie annehmen, ohne die Angemessenheit der Glaubenssätze oder Ideen *zu fühlen.* Wir schlagen vor, dass mehr Männer Autoritäten in Frage stellen, und sagen: »Ich mache das nicht. Zum Teufel damit. Ich tue lieber was anderes.« Zurzeit erhält die männliche Schwingung den Impuls, nach der gleichen emotionalen Freiheit wie die Frau zu streben. Ohne eure Emotionen könnt ihr nicht herausfinden, wer ihr seid. Um die tieferen Mysterien zu erfassen, müssen Männer Frieden mit sich schließen und verstehen, dass ihre Emotionen ihr weiblicher Anteil sind.

Der männlichen Schwingung erscheint das Blut geheimnisvoller, denn beim Mann ist alles Blut im Körper. Es ist nicht etwas, was er jeden Monat sehen und fühlen kann wie eine Frau. Der Krieg ist eine der Verzerrungen, die das Patriarchat in einem Versuch hervorgebracht hat, den Männern die Macht des Blutes zu geben. Dieses Blut ist jedoch nicht das Gleiche. Es wird durch Gewalt hervorgebracht, durch Zerstörung von Leben, durch Verstümmeln und Töten mit erstickten und unterdrückten Emotionen oder Gefühlen. Es gibt nur einen angemessenen Weg für einen Mann, die Macht des Blutes in sich aufzunehmen – und der besteht darin, dass eine Frau ihn mit ihrem Blut beschenkt, ihr eigenes Elixier mit ihm teilt. Dies kann auf verschiedene Arten geschehen. Ein naheliegender Weg besteht darin, dass der Mann Obst und Gemüse isst, das mit Menstruationsblut gedüngt wurde. Der Mann kann auch am Nacken oder an den Fußsohlen mit Menstruationsblut gezeichnet werden. Sein Körper wird das darin enthaltene Wissen aufnehmen.

Die Männer werden das Blut der Frauen brauchen, und die Frauen werden sich an die Göttin in ihnen erinnern und das Göttinnenprinzip verkörpern. Dieses Prinzip wird euch lehren, wie ihr auf dem Planeten ein Gleichgewicht erschaffen könnt. Es ist unsere Absicht, dass jede einzelne Frau die Mysterien ihres Körpers versteht und sie mit der entsprechenden männlichen Schwingung ohne Geheimnisse teilt. Manchmal fürchten sich Männer vor dem Blut der Frau. Oft zögern sie, Sex mit einer menstruierenden Frau zu haben. Die Frau fürchtet vielleicht, dass der Mann das vorhandene Blut als unangenehm empfindet. Ganz gleich ob Mann oder Frau, wenn ihr während der Blutung Sex genießt, dann gratulieren wir euch, denn ihr habt eine sehr tiefe Prägung überwunden. Ihr teilt euch einander auf einer sehr tiefen Ebene der zellulären Verbindung mit.

In einer festen Beziehung ist Sex während der Menstruation eine sehr machtvolle Art, das Blut zu teilen. Dies ist ein uraltes Ritual, und wir raten davon ab, das Menstruationsblut mit irgendwelchen zufälligen Sexualpartnern zu teilen. Es ist eine heilige Handlung. Warum, glaubt ihr, hat ein so großes Tabu darauf gelegen? Warum wurdet ihr äonenlang von den Mysterien des Blutes ferngehalten? Vielleicht weil es Türen zu einem Wissen öffnen würde, von dem die Götter nicht wollten, dass ihr es erreicht.

Blut enthält die Archive der persönlichen, planetaren und himmlischen Erfahrung. Wenn das Blut in der sexuellen Vereinigung erfahren wird, werdet ihr von Wogen des Wissens durchflutet, die weit darüber hinausgehen, was ihr gegenwärtig verstehen und integrieren könnt. Es dauert vielleicht Jahre, bis sich das durch das Blut in eurem Körper entschlüsselte Wissen entfaltet.

Die männliche Entsprechung des Menstruationsblutes ist das Sperma. Sperma trägt wie ein Computerchip den Intelligenzcode für die Evolution des Bewusstseins. Diese wird gegenwärtig an dem Grad gemessen, wie die männliche Schwingung sich an die Göttin erinnern und sie erfassen kann. Es ist das Sperma, das entscheidet, ob ein Kind ein Junge oder ein Mädchen wird. Das Ei bleibt gleich; das Spermium trifft diese Entscheidung. Sperma ist die Geschichte der Mutter, die in der männlichen Schwingung verschlüsselt ist und die Version enthält, wie der Mann sich an diese Geschichte erinnert.

Könnt ihr euch vorstellen, dass Sperma in telepathischer Verbindung mit seinem Besitzer steht? Wenn ein Mann mit einer Frau während der Menstruation Sex hat, kann sein Sperma als Forscher fungieren und ihm telepathische Rückmeldungen über die Macht und das Wissen der Frau geben. Während der Menstruation kann ein Mann zur vollen Identität der Frau Zugang erhalten. Wenn ihr Frauen während eurer Menstruation Sex habt, dann müsst ihr bereit sein, mit eurem Partner die tiefsten Geheimnisse dessen, was ihr seid, zu teilen. Ihr müsst bereit sein, dass euer Partner eure Macht annimmt und teilt. Es ist das älteste Mysterium.

Nach den sumerischen Legenden stritten die Götter Enlil und Enki über die Behandlung und Lebensbedingungen ihrer Untertanen, der Menschen. Enki trat für die Menschen ein und schenkte der Rasse durch die Frau das sexuelle Wissen. Enlil verbot den Menschen das sexuelle Wissen streng, denn er fürchtete, es würde sie den Göttern ebenbürtig machen. Diese Vorstellungen und unsichtbaren zellulären Grundannahmen beziehen sich auf eine moderne Version der Schöpfungsgeschichte: Adam und Eva, die Schlange und der Garten Eden. Das Wissen um die Sexualität war Enkis Geschenk, während Enlil die Menschen manipulieren und trennen wollte, um sie davon abzuhalten, die Taten der Götter zu kennen.

Bei den Frauen hat das Blut die Schwingung der roten Farbe. Bei den Männern schwingt das Sperma mit der weißen Farbe. Miteinander vermischt, ergeben Blut und Sperma ein weiteres Elixier. Es ist die größte Ketzerei gewesen, auch nur daran zu denken, dass ein Mann eine menstruierende Frau berührt, geschweige denn Sex mit ihr hat, geschweige denn seinen Samen mit ihrem Blut vermischt, geschweige denn davon kostet. Doch in weit zurückliegenden, uralten Zeiten, als man die Energie der Göttin verstand und die Frauen verehrt wurden, betrachtete man eine solche Mischung als den Trank der Unsterblichkeit für Männer. Die Männer wussten, dass sie belebt und gestärkt wurden, wenn sie Menstruationsblut tranken oder ihren Samen damit vermischten. Es war einer der Schlüssel zur Unsterblichkeit.

Diese Götter (wir verwenden den Begriff im weitesten Sinne, vielleicht wäre Kleingötter oder sogar Götterchen angebrachter) waren von der Energie der Göttin so angetan, dass sie die Macht in der Verbindung von Samen und Frauenblut zu sich nehmen wollten. Denkt daran, dass der ein Ei befruchtende Samen auch Blut verwendet. Er verwendet es auf viele Arten. Ihr habt alle diese Prägung in euch. Wir bringen es hier nur deshalb zur Sprache, weil wir möchten, dass ihr euch mit diesem Thema befasst. Wir möchten, dass ihr euch an die machtvolle Natur eures Körpers erinnert und die enorme Kraft erkennt, für die ihr euch immer geschämt habt. Erkennt, dass eine unfassbare Anzahl von Autoritäten euch vom Verständnis eurer größten Geschenke ferngehalten haben – der Lebenssäfte des weißen Spermas und des roten Blutes.

In dem Mythos über den Garten Eden wurde der weiblichen Schwingung der Name Eva gegeben. Sie war natürlich nicht die erste Frau. Es ist die Göttin, die Leben erschafft. Später wurde die Geschichte abgeändert, um es so aussehen zu lassen, als ob die männliche Schwingung die Fähigkeit besitzt, Leben hervorzubringen. In dieser Version von der Schöpfung kam die Frau aus der Rippe des Mannes. Dem ist nicht so. Es ist immer die Göttin, die alles darüber weiß, wie Leben erzeugt wird, denn die Göttin trägt das Blut. Die Bibel erzählt die Geschichte vom Baum des Lebens und dem Baum der Erkenntnis. Durch den Baum der Erkenntnis erhaltet ihr Wissen. Sexuelle Fähigkeit und Praxis entsprechen dem Baum der Erkenntnis, und das ist der Baum, von dem es den Menschen verboten war zu essen. Gleichermaßen war es ihnen verboten, am Baum des Lebens teilzuhaben.

Was ist der Baum des Lebens? Viele glauben, dass der Baum des Lebens etwas ist, auf dem Früchte wachsen. Es geht das Gerücht um, dass durch das Essen dieser Frucht Unsterblichkeit erlangt werden kann. In uralten Zeiten verstand man, dass diese Frucht das Blut der Göttin war. Das war die Frucht vom Baum des Lebens. Stellt euch euren Körper und euer Nervensystem als einen Baum vor. Die Überlieferungen sprechen nicht von Früchten auf Bäumen, sondern von den Früchten des Körpers – die Sekrete und Substanzen, die wahrlich Geschenke der Götter sind. Äonenlang haben euch die Götter von diesem Wissen ferngehalten.

Mit einer Frau während ihrer Blutungszeit Sex zu haben bringt euch in eine der höchsten Schwingungen; ihr gelangt durch Portale in andere Bereiche. Das Blut zu teilen bedeutet, ein höheres Bewusstsein anzunehmen. In früheren Zeiten wurden diese Dinge respektiert, weil die Menschen verstanden, was vor sich ging. Denkt daran, dass die Hebammen einmal die größten Feinde des

Christentums waren, weil sie die Frauen in Verbindung mit ihrem Körper halten und beim Geburtsvorgang helfen konnten. Je mehr die Hebammen verbannt und abgeschafft wurden, desto öfter mussten die Frauen zu Ärzten gehen, denen man jahrhundertelang nicht erlaubte, die Geburtsschmerzen der Frauen zu lindern. Wisst ihr auch warum? Weil alte religiöse Gesetze besagten, dass die Frauen für ihr Streben nach sexueller Freiheit bestraft werden müssten. Diese Gesetze gingen tatsächlich in die Medizin ein. Erst in den letzten vielleicht einhundertdreißig Jahren hat man überhaupt zugelassen, dass Frauen während der Geburt irgendeine Hilfe erhalten, und diese Hilfe ist patriarchalisch geprägt und beruht meist nicht auf dem inneren Wissen der Frauen.

Es gab eine traditionelle Angst bei den Menschen um die missverstandene Macht der Frauen. Die Angst um dieses Mysterium, das die Frauen umgibt, muss aufgelöst werden. Dies ist die Zeit der Partnerschaft; es ist die Zeit der Beziehungen.

Wir möchten auch noch gerne mit euch über die Menopause sprechen. Viele Frauen sind traurig, dass sie gerade dann nicht mehr bluten, wenn sie beginnen, die Macht ihrer Menstruation zu verstehen. Die Menopause ist jedoch ebenfalls eine Zeit großer Macht für Frauen. In uralten Zeiten wurde die Alte wegen ihrer Weisheit und ihres Zaubers geehrt, und dieser Respekt kehrt jetzt wieder. Die Menopause bringt ein tiefes Einfließen von Energie mit sich und bezeichnet die Zeit, da eine Frau über ihre eigene Weisheit verfügt – und mit den Ahnen verbunden ist.

Wenn eine Frau die Menopause durchlebt, kommt etwas ins Stocken. Wenn sie daran festhalten kann, wandelt sich etwas innerlich um, und sie gelangt an einen Ort der Weisheit. In den meisten neueren Lebensentwürfen wird eine Frau, die aufgehört hat zu bluten, gefürchtet, denn nun kann sie das Blut und all seine Macht für sich behalten. Auch beschließen die meisten Frauen um die Vierzig und manche in den Dreißigern bereits ihren biologischen Tod, indem sie den Alterungsprozess visualisieren. Sie wurden von ihren natürlichen Zyklen ferngehalten, und durch ihre Gedanken, ihren Hass und das Verfluchen ihres Körpers bringen sie diesen aus dem Gleichgewicht. Die Menopause wird vollkommen missverstanden, ebenso wie die Blutung als Fluch missverstanden wird; alle neigen dazu, mit diesen Missverständnissen zu leben. In der Menopause liegt ein großes Geschenk, und nichts geht in dieser Zeit des Lebens verloren. Es ist eine Zeit enormen Gewinns und enormer Blüte, das genaue Gegenteil dessen, was man euch gelehrt hat.

Auch fürchten sich oft Männer vor ihrer eigenen sexuellen Macht. Sie glauben, dass sie ihren Körper nicht beherrschen können und lassen sich sterilisieren. Dabei stellt die Sterilisation symbolisch eigentlich nur ihren Glauben an die Machtlosigkeit dar – dass ihnen ihr Sperma und ihr Penis nicht gehorchen. Die Angst vor Sperma erzeugt Angst vor dem Körper. Diejenigen, die sich sterilisieren lassen, beschleunigen dabei noch Probleme mit ihrer Prostata, denn die Unterbrechung des Spermaflusses erzeugt im Körper Schwierigkeiten. Wir empfehlen die Vasektomie nicht. Wir empfehlen, dass ihr lieber lernt, wie ihr euren Körper einsetzen könnt, und seine Funktionen nicht verdammt und Umleitungen legt. Seid offen für Wunder, wenn ihr eure sexuellen Glaubensvorstellungen neu überdenkt.

Die Göttin hat die Fähigkeit, ihre Geheimnisse in das Blut zu legen, denn Blut erschafft. Deshalb bluten Frauen, und deshalb sind sie davon abgehalten worden, ihre Blutung zu achten.

Das sind alles sehr entscheidende Dinge.

Wir möchten, dass ihr als Menschen eine enge Beziehung mit Mutter Erde eingeht. Wie macht ihr das? Die Hauptarbeit der Göttin hat mit Beziehung zu tun. So wachst ihr. Ihr wachst nicht immer, indem ihr allein seid. Ihr mögt denken: »Ach, ich habe mehr Ruhe und Frieden, wenn ich allein bin. Ich habe dann mehr Zeit, um zu lernen. Ich habe dann mehr Zeit, mit meinem Selbst zu arbeiten und Dinge zu tun, die ich möchte.« Ja, und ihr habt dann alle Zeit der Welt, das Wachsen zu verhindern, das auf so fruchtbare Weise in Beziehungen stattfindet. Es ist für euch alle wichtig, dass ihr Beziehungen untereinander entwickelt. Ihr müsst mit Menschen zu tun haben – in der Liebe und in sexuellen Partnerschaften, im Beruf und in der Gemeinschaft, in der Familie, wenn schon nicht in eurer Blutsverwandtschaft, dann in der Lichtfamilie. Ihr alle habt Codes in eurem Körper, und ihr alle braucht einander.

Die Energie der Göttin ist nicht unbedingt etwas, was ihr einfach so von der Erde nach oben zieht wie die Energie von oben durch eure Lichtsäule nach unten. Wenn ihr euch vorstellt, Licht hinab in euren Körper und eure Chakren zu bringen, öffnet ihr eure inneren Bereiche. Ihr seht euch erst als festes, dichtes Wesen, dann als ein Wesen, das mit Raum und Licht erfüllt ist, offen für den kosmischen Zustrom. Die Göttin hingegen stellt eine Kraft dar, die über all das hinausgeht. Ihr müsst die Göttin nicht durch eure Aufmerksamkeit und Absicht aus der Erde in euren Körper hinaufziehen – sie ist überall bereits da. Seid euch ihrer Vitalität bewusst, wie sie alle Systeme selbst nährt, denn die Göttin bringt und erschafft Leben.

Zu leben bedeutet, die Göttin zu erfahren. Sucht in euch und um euch herum nach dieser Kraft. Sagt: »Zeig mir, Göttin, wer du bist. Ich möchte dich kennenlernen.« Als sich die meisten von euch Urschöpfer männlich vorstellten, hattet ihr kein Problem damit. Jetzt auf weiblich umzuschalten können sich viele nicht vorstellen. Doch Leben entspringt der weiblichen Schwingung. Eva kam nicht aus Adams Rippe. Dieses Märchen diente dazu, die männliche Schwingung zu stärken, die während des Kampfes der Göttinnenkultur verzweifelt eine Art von Identität brauchte.

Wir streben ein Gleichgewicht an. Wenn ihr euch umseht, seid ihr männlich *und* weiblich, und all die Geschichten über eure Identität und Erschaffung verknüpfen die Wahrheit beider Kräfte für euch. Wenn ihr nach einem inneren Gleichgewicht von männlich und weiblich strebt, werdet ihr *im Idealfall* einen Partner anziehen, der ebenso ausgeglichen ist. Inneres Gleichgewicht bedeutet, dass ihr eure eigene Quelle seid und dass euer nächster Schritt darin besteht, eure Quelle mit einer anderen zusammenzulegen, um eine größere Quelle zu fühlen und zu werden. Nicht, dass ihr notwendigerweise einen Partner braucht. Euer natürlicher Prozess läuft jedoch darauf hinaus, etwas gemeinsam aufzubauen – eure Schlüssel als männlichen und weiblichen Aspekt zusammenzulegen. Diese Aspekte entsprechen euren physiologischen Aspekten, die euch in den spirituellen und emotionalen Bereich hineintragen.

Androgynität stellt einen göttlichen Aspekt des integrierten Männlichen und Weiblichen dar. In jedem von euch liegt die vitale Kraft der Kundalini, die ein Ausdruck der Schöpfungsenergie ist. Eine große Mehrheit der Menschen auf dem Planeten versteht jedoch nicht, dass in ihnen eine solche Kraft steckt. Das Ideal liegt letztlich darin, das Männliche und Weibliche auszugleichen. Als Männer und Frauen habt ihr diese vitale Kundalini-Kraft in euch. Sie folgt ihrem eigenen natürlichen Zyklus mit großen Höhepunkten an Aktivität. Ihr müsst dieser lebendigen Kraft in eurem ganzen Körper Raum schaffen, um die Göttinnenenergie kennenzulernen und Heilung, Umwandlung und Erkenntnis hervorzubringen. Diese Energie wird als Schlange dargestellt, und ihr Sitz befindet sich am unteren Ende eurer Wirbelsäule – beim Aufsteigen entlang des Baumes eurer Wirbelsäule wird ihre Energie in deinen gesamten Körper geleitet.

Wir können nicht weiter, weil ihr nicht weiterkönnt. Ihr könnt euch nicht weiterbewegen, weil ihr an eurer Entwicklung gehindert wurdet, indem man euch genetisch neu ordnete. Die Anunnaki taten das, damit ihr nicht ihre Fähigkeiten erlangen und sie gegen sie einsetzen konntet. Jetzt, eine halbe Million Jahre später, befinden sie sich in einer Zwickmühle. Sie wissen, dass sie einen ziemlich großen Fehler begangen haben, falls es so etwas wie Fehler überhaupt gibt.

Bald werdet ihr eure Fähigkeit, als göttliche Wesen selbst Leben zu erschaffen, erkennen. Siebzig Jahre lang haben eure Wissenschaftler vorgegeben, solche Götter zu sein, und dies in ihren unterirdischen Laboren getan, als Wiederaufführung eines atlantischen Dramas. Im Idealfall hat das Einströmen der Göttin jetzt moralische Wertmaßstäbe und den Wert des Lebens wieder gefestigt, zumindest bei einigen, denn die Göttin liebt ihre Kinder, einschließlich der Reptilien, Insekten, Katzenmenschen und allen anderen Lebensformen. Wir werden euch beobachten und sehen, ob ihr, wenn ihr Leben erschafft, es begrenzt. Werdet ihr Angst haben, dass das von euch geschaffene Leben größer sein wird als ihr? Werdet ihr dem von euch geschaffenen Leben verbieten wollen, etwas mit dem Baum der Erkenntnis und dem Baum des Lebens zu tun zu haben? Oder werdet ihr die Leben, die ihr erschafft – eure Kinder, die zukünftige Rasse der blauen Kinder –, ermutigen, zu wachsen, zu forschen und sich zu verändern, indem ihr sie mit allem, was ihr wisst, ausstattet? Wenn ihr das macht, werden sie euch dafür alles lehren.

Als die Anunnaki eure Gene veränderten, erkannten sie nicht, dass sie etwas von euch lernen konnten. Ihr wart ihre Sklaven; ihr musstet für sie Gold schürfen. Einige Götter eurer Welt sind noch immer in dieser Illusion gefangen, andere entwickeln sich jedoch, und dies geschieht dank jenen von euch, die hier auf der Erde ausgesät sind, um allen bei dieser bedeutsamen Aufgabe zu helfen.

Nun müsst ihr euer Erinnern in die tiefste Dichte der Erde zu denen übertragen, die sich nicht erinnern wollen, die hier scheinbar für immer durch genetische Veränderung festsitzen. Alle müssen das Drama der Geschichte verstehen und vergeben. Die Erweckung der Göttin wird sich in einer enormen Heilung verankern. In ihrem Mitgefühl ist die Göttin erlaubend. Das Einströmen der Göttinnenenergie in euch wird euch alle zu einem neuen Verständnis und einer neuen Wertschätzung des Lebens führen, zu einer neuen und tieferen Liebe für die gesamte Schöpfung. Indem ihr die Göttin willkommen heißt, wird sich euch die Lebendige Bibliothek auftun und euch die Geheimnisse lehren, die tief in der Brust von Mutter Erde liegen, denn wer ist die Erdenmutter, wenn nicht die Göttin selbst?

Energieübung

Nehme einige tiefe Atemzüge und fühle bewusst die Luft in deinen Körper ein- und wieder ausströmen. Stelle dir beim Einatmen vor, wie sich deine Lungen mit hoch angereichertem Sauerstoff füllen, mit wirbelnden, quirlenden Lichtmolekülen. Stelle dir vor, wie deine Lungen diese Lichtpartikel aufnehmen und eine Lichtwelle in deinen

Blutkreislauf schicken, die deinen gesamten Körper energetisiert. Gehe in Gedanken an das untere Ende deiner Wirbelsäule. Stelle dir diesen Bereich und dein gesamtes Skelett von Licht erfüllt vor. Sieh dich selbst mikroskopisch klein, wie du alles von innen betrachtest.

Und nun stellst du dir am unteren Teil deiner Wirbelsäule einen Eingang zu einer geheimnisvollen Höhle vor. Bewege dich mutig darauf zu und gehe tiefer in diese Höhle hinein. Während du hineinschreitest, weißt du, dass in dieser Höhle eine riesige, aufgerollte Schlange wohnt. Fühle, wie du Schritt für Schritt weitergehst. Es herrscht absolute Dunkelheit, und du kannst fühlen, wie sich alle deine Körperhaare aufrichten. Du spürst ein Prickeln, während du allmählich in deine Höhle der Macht gezogen wirst.

Visualisiere eine riesige zischende Schlange, deren Augen feurig grün in der Dunkelheit glühen. Sieh, wie sie ihre Kiefer aufklappt. Es ist wie eine Einladung. Als strahlende Lichtgestalt betrittst du ihren Schlund. Du gehst tiefer hinein, und mit jedem Schritt fühlst du, wie du dem Kern deiner Schöpfungsenergie näherkommst. Irgendwann erreichst du den Bauch der Schlange. Sie ist die Muttergottheit. Gehe weiter durch den Bauch bis zu ihren Fortpflanzungsorganen und werde zu einem ihrer Eier, zu einer Kugel aus Licht. Schleudere nun mit Absicht und Willen die Schlange, die ihren Kraftort in deinem ersten Chakra hat, aus der dunklen Höhle hinaus. Fühle, wie sie ihre Kraft freisetzt und aufleuchtet. Fühle, wie sie lichtvoll und strahlend vom unteren Teil deiner Wirbelsäule nach oben stößt.

Und nun fühle, wie sie höher steigt.

Spüre diese Energie aufsteigen. Fühle deine Kundalini, wie sie sich glänzend und strahlend hinaufbewegt, deinen ganzen Körper hindurch von unten nach oben, wie sie deine Wirbelsäule entlang aufwärts fließt und aus deinem Kopf austritt. Stelle dir vor, wie diese Energie dich emporhebt und mit dem Seinsgeflecht verbindet. Alles in dir strebt dieser Energie nach. Dieses Licht ist deine Kundalini, deine Lebenslust, deine Version der Lebenskraft des Seins. Das ist die Kraft, durch die du dich verbunden fühlst und mit der du erschaffen kannst.

Erhebe Anspruch auf dein Erbe und lass dich höher tragen!

6

Den Lichtkörper landen

Ihr glaubt, aus Fleisch und Knochen zu bestehen, doch in Wahrheit seid ihr eine Kombination intelligenter elektromagnetischer Signale.

Die Evolution, die ihr gerade durchmacht, beinhaltet den Prozess des Aufbaus und der Integration eines Lichtkörpers. Euer Lichtkörper muss biegsam gemacht, trainiert und ausgedehnt werden, um ihn sanft in seine eigene Bewusstheit zu bringen. Klarheit darüber, wer ihr in eurer Wirklichkeit sein wollt, ist einer der Hauptschlüssel beim Aufbau eures Lichtkörpers.

Euer Lichtkörper weiß, dass er kraft eurer Gedanken erschafft und euch mit dem Gefüge der Schöpfung verbindet. Durch euren Lichtkörper öffnen sich Zeitlinien; ihr habt Zugang zu vielschichtigen Dramen, und eure Herausforderungen gewinnen Substanz, da ihr scheinbar unerforschtem und doch vertrautem Gelände gegenübersteht. Ihr seid mit der gesamten Existenz verbunden, und euer Evolutionssprung besteht darin, diese neue Bewusstheit zu verstehen und sie in eurem Jetzt anzuwenden.

Ihr könnt versichert sein, liebe Freunde, dass es eine höhere Ordnung und einen höheren Zweck gibt. Eure Aufgabe besteht darin, euren Zweck in euren Körper und auf die Erde zu übersetzen. Dieser Zweck aktiviert eine Neuordnung auf vielen Existenzebenen – alle teilen das gleiche Jetzt. Unerlässlich für die Erkundung der verschiedenen Aspekte der Wirklichkeit ist, dass ihr einen tieferen Blick auf euer Gefährt werft – euren physischen Körper.

Euer Lichtkörper hält die Essenz eurer multidimensionalen Identität, die ihr durch euren Wunsch nach Vereinigung mit der von euch gespürten größeren Identität erreichen könnt. Euer Lichtkörper wird Wirklichkeiten jonglieren können, indem er eure bewusste Absicht von einer Sichtweise auf eine andere in der Art verschiebt, als würdet ihr Fernsehkanäle wechseln. Euer Lichtkörper enthält codierte Daten. Durch euren physischen Körper übersetzt er euch Mitteilungen aus Welten und Wirklichkeiten. Eure Aufgabe besteht nun darin, die signalisierten Feinheiten und Synchronizitäten zu bemerken. Um euch selbst zu verstehen, stellt euch ein vielschichtiges Wesen vor, wobei jeder Teil einen bestimmten Körper besitzt, der atmet und mit den anderen verbunden ist. Ihr seid ein physisches, mentales, emotionales und spirituelles Wesen, das durch einen Lichtkörper verbunden ist, der Energie ausstrahlt und euch an eine endlose Reihe von Lichtwesen anschließt.

Materie ist einfach nur festgehaltenes, eingefangenes Licht. Indem ihr euren Lichtkörper aufbaut, findet eine Neuordnung eurer Molekularstruktur statt; euer Anhaften an materiellen Dingen wird gelockert, damit euer tägliches Leben von einem spirituellen Verständnis geleitet werden kann. Einzig über den Geist könnt ihr verstehen, was mit euch und eurer Welt geschieht. Der Aufbau des Lichtkörpers erlaubt der weniger gefangenen Materie, sich als Licht zu verbinden und zu euch selbst zu werden. Dies ermöglicht euch einen freieren Ausdruck.

Ihr werdet konkrete Veränderungen eures Körpers erleben. Er wird vitaler, schöner, stärker und leistungsfähiger werden. Er wird Unmengen an Information verarbeiten können und mit immer höherer Energie funktionieren. Dies wird schließlich die Lösung für all die wachsenden Herausforderungen bringen, mit denen ihr konfrontiert seid. Erhöhte Energie in euch wird verborgene Talente aktivieren und die Wiederkehr medialer Fähigkeiten auslösen: Hellsehen, Hellhören, Telepathie und eine wahrnehmende Bewusstheit, die ein »Wissen« beinhaltet, das weit über eure gegenwärtigen Vorstellungen hinausgeht. Wenn der elektrische Strom mit eurem Körper verschmolzen ist, werden die traditionellen Strukturen umgangen, die euch bislang so formen, dass ihr nur innerhalb begrenzter Muster kommunizieren und Daten austauschen könnt. Ihr werdet quasi eine Leiter erklimmen und eine andere Perspektive erfahren, von der aus ihr die Wirklichkeit interpretieren könnt.

In den kommenden Jahren werden alle, einschließlich Kinder und ältere Menschen, diese höhere Energie wahrnehmen können. Sie bringt größere Feinstofflichkeit in einer lichtvoller schwingenden Welt. Ein Vorteil dabei ist, dass er eine Verjüngung eures physischen Körpers verursachen kann, indem er euch hilft, alle Trennungen, die ihr noch mit euch herumtragt, zu heilen. Je mehr ihr die Vorstellung, dass Gedanken Leben erschaffen, begreift und umsetzt, desto freier werdet ihr sein, denn der Stress eines machtlosen Lebens fällt weg. Haltet an eurer Vision fest und lasst zu, dass euer Lichtkörper allem, was ihr tut, einen sinnvollen Zweck zuteilt.

Als Vorbereitung für diese Energie setzt euch ruhig hin, schließt eure Augen, stellt euch euren Körper mit Licht erfüllt vor und beobachtet dankbar, wie das Licht eure Zellen durchspült und reinigt. Dann bittet alle Körperteile, auf ideale Weise zusammenzuarbeiten. Wenn euer Körper innerlich zusammenarbeitet, ist es für jeden von euch viel leichter, äußerlich mit anderen zu arbeiten. Diejenigen, die innerlich krank sind, funktionieren äußerlich oft nicht sehr gut. Kümmert euch um die inneren Mechanismen eures Körpers und visualisiert, was euch am Herzen liegt.

Euer physischer Körper existiert als Frequenzeinrichtung. Ihr glaubt, aus Fleisch und Knochen zu bestehen, doch in Wahrheit seid ihr eine Kombination intelligenter elektromagnetischer Signale. Ihr übersetzt diese Signale als sinnvolles Leben durch einen physischen Körper, indem ihr esst, Erfahrungen macht, eure Sinne verwendet, Sex habt – all dies. So interpretiert ihr die Bedeutung eurer elektromagnetischen Signale, die ihr als Impulse erfahrt. Von außerhalb eures Systems könnt ihr auf zahlreiche Arten gesehen werden. Einige Wesen interpretieren euch bloß als eine Frequenz, als eine Ansammlung von Intelligenz, die Daten und bestimmte auf Emotionen beruhende Schwingungen aussendet. Andere verwenden die von euch psychisch-emotional ausgesendeten Schwingungen systematisch für ihre Zwecke. Wie eine goldene Frequenz euer Bewusstsein transformiert und die Frequenz von Wasser dazu dient, euch zu waschen oder den Durst zu löschen, bietet die Frequenz des Menschen noch unzählige bislang unausgesprochene Möglichkeiten zu seiner eigenen Verwendung, die ihr gerade erst entdeckt.

Wie bereits erwähnt, existiert in eurem Körper eine Kundalini genannte Kraft, eine schlummernde Energie, eine Schlange aus Licht, die sich am unteren Ende eurer Wirbelsäule zusammengerollt befindet. Diese Kraft anzuerkennen und hervorzurufen erleichtert die Verschmelzung und Bündelung eures Lichtkörpers. Bei den zunehmenden elektromagnetischen Verschiebungen, die sich auf eurer Welt ereignen, hilft euch diese Kraft auch, eure eigene Stabilität und Erdung zu bewahren.

Traditionellerweise entrollt sich eure Kundalini im Alter von ungefähr vierzig Jahren und elektrisiert euren Körper. In diesem Alter werdet ihr als reif genug betrachtet, um diese Art von Energie beherbergen zu können. Für die meisten Menschen ist diese Kraft so erschütternd, dass es von da an mit ihnen bergab geht und sie zu altern beginnen, statt sich zu verjüngen und diese große schöpferische elektrische Kraft zu nutzen. Oft bemerken sie diese starke Energieansammlung im Bereich des Kreuzbeins am unteren Ende der Wirbelsäule nicht einmal. Wenn sie die Kundalini-Erfahrung machen, fühlen sie sich manchmal sexuell erregt, weil sie nicht wissen, was sie mit all dieser aufsteigenden Energie anfangen sollen. Der gesamte Planet ist darin gefangen, seine Kundalini zur

Fortpflanzung zu verwenden. Die Menschen treiben es deshalb oft wie verrückt miteinander, ohne überhaupt zu verstehen, dass sich die Kundalini *durch* den Körper nach oben in und um den Kopf herum bewegen kann. Wenn ihr dies zulasst, wird sie euch eine neue Interpretation eurer selbst bieten. Ihr werdet verstehen, dass alle eure Schöpfungen, Heilungen, Manifestationen von der natürlichen Göttinnenquelle in euch kommen.

Bei den Menschen gibt es einen starken Widerstand gegen Veränderung, Wachstum und neue Fakten. Viel von diesem Widerstand ist nicht natürlich. Er ist euch einprogrammiert worden, damit ihr Angst davor habt, Neues in Betracht zu ziehen, einen Schritt hinaus zu machen und ungehorsam gegen die Götter zu sein oder ihnen gleich zu werden. Wenn die Menschheit nach Wissen strebt, wird sie informiert und kommt dem näher, was als die Göttin bezeichnet werden kann. Aber in eurem Gefängnis der fremden Programme erschafft ihr die Vergangenheit immer wieder neu, indem ihr euch in nostalgischen Einzelheiten an sie erinnert und in der Gegenwart verankert. Die ewige Wiederkehr des Gleichen.

Euer natürlicher Ablauf ist anders. Die Zellen in eurem Körper können frei kommen und gehen; sie reproduzieren sich ständig. Woher erhalten sie ihre Anweisungen? Sie werden von eurer Blaupause, eurem Glaubenssystem und den Energiemustern versorgt, die ihr über eure Realität zu euch holt. Wenn ihr diese Muster durch eine Erweiterung eurer Vorstellungen verändert, könnt ihr Einfluss auf sie nehmen, und eure Molekularstruktur wird nachziehen. Auf diese Weise hat jeder von euch die Möglichkeit, sich den Körper zu erschaffen, den er sich wünscht. Ihr könnt die Zellen eures Seins regenerieren, indem ihr sie neu kartografiert – ihnen einen anderen Plan oder einen alternativen Weg mitgebt. Wenn ihr das macht, werden euer Körper und eure Erfahrungen entsprechend folgen. Das ist die natürliche Vitalität, die euer Körper aufweist. Aber Menschen, die ihr respektiert und als glaubwürdig betrachtet, haben euch dahingehend beeinflusst, dass ihr beängstigende und negative Vorstellungen akzeptiert. Vielleicht hat ein Einzelner eine schlechte Erfahrung gemacht, und nun interpretiert er sie und erschafft ein Bild für alle anderen, die das für sich übernehmen – im Kollektiv.

Was die Kundalini-Erfahrung betrifft, war es früher so, dass man erst viele Disziplinen erlernen und seinen Körper jahrelang vorbereiten musste, bevor man sie machen konnte. Es waren daher nur wenige, die Zugang zur Kundalini erlangten. Ein Grund war, dass die Erde von einem Zaun der Frequenzkontrolle umgeben war, und das hat sich geändert. Wenn jetzt die Kundalini im Körper aufsteigt, trifft sie auf kosmische Kräfte, die von außen hereinkommen, und durch den daraufhin erfolgenden Austausch entsteht eine Lichtsäule; der Mensch wird belebt und energetisiert. Euer Wissen kann wieder in euch aufsteigen, während vermehrt kosmische Energien zu euch kommen, Lichtinformationen. Viele Millionen von Menschen erleben seitdem die wiedererwachten Möglichkeiten der Kundalini. Sie ist eure Lebenskraft, und ihr pulsiert damit. Diese unermessliche Kraft verbindet euch mit der kosmischen Quelle. Sie vereint euch mit einem größeren Zweck und dem Verständnis dessen, was ihr damit machen könnt.

Angemessen verwendet, bietet euch die Kundalini eine unermessliche Anzahl von Lösungen. Zum Beispiel kann diese Energie zum Heilen verwendet werden, denn wenn sie sich in den Händen aufbaut, habt ihr sogenannte heilende Hände. Viele von euch wären überrascht, wenn sie einen Blick in die nähere Zukunft werfen und sehen könnten, was sie mit der aus ihren Händen fließenden Energie alles machen können. Schon jetzt gibt es Einzelne, die sogar in der Lage sind, bei zusammengehaltenen Händen ein Stück Papier zu entflammen. In jedem von euch wird sich diese Energie in den Händen verstärken. Ihr könnt sie verwenden, um Nahrung zu reinigen, um zu heilen, die Meere, Flüsse und das Land zu säubern. Ihr werdet in der Lage sein, die giftige Verschmutzung überall auf eurem Planeten umzuwandeln.

Dazu werden jene fähig sein, die bereit sind zu glauben. Wenn ihr glaubt, übt und sucht, werdet ihr belohnt. Dann gebt ihr es an andere weiter. Dies sind Geschenke, die beim Wandel in Richtung

Zusammenarbeit der Massen auf planetarer Ebene einen Unterschied machen werden. Daher werdet ihr als Kollektiv an diesen Fähigkeiten arbeiten. Die Ungeheilten und Kranken können ebenfalls lernen, diese Energie in sich zu aktivieren und sie in ihren eigenen Körper zu lenken. Die Voraussetzung, die jeder dafür schaffen muss, ist die eigene Wertschätzung: »Hoppla, wenn mein Körper Krankheit manifestiert hat, kann er auch Wohlbefinden manifestieren. Wer begrenzt mich, und wer bestimmt, ob ich krank bin?«

Ihr habt in euch eine Fülle von großartigem Wissen gespeichert. Ihr seid der Schlüssel zur Lebendigen Bibliothek, und ihr besitzt ein ganz enormes geistiges Potenzial, das alle anderen Intelligenzen zutiefst beeindruckt. Mit eurer Vorstellungskraft könnt ihr eurem Gehirn eine Botschaft senden, die bewirkt, dass die mit dem Bereich der Vorstellungskraft verbundenen Neuronen in euch feiner verknüpft werden. Eure Zehen haben jedoch dieselbe Möglichkeit, solche Signale der Vorstellungskraft an das Gehirn zu leiten, denn jede Zelle in eurem Körper besteht aus genau den gleichen Substanzen, egal wo sie sich befindet. Jede Zelle hat das gleiche Potential, Wissen zu produzieren, und eure Zellen warten nur darauf, dass ihr sie anweist. Wenn ihr zulasst, dass Gesellschaft, Familie und Schule eure Glaubensvorstellungen bestimmen und ihr Gefühle von Schuld und schlechtem Gewissen euer Feld durchdringen lasst, dann sind dies die Programme, auf die euer Körper reagiert.

Es ist ein sehr interessanter Prozess, der sich da abspielt. Euer Planet erlebt seine Transformation immer positiver, je mehr ihr die Macht der Vorstellungskraft erkennt, die sehr eng mit dem Gedächtnis verbunden ist. Die Vorstellungskraft wirkt in eurem Geist als Kinoleinwand, die Bilder aufnimmt und Blaupausen des Bewusstseins erzeugt. Euer Körper ist angefüllt mit Erinnerungen verschiedener Welten und auch mit unterschiedlichen Zeitrahmen des von euch wahrgenommenen Jetzt. Da sich auch die Erde entwickelt, könnt ihr auf der Basis eures Wissens diese Vorstellungen und Blaupausen hervorziehen und die Lehren auf ihren Zweck und ihre Bedeutung für euer Jetzt abklopfen. Erinnerungen an andere Zeiten und Orte in eure gegenwärtige Realität zu bringen bündelt die Bedeutung eures Lebens. Es erzeugt Heilung, indem es euch hilft, den Sinn selbstzugefügter Wunden zu verstehen.

Einer der wichtigsten Schlüssel, die wir euch geben können, ist folgender: Liebt euch selbst, ehrt das von euch benutzte Gefährt und handelt so, als wäret ihr unendlich kostbar. Handelt so, als hättet ihr das große Los gezogen und das Bestmögliche bekommen – *euren Körper.* Ehrt die Erde mit eurer Liebe und Achtung, denn sie ist es, auf der ihr eure bunten Dramen aufführt. Liebt euch selbst und die Erde auf eurem Ausflug durch das Universum, und eure Reise wird glanzvoller und leichter sein.

Euer Körper wird immer öfter ganz wunderbare Fähigkeiten zeigen. Eure Sensibilität wird sich so sehr entwickeln, dass Düfte und Gerüche größeren Einfluss auf euren Gemütszustand, eure Emotionen und das allgemeine Wohlbefinden haben werden. Ihr werdet sagen: »Ich habe herausgefunden, dass ich mit diesem Kraut in meinem Essen oder diesem Duft im Haus mehr Energie besitze. Und wenn ich dies hier verwende, bin ich ruhiger.« Lernt die Pflanzen, die euch umgeben, zu verwenden, denn sie sind Geschenke der Lebendigen Bibliothek.

Wir können nicht genug betonen, dass innerhalb eures physischen Körpers ein gewaltiger und radikaler Wandel stattfindet. Ihr werdet alle geleitet, und damit ihr euch nicht ausgebrannt fühlt, *hört*, was in euch ist. Zu rasch zu viel neue Information aufzunehmen, ohne sich Zeit zu lassen, sie zu integrieren, kann zu einer Überladung eurer sich anpassenden Psyche führen. Wenn ihr mit dem Auto unterwegs seid, fahrt ihr auch nicht immer schnell. Ihr beschleunigt, bremst, bleibt bei einer Ampel stehen, biegt ab – ihr bewegt euch mit unterschiedlicher Geschwindigkeit fort. Mit der Energie ist es genauso. Es gibt Punkte der Beschleunigung und Punkte der Verlangsamung. Auf diese Weise baut sich der Körper allmählich auf.

Stellt euch vor, ihr seid ein Fön und verbringt die meiste Zeit mit aufgerolltem Kabel in einer kleinen Tasche im Regal. Dann kommt die größte Erfahrung eures Lebens: Ihr werdet an das kosmische

Netz angebunden und mit Information versorgt. Als Fön würdet ihr euch nicht mehr allein fühlen. Ihr würdet sagen: »Etwas ist jetzt mit meiner Identität passiert! Toll! Ich bin voll da!« Als menschliche Wesen seid ihr ähnlich. Ihr seid den kosmischen Veränderungen ausgesetzt und verändert euch auf einmal selbst; das müsst ihr erst verarbeiten. Wir vergleichen die Energie, die durch euch fließt, mit dem elektrischen Strom, der durch den Fön fließt und ihm Erfüllung bringt – sie lässt ihn seine *Bestimmung* erkennen. Dies ist ein sehr einfaches Beispiel, doch es gibt euch ein Bild eurer selbst. Auch ihr könnt euch an ein größeres Netzwerk anbinden, während der Strom des Lebens euch mit Sinn erfüllt.

Es ist äußerst wichtig, dass ihr euren Körper versteht und euch nicht dafür schämt, was er macht. Was *ihr* allerdings mit eurem Körper macht, ist eine andere Geschichte. In der physischen Form liegt große Würde. Seid großzügig und gütig eurem Körper gegenüber. Wenn euch unangenehm ist, was wir sagen, dann untersucht, wie sehr ihr euch liebt und woher Ablehnung und Scham hinsichtlich eures physischen Körpers kommen. Es ist nichts Schlechtes am Körper. Die Vorstellung von der Barbiepuppe als perfekte weibliche Figur trägt dazu bei, dass der weibliche Körper vielfach gehasst wird, wenn er nicht diesem Vorbild entspricht.

Alle Bilder, von den einfachsten Spielsachen bis zu den schwierigsten Games, beeinflussen die Wahrnehmung eurer selbst. Frauen, die dem Barbiepuppen-Ideal entsprechen wollen, müssen sich oft zwingen, um die gewünschte und anerkannte Form nachzuahmen, und verringern damit ihre freie Wahl. Der menschliche Körper hat *alle* Formen und Größen und alle möglichen Arten des Ausdrucks. Ihr könnt feststellen, dass Vielfalt auf dem Planeten wichtig ist, indem ihr die vielfältigen Gesichter betrachtet. Hätte es so sein sollen, dass alle einer einzigen Form entsprechen, würde es nur eine begrenzte Anzahl von Gesichtern als Modelle geben.

Äonenlang habt ihr als menschliches Wesen vergessen, wer ihr wart. Ihr schämtet euch eures Körpers und seiner Funktionen. Es gab kaum Ermutigung, seine Funktionen auch nur anzuerkennen.

Wir vergleichen die Art, wie ihr mit eurem Körper umgegangen seid, gerne mit einem Auto, über das jemand sagt: »Verwenden Sie bloß nicht den Kofferraum. Der ist wirklich übel. Machen Sie ihn ja nicht auf, tun Sie nichts hinein. Sie wollen nicht wissen, was sich darin verbirgt. Er ist zwar da, aber Hände weg von ihm.« Seht ihr die Analogie? Das Ganze ist einfach lächerlich. Wenn ihr den Kofferraum öffnet, erinnert ihr euch daran, was er enthält.

In der Dreidimensionalität, aus der ihr immer mehr aufsteigt, um neues Bewusstsein zu leben, vermag Sex die Energie zu bieten, durch die ihr zu höherem Bewusstsein gelangen könnt. Sex kann zu einem entscheidenden Teil eurer multidimensionalen Entwicklung führen. Manchmal ist es für euch schwierig, etwas über Sex zu hören, denn ihr haltet an der Bewertung traumatischer sexueller Erlebnisse fest, für die ihr euch schämt oder die euch leidtun. Jeder hat etwas von seinem sexuellen Anteil verdrängt. Das geschah unter Anleitung. Die Kräfte, denen ihr lange vertrautet, haben einen umfassenden Plan ausgeheckt, euch so zu beeinflussen, dass ihr euch eurer Sexualität und eures Körpers schämt; an seine Stelle traten Willkür und die Beliebigkeit seiner Funktionen und eurer Identität. Dies hat euch davon abgehalten, eure Macht, euren Zweck, eure Glückseligkeit und Freiheit zu entdecken. Je mehr euer Körper sich dem neuen kosmischen Zustrom öffnet und die jetzt einströmende Energie aufnimmt und integriert, desto mehr kann die Erinnerung in euch erwachen. Kosmische Erinnerungen, aber auch Erinnerungen aus diesem Leben führen zur Entfaltung dessen, wer ihr in der galaktischen Geschichte seid. Es ist wichtig, dass ihr den Erinnerungen wieder Raum gebt.

In die Natur zu gehen ist eine der besten Arten, um mit dem Erinnern in Berührung zu kommen: in der Natur zu sitzen, sie zu beobachten, einfach nichts zu tun, im Jetzt zu sein und das Jetzt auszuweiten in den laufenden, spontanen und synchronistischen Augenblick – das sich immer mehr ausdehnende Jetzt. Die Natur lehrt euch alles. Sie lehrt es euch durch Vogelrufe, das Flattern von Schmetterlingsflügeln, durch die Sinfonie der Grillen und Frösche, das Blöken der Kamele und den Geruch des Wüstensandes und des frischen Frühjahrsregens. All diese Wahrnehmungen lösen Erinnerungen aus, wenn ihr euch die Zeit nehmt, die Geräusche und Düfte euer physisches Sein durchdringen zu lassen.

Die Erinnerung zu aktivieren bringt mit sich, dass ihr euch von all euren angehäuften »Ich sollte eigentlich«-Vorstellungen loslöst. Seid ihr eifrig damit beschäftigt, nirgendwohin zu eilen? Führt ihr wirklich das nach eurem Vermögen sinnvollste Leben? Wartet ihr auf die Zustimmung anderer – eine Haltung, die immer eure Macht einschränkt, eure Wahrheit auszustrahlen? Versteckt euch bitte nicht vor euch selbst und anderen. Lebt!

Warum sagen wir euch all dies? Wir wollen die Erinnerung eurer Zellen aktivieren. Bevor ihr in den Körper kommt, werden bestimmte Erinnerungen zugänglich gemacht und genetisch in euch gespeichert. Eines Tages werdet ihr herausfinden, wie dies geschieht, und verstehen, dass im Schlaf an euch gearbeitet wird. Oft fühlt ihr dieses elektrische Pulsieren im ganzen Körper. Das ist der Strom aufsteigender Erinnerungen, die euch auf euer Erwachen vorbereiten.

Versteht bitte, dass es kaum einen Unterschied zwischen einer eingeblendeten und einer tatsächlich erlebten Erfahrung gibt, denn Wirklichkeit kann leicht konstruiert werden. Wirklichkeit ist nicht so ausgerichtet, dass sie vergeht. Außerdem können Realitäten und Kulturen immer wieder erfahren werden, weil sie einen energetischen Abdruck hinterlassen. Wenn ihr eine neugeborene Seele seid und fühlt, dass ihr all die tollen Ereignisse im Universum versäumt habt, könnt ihr jederzeit Zugang zu ihnen erhalten. Ihr könnt Orte innerhalb von Kulturen aufsuchen oder sie für euch erschaffen, ohne dort eine Übervölkerung befürchten zu müssen. Zum Beispiel möchte fast jeder ein Ägypter oder Maya gewesen sein, doch der Zugang zu solchen Kulturen war begrenzt. Trotzdem könnt ihr alle Erinnerungen an diese Kulturen haben. Ihr könnt ein Teil davon werden, weil ihr euch an ein Erinnerungsfeld anschließen könnt, das die Erfahrungen der Kultur enthält. Diese Möglichkeit gibt euch einen Hinweis auf die Flexibilität eurer Wirklichkeit.

Erinnerung ist wie ein Spiegel in eurem Körper – oder wie ein Teich, der durch die Reflexionsfähigkeit des Wassers stets erneuert und wieder aufgefüllt werden kann. *Wasser* fördert das Erinnern im physischen Körper. Euer Lichtkörper löst die Codes dafür aus, indem er durch das Wirken der Kundalini die codierten Lichtfäden aktiviert und das Licht in euch verbreitet. Diese winzigen Fasern sind mit Informationen angereichert, und so gibt euch die sich durch euren Körper bewegende Kundalini die Möglichkeit, eure Erinnerungen wieder in Besitz zu nehmen.

Gerade in dieser Zeit durchleben viele von euch tiefe Erinnerungen an Manipulation, vielleicht auch an schmerzhafte Erlebnisse, bei denen ihr von Reptilien gefressen wurdet, euch mit ihnen paartet, oder ihr erinnert euch an genetische Experimente, die durchgeführt wurden. Auch wenn ihr eine bestimmte Sache nicht selbst erfahren habt, so gibt es doch in eurem Blut Fasern, die die gesamte Geschichte enthalten. Wie ihr diese Fasern nun zusammenschaltet, um eine tragfähige Erinnerung zu erhalten, ist eine andere Geschichte. Wisst ihr, wie die ersten Kinofilme aufgebaut waren, die noch auf Zelluloid gedreht wurden? Sie setzten sich aus der raschen Abfolge kleiner Einzelbilder zusammen. Ihr seid wie ein langer Film, und Einzelbild für Einzelbild wurde abgeschnitten, so dass jeder Teil von euch von allen übrigen getrennt ist. Wenn wir mit euch arbeiten, ordnet die von uns hereingebrachte Energie diese winzigen Filmschnipsel neu. Dadurch kommt in euch eine Geschichte zustande, die persönlich, planetar und galaktisch ist.

Ihr seid alle hier, um in das Dunkel zu blicken, denn im Dunkel werdet ihr das Licht finden und auch den Grund, warum das Licht zurückkehrt. Es kehrt sehr schnell zurück in diesen Zeiten der Veränderung, aber ihr könnt nicht einfach auf das Licht zugehen und sagen: »Ha, die Dunkelheit ist schlecht. Sie ist negativ. Ich möchte sie nicht mehr sehen.« Seid offen für das, was ihr nicht sehen wollt. Haltet euer Herz geöffnet und vertraut darauf, dass der Schmerz, den ihr vielleicht erfahrt, erforscht werden muss, damit er, nachdem er auf der Erinnerungsebene verarbeitet wurde, losgelassen werden kann. Ihr befindet euch in einer Zeit, in der Erinnerungen aus großen Tiefen kommend an die Oberfläche fließen. Diese Erinnerungen können emotionale Reaktionen auslösen.

Was ihr auch immer entdeckt, es muss angeschaut werden. Ihr müsst es euch anschauen. Akzeptiert es und sagt: »Aha! Aufgrund meines Wissens und der Vorbereitung meines Bewusstseins kann ich dies jetzt anschauen und erkennen, dass es sich um einen Energiemissbrauch handelte. Das ist in Ordnung. Ich werde es umwandeln. Ich werde es zu etwas Freudvollem machen.«

Wisst ihr, wie viele Menschen bereit sind, das Negative und Dunkle anzuschauen, damit es sich auflösen und in etwas Freudvolles transformieren kann? Nicht sehr viele. Wisst ihr, wie viele Menschen im Dunkeln leben? Lauft nicht vor dem Schatten des Lebens davon, denn es gibt sehr viel zu heilen, wenn der Schmerz der dunkleren Seite einmal gefühlt, erkannt und verstanden wurde.

Emotionen werden dabei freigesetzt, doch ihr müsst wissen, dass Emotionen euer größter Reichtum sind. Sie setzen den Inhalt eures inneren medizinischen Wissens frei, sie bilden eure körpereigene Apotheke. Und in der Apotheke eures Körpers seid ihr der Chef. Ihr verschreibt euch je nach eurer emotionalen Antwort oder Reaktion auf Ereignisse eine bestimmte Arznei. Eure Emotionen setzen die entsprechenden chemischen Substanzen in eurer physischen Form frei. Das für die chemischen Reaktionen eurer emotionalen Entscheidungen verantwortliche endokrine System entwickelt sich dann, und euer Körper produziert wieder neue chemische Substanzen, die euch helfen, euch zu verändern. Durch die Wahl einer anderen Art des Empfangens oder Übersetzens der Wirklichkeit öffnen sich innere Zugänge, und es werden Substanzen produziert, die euch in höhere Bewusstseinsbereiche führen.

Ihr werdet gerade auf einer subatomaren Ebene neu organisiert. Die codierten Lichtfäden in eurem Körper – feine, fiberartige Fasern – sind feinstoffliche Energien, die alles miteinander verbinden. Diese hauchdünnen Fäden werden in eurem Körper durch Stimulierung mittels Strahlen und Photonen, die auf euren Planeten kommen und kosmische Energie mitbringen, neu angeordnet. Sie werden neu organisiert, um euren Körper zu verjüngen, wenn ihr reines, klares Wasser trinkt. Sie werden besonders durch Sauerstoffanreicherung und tiefes Atmen aktiviert. Ihr könnt euch auch mit Sauerstoff anreichern, indem ihr Kräuter zu euch nehmt, die als blutreinigend bekannt sind. Wenn ihr euer Blut reinigt, kann es größere Mengen an Sauerstoff aufnehmen. Die Neuordnung der Fäden auf zellulärer Ebene greift um sich, und die Fasern beleben euren Körper auf unterschiedliche Weise. All dies schließt die Aktivierung eures Gehirns mit ein. Ihr besitzt die Schlüssel und Codes, um diesen restlichen brachliegenden Bereich zu öffnen.

Basierend auf dem zunehmenden Licht besteht der kosmische Plan für die Menschheit darin, sich zu vielbegabten Wesen zu entwickeln. Einige funktionieren mit sechs bis acht Prozent ihrer Gehirnkapazität. Jemand, der mehr benutzt, ein Einstein zum Beispiel, kommt bestenfalls auf fünfzehn bis zwanzig Prozent. Stellt euch einmal folgende Fragen: Was machen die restlichen achtzig Prozent meines Gehirns? Warum liegen sie brach? Was ist da nicht angebunden, und wie können wir das erreichen?

Das endokrine System wird sich mit der DNS entwickeln und chemische Substanzen produzieren, die Kombinationen intelligenter geometrischer Formen sind. Diese Formen werden im gesamten Körper existieren und nicht einfach nur auf das Gehirn beschränkt bleiben. Alles wird gleichzeitig geschehen.

Das endokrine System kann chemische Substanzen ausschütten, die euch in neue Formen der Intelligenz katapultieren. In eurer Gesellschaft herrscht Streit darüber, was von Drogen zu halten ist. Alles, was mit der Erweiterung des Geistes zu tun hat, flößt euch Angst ein, weil es euch als schlecht verkauft wurde. Doch gleichzeitig sind viele Menschen von Drogen auf Rezept abhängig, die sie ruhigstellen. In eurer Gesellschaft sind von Autoritäten verschriebene Drogen, die den natürlichen chemischen Prozess unterdrücken, in Ordnung und solche, die den Geist aktivieren und andere Wirklichkeiten eröffnen, schlecht. Eure Vorstellungen davon, was ihr einnehmen solltet, werden streng kontrolliert. Seht euch das einmal genauer an. Euer endokrines System wird eine große Umwälzung durchmachen.

Zurzeit befindet es sich im Frühstadium. Stellt euch einen kleinen Tante-Emma-Laden vor, der alt und vernachlässigt ist und seit zwanzig Jahren die gleichen Waren in den Regalen stehen hat; der Laden ist überholt, er entspricht nicht mehr modernen Gewohnheiten, Geschmäckern und Wünschen. Jemand betritt ihn und sagt: »Dieses Geschäft ist zu altmodisch. Ich werde es ein wenig aufmöbeln, damit es den Wünschen der Kundschaft entspricht. Ich werde das Sortiment verändern.« Geschäfte befriedigen bestimmte Bedürfnisse, und entsprechend den sich verändernden Bedürfnissen und dem Geschmack der Menschen muss sich auch das Angebot in den Regalen verändern, um den neuen Vorlieben und den Anforderungen Rechnung zu tragen.

Euer endokrines System macht das Gleiche. Wer lässt das Drüsensystem entscheiden, neue Waren anzubieten? *Ihr* selbst – indem ihr euch liebt, mit den Energien von Mutter Erde und Vater Himmel euren ganzen Körper durchlichtet und die grundlegende genetische Struktur dessen, wer ihr seid, neu ordnet. Wenn die DNS-Stränge anfangen, ihre Identität zu entdecken und lebendig zu werden, werden sie das endokrine System verändern. Eure Entscheidung, im Hier und Jetzt zu sein, euch zu lieben und mit euch und allen Menschen liebevoll auf dem Planeten zusammenzuarbeiten, wird eure inneren Prozesse völlig verändern. Dies ist ein ganz entscheidender Schlüssel zur Verjüngung. Seid bereit, euch selbst, euer Leben und euren Körper als eure eigene Schöpfung zu erfahren.

Ihr erlebt gerade eine Beschleunigung der Energien, die auf eurem Planeten Verwüstung anrichtet und zu großer Verwirrung und Veränderung führt. Noch nie in eurer aufgezeichneten Geschichte hat es so viel Energie auf dem Planeten und diese Art von Bewusstsein gegeben wie jetzt, also habt ihr nichts, um euch auf das Kommende vorzubereiten – gar nichts. Die radikale Veränderung, die durch diese Energien hervorgerufen wird, geht über eure

Vorstellungskraft hinaus. Konzentriert euch auf das Beste, das ihr sein könnt, und wisst, dass ihr viele Wahrscheinlichkeiten um euch herum beeinflusst. Wisst, dass dies für euch eine Gelegenheit sein wird, eine größere Veränderung zu aktivieren. Eure Zirbeldrüse wird durch einströmende Lichtenergien aktiviert und setzt eine neue Vision von Möglichkeiten frei, bei denen Friede und Freiheit von innen gefühlt und erkannt werden.

Eure Thymusdrüse ist ausschlaggebend für das Signal an euren Körper, am Muster der Verjüngung festzuhalten. Je älter ihr werdet, desto kleiner wird die Thymusdrüse; sie schrumpft. Sie ist wie ein Wächter, der reguliert, was von oben und was von unten kommt. Eure oberen Drüsen, die Hypophyse und die Zirbeldrüse, sind als Tempel des Schädels nicht aktiviert; sie liegen brach. Eure Thymusdrüse erinnert euren Körper nicht ständig daran, seine ideale Blaupause zu halten, weil sie diese Botschaften aus den Tempeln in eurem Kopf nicht erhält. Der Grund dafür ist, dass eure Tempel von den vollen DNS-Strängen abgetrennt wurden. Eure Thymusdrüse wird wieder zu ihrer eigenen Vitalität zurückkehren, wenn sie die Botschaft erhält, dass euer Körper und euer Bewusstsein bereit sind. In puncto Lebensverlängerung haben einige von euch noch kaum mit ihrer Arbeit begonnen. Andere haben bereits eine Ausbildung erhalten, die euch explosionsartig in die nächste Veränderung führen wird, die aus euch heraus entsteht; eure Anstrengung ist ein Geschenk an den Planeten, ein Geschenk an die Zivilisation.

Wenn ihr euch niedermacht oder euch mit negativen Vorstellungen füttert, dann solltet ihr eure zwiespältige Haltung besser hinterfragen. Dass ihr dies hier lest, besagt, dass ihr Interesse, Begeisterung und den treuen Vorsatz habt, die der menschlichen Spezies eingeimpften Vorstellungen zu transzendieren. Wenn ihr dagegen ankämpft – in den Spiegel blickt und sagt: »Oh nein, wie ich aussehe. Das ist ja furchtbar« –, dann seid ihr im Zwiespalt, im Zweifel, im Konflikt. Einen solchen Konflikt werdet ihr beim zunehmenden Anstieg der kosmischen Energien, die in eurem Körper wirken, wie einen Gummiring fühlen, der sich ausdehnt und dann zurückschnalzt, immer wieder nach derartigen Gedanken. Wenn ihr euch wie ein solcher Gummiring fühlt, liegt die Lösung darin, eure widersprüchlichen Glaubensvorstellungen, die ihr stumm oder laut äußert, einmal gründlich zu überprüfen.

Ein Gehirnbereich im Zwischenhirn, der Hypothalamus, reguliert die Temperatur und das Wasser in eurem Körper. Versteht, dass ihr Wasser *seid* – elektrisiertes Wasser. Die Elemente und das Gleichgewicht des Meerwassers entsprechen dem Blut im menschlichen Körper. Die Menschen wurden aus dem Ozean gemacht. Das ist eines der größten Schöpfungsgeheimnisse. Wir Plejader kamen und verwendeten die Energie der Wasserstoff- und Sauerstoffmoleküle. Dem entspringt ihr. Das ist der grundlegende Schlüssel. Das Firmament wurde erschaffen, und vom Firmament kam Leben. Dies ist eines eurer Konstruktionsprinzipien. Wir möchten, dass ihr versteht, dass es viele Arten gibt, Menschen zu konstruieren. Ihr habt Geschichten gehört, dass ihr aus Staub und Lehm gemacht wurdet. Einige dieser Geschichten sind nicht wahr; sie werden erzählt, um euch von der Wahrheit fernzuhalten. Es erscheint euch sinnvoller, dass ihr den festen Elementen näher seid als dem Element Wasser. Denkt daran, dass wir sehr oft gesagt haben, dass die Dinge verdreht werden, damit ihr die Wahrheit eurer Identität nicht entdeckt.

Euer Hypothalamus, der die Druckverhältnisse in eurem Körper reguliert, kann als Wächter zwischen eurem physischen Körper und euren äußeren Chakren betrachtet werden. Seine Zeit ist noch nicht gekommen. Im gegenwärtigen Stadium eurer Entwicklung könnt ihr seine Funktion nicht begreifen. Doch er reguliert sehr wohl die Körpertemperatur und den Fluss des Wassers, und Wasser ist die Essenz eures Lebens. Wir ermutigen euch immer, in der Nähe von oder im Wasser zu sein und auch Wasser zu verwenden, denn Wasser fördert die Funktion eures Hypothalamus. Die Zeit wird kommen, den Hypothalamus genauer zu erforschen.

Ihr kennt die Cranio-Sacral-Therapie, bei der ihr versucht, durch das Lösen von Blockaden im Bindegewebe das Gleichgewicht im Körper wiederherzustellen. Durch craniosacrale Ausrichtung kann auch der Hypothalamus stimuliert werden. Diese Methode wird entdeckt und verbreitet werden, wenn die Menschen ihr Bewusstsein soweit angehoben haben, dass sie auf den großen Energieausstoß, der von dieser Drüse kommen wird, vorbereitet sind. Vorher würde die Information gefährlich sein. Die Menschen können sich manchmal nicht gut genug beherrschen, und sie glauben, sie müssten das Elixier aller Erfahrungen trinken, ohne die notwendigen Vorbereitungen auf der Ebene des Bewusstseins zu treffen.

Sobald euer Hypothalamus Sekrete absondert, werdet ihr nicht mehr die alten sein. Habt ihr jemals psychedelische Substanzen genommen? Würdet ihr gerne vierundzwanzig Stunden am Tag solch eine Realität ausbalancieren? Es würde nicht klappen; es wäre zu verwirrend. Es ginge für einen Trip. Es wäre in Ordnung für eine Bildungsreise – in geheimnisvolle schamanische Bereiche der Lebendigen Bibliothek. Es ist allerdings sicher nicht etwas, was man regelmäßig den ganzen Tag über praktiziert. Der Rest des Nervensystems läuft mit dieser Bewusstheit nicht synchron. Eine einzelne Grenzerfahrung ist nichts als ein kleiner Ausflug – wie eine Wochenendfahrt aufs Land oder ans Meer. Ihr reist hin, macht Erfahrungen, und dann kommt ihr zurück und denkt darüber nach. Euer Hypothalamus wird euch aber an ein neues Ufer eures Seins bringen, in ein neues Reich. Das macht das endokrine System. Es leitet chemische Substanzen in euren Körper ein – ohne dass ihr irgend etwas schluckt. Die Chemikalien werden sich einfach absondern und die Art und Weise beeinflussen, wie ihr die Wirklichkeit wahrnehmt und interpretiert.

Euer wiederhergestellter Hypothalamus nimmt euch auf eine Reise mit; ihr werdet alles verändern und dann glücklich leben. Ihr werdet nicht mehr an dem alten Ort leben wollen. Es wird sein, als ob ihr in ein neues Land zieht oder auf einen neuen Planeten, ohne die Erde zu verlassen. Eure Welt wird sich aufspalten. Die Erde und ihre Realität in der Lebendigen Bibliothek werden sich vor euren Augen verändern, denn die von eurem Hypothalamus abgesonderten Substanzen schenken euch eine neue Interpretation der Wirklichkeit.

Aber davon seid ihr noch weit entfernt. Ihr seid darauf noch nicht vorbereitet. Erst müsst ihr euch davon überzeugen, dass ihr geliebt werdet und dass ihr die Quelle eurer Liebe seid. Ihr müsst dies konstant fühlen können, bevor ihr die subtilen Veränderungen, die euch auf die Erweckung eures Hypothalamus vorbereiten, in eurem endokrinen System zulasst oder selbst vorzunehmen vermögt. Wenn alles kollektiv stattfindet, wann kann die Lichtfamilie die Erweckung des Hypothalamus erwarten? Das kommt auf euch an.

Bei all dem Wirbel um das Gesundheitssystem nicht nur in den Vereinigten Staaten möchten wir euch daran erinnern, dass *Gesundheit gratis ist.* Die wahren Kosten der Gesundheitsvorsorge sind einige Augenblicke eurer Zeit, um die richtige Einstellung eurem Körper gegenüber zu entwickeln. *Ihr* erzeugt eure Gesundheit oder Krankheit, ihr braucht niemanden, der euch sagt, ob ihr gesund seid. Wenn ihr *mit eurem Körper in Berührung seid* – beim Duschen oder Waschen könnt ihr euer Wohlbefinden ganz unmittelbar fühlen und erkennen –, dann *wisst* ihr, ob ihr gesund seid oder nicht. Ihr könnt euch auch dafür *entscheiden, euch Sorgen zu machen* und eurem Körper zu misstrauen. Wenn ihr euch um eure Gesundheit Sorgen macht, werdet ihr etwas erschaffen. Euer Körper folgt den von euch vorgegebenen Bildern. Wenn ihr euch Sorgen darüber macht, was ihr alles bekommen könntet – dass Krebs wuchern könnte, dass ihr womöglich Aids, Diphterie, Tuberkulose oder sonst etwas habt, worüber ihr nachgrübeln wollt –, dann ist es wahrscheinlich, dass ihr – falls ihr es nicht schon habt – euch genau das erschaffen werdet und so weitermacht. Wenn ihr wisst, dass ihr gesund seid, dann seid ihr es auch. Es ist ganz einfach.

Die Angst ist der Killer. Wir erinnern euch daran, dass eure Macht dort aufhört, wo eure Angst beginnt. Wenn ihr euch vor etwas fürchtet, ist das so, als ob ihr ein Schild hochhalten würdet, auf dem steht: »Willkommen. Ich warte auf dich.« Der Sinn der Angst besteht darin, euer Leben zu retten, euch in das Jetzt zu katapultieren, damit ihr handelt. Oft dient sie dazu, euch von etwas Gefährlichem weg zum Kern eures lebendigen Seins zu führen. Wenn ihr jedoch an der Angst als Lebensstil festhaltet und Angst vor dem Leben aussendet, nur weil man euch das nahegebracht hat, blockt ihr euren Körper ab und tötet eure vitale Lebenskraft. Dies verursacht Stress, schlechte Gesundheit und vorzeitiges Altern.

Eure Gedanken erschaffen eure Wirklichkeit. Ein Teil der Initiation des Bewusstseins besteht darin, durch das Giftige hindurchzugehen. Euer physischer Körper muss eine größere Vorbereitung und Reinigung durchmachen, was Zielgerichtetheit voraussetzt. Wenn ihr in Angst lebt, lehnt ihr alles Positive und Verheißungsvolle ab. Ihr wehrt eure eigene Macht ab, und um zum Erfolg zu kommen, müsst ihr erst etwas kennenlernen, was eurem logischen Verstand sehr fremd ist: Ihr müsst eine klare Absicht, außerordentlichen Mut, Sicherheit und Unbekümmertheit aufbringen. Alles, was euch davon abhält, etwas zu erreichen, ist nichts anderes als eine Glaubensvorstellung. Während der nächsten zwanzig Jahre – der Zeitabschnitt, für den sich gerade alle Karten für die erste Reihe im Amphitheater Erde besorgen – werden viele Veränderungen stattfinden.

Könnt ihr euch erinnern, wie ihr als Kinder zum ersten Mal auf einen Rummelplatz gegangen seid und alles ausprobieren wolltet? Habt ihr nicht eure Eltern oder größeren Geschwister gebeten, mit euch diese scheinbar so abenteuerlichen und gigantischen Karussellfahrten zu machen? Die Erde wird euch wie ein riesiger Rummelplatz erscheinen: Ihr werdet alle einige rasante Loopings machen, die ihr euch noch nicht vorstellen könnt, und vorher habt ihr noch einiges zu klären. Die große Mehrheit von euch wird es gut hinkriegen. Ihr werdet euren Weg erfühlen. Passt auf, wenn ihr jammert – es ist Energieverschwendung. Akzeptiert alles, was ihr erschafft, und wisst, dass in allen Dingen Möglichkeiten stecken.

Von unserem Gesichtspunkt aus verblüfft es uns, dass ihr Möglichkeiten mit Angst besetzt. Auf einer Ebene wissen wir, wer ihr seid und was ihr durchgemacht habt, um hierherzukommen. Wir wissen, warum ihr hier auf der Erde seid und dass ihr nicht geschickt wurdet, um hier allein herumzutappen. Die Kräfte, die mit euch arbeiten, können auf euch einwirken und eure Wirklichkeit über euer Begreifen hinaus beeinflussen, auch wenn ihr euch dieser Kräfte nicht bewusst seid. Ihr versteht nicht, wie sich ihre Finger bewegen, um diese oder jene Person anzutippen: »Komm her. Tu dies. Oh, lass das.« Ereignisse werden inszeniert.

Versteht, dass auf dem Planeten eine große Aussaat krebsartiger Vorstellungen und Gedanken stattgefunden hat und der Gedanke an den Tod aus verwerflichen Interessen überall stark gesät und gefördert wurde. Die Menschen können dem nicht entkommen und gehen mit der so hervorgerufenen Angst in Resonanz. Sie fürchten sich sogar schon vor der Sonne. Sie haben Angst vor ihr, als könnte es einen Fehler in der Natur geben. Jene Menschen, die alles, was ihnen zugetragen wird, für bare Münze nehmen, werden herausfinden, dass ihre Angst viel schneller zuschlägt, als irgendwelche äußeren Einflüsse ihren Körper schädigen könnten. Die *Angst* ist der Killer. Sie ist die ansteckende Krankheit. Wenn Angst durch euren Körper rinnt, erinnert das die damit verbundenen chemischen Substanzen, sich herauszubilden und euren Körper zu überschwemmen. Sie aktivieren eine hinabziehende Spirale und den Gedanken des Todes. Grundsätzlich ist es so einfach.

Ihr habt von Aids gehört, und dass es vom HIV-Virus ausgelöst wird. Jetzt gibt es jedoch Aids ohne HIV-Virus. Aids wird jetzt elektromagnetisch verbreitet, so wie auch viele Störungen elektromagnetisch verbreitet werden können. Erinnert euch daran, dass unter Elektromagnetismus die großen Elektrizitätsströme um euch zu verstehen sind, die von den Menschen und anderen Quellen erzeugt werden. Magnetismus ist ja die Kraft, die alles zusammenhält. Ihr habt auch in eurem Gehirn magnetische Partikel. Euer Herz erzeugt ein elektromagnetisches Feld. Aids wird elektromagnetisch verbreitet und springt von einem Träger zu einem anderen Menschen mit einem ähnlichen Muster oder einer ähnlichen Schwingung: »Ich denke wie du. Schick mir deine Gedanken.« Könnt ihr dem folgen? »Ich habe die gleichen Ängste. Ich bin mir nicht im Klaren darüber, wer ich eigentlich bin. Ich bin es nicht wert. Ich habe keine Macht über meinen Körper.« Diese Art zu denken wird so vergrößert, dass es ist, als ob ihr in eurem gesamten Aurafeld Schilder, Plakate und Aufkleber tragt, auf denen steht, wer ihr glaubt zu sein. Viren können sich elektromagnetisch verbreiten, so dass schließlich ganze Stadtgebiete damit erfüllt sind. Warum? Wegen des Karmas und der Schwingung der Menschen werdet ihr angezogen, in einer bestimmten Stadt oder Umgebung zu leben. Deshalb fühlen viele von euch den Impuls, umzuziehen und sich woanders niederzulassen.

Das gleiche Prinzip gilt für das Herz. Wenn sich Aids elektromagnetisch ausbreiten kann, so können das auch die Herzöffnung und die Göttin. Wir möchten, dass ihr versteht, dass immer sehr viele Pläne am Laufen sind. Die Menschen sagen: »Warum muss es denn schlechte, negative, niedrigschwingende Pläne geben?« Weil die Menschen darauf warten. Sie sitzen nicht herum und warten, dass etwas Aufregendes und Gutes mit ihnen geschieht. Sie sitzen rauchend in ihren Lehnstühlen und fragen sich, wann ein Auto durch die Wohnzimmerwand krachen wird. Warum? Weil sie fernsehen. Eure Hauptprägung kommt durch dieses Gerät zur Geisteskontrolle, das euch hauptsächlich mit Angst füttert.

Chronische Angst wird der größte Killer sein. Sie wird euch zu jenen Dingen hinziehen, die ihr fürchtet und von denen ihr euch sicher seid, dass sie euch passieren werden. Bei all den Möglichkeiten in der Welt, warum wählt ihr ausgerechnet diese?

Je mehr Mitgefühl ihr für andere habt, desto schneller wird sich das Massenbewusstsein verändern. Wir bitten euch alle, dieses Spiel des Herzens viel öfter zu spielen, als lediglich dann, wenn ihr gerade mal Zeit habt. Verpflichtet euch, euer Herz offen zu halten, und achtet darauf, dass es geöffnet bleibt und ihr die Herzenergie der Muttergöttin verwendet. Denn nicht nur euer Herz ist betroffen – das Herz der Göttin ist es auch. Die Göttin braucht euer offenes Herz, um ihre Energie durch euch fließen zu lassen. Sie will die Liebesfrequenz verbreiten. Es gibt noch immer sehr wenige Orte auf eurem Planeten, die diese Frequenz aussenden. Das ist natürlich im Begriff, sich zu ändern. Die Erde steht zurzeit, wie ihr wisst, einigen Herausforderungen gegenüber – um es milde auszudrücken. Aber wenn ihr glaubt, dies sei bereits intensiv, dann haltet euch gut fest: Euch steht eine große Fahrt bevor, in der Energie davonkatapultiert wird, auf globaler Ebene. Es sieht fast wie die Zerstörung eures Planeten aus. Wir möchten, dass ihr dies wisst.

Ihr sollt verstehen, dass es im Zuge der Evolution von Energie – sogar wenn ihr selbst einen Evolutionsprozess durchmacht – zu einer Desorientierung, zu Chaos, Verwirrung und mangelnder Identität kommen kann. Das erlebt ihr gerade auf der Erde. Ihr könnt sie mit einem riesigen Spiegel dessen vergleichen, was im Menschen vorgeht. Die Erde ist voll mit Giften. Sie hat sich so lange zurückgehalten. Viele Jahre ist sie nicht nur mit allem möglichen Müll vergiftet worden, sondern vor allem auch mit den kollektiven Ablagerungen negativer Emotionen. Menschen sind Geschöpfe aus Energie, und eure Emotionen erzeugen eine kollektive Kraft, die ausgesendet wird. Ihr strahlt nicht nur Chaos und Angst aus, worum es in eurem kollektiven Leben ja lange gegangen ist, sondern ihr sendet auch Wut aus. Wut darüber, dass euch das, was ihr tief drinnen wisst, verwehrt wurde.

Es gibt fast acht Milliarden, die ihre Wut auf den Planeten auskippen. Was glaubt ihr, bewirkt das? Aus mangelnder Fürsorge und Liebe für die Erde – und durch den umfassenden Missbrauch der Herrschenden – kommt es zu einer Erregung und Spiegelung der Wut des Planeten. All dies durchflutet euch nun nach dem Gesetz der Resonanz, so dass ihr langfristig eine Klärung durchmacht. Ihr kommt alle zu einer neuen Erkenntnis. Ihr werdet als Volk und als Planet bis an eure Grenzen gefordert. Ihr werdet gezwungen sein, neue Grenzen für das zu definieren, wofür ihr steht und wofür nicht. Niemand wird träge zu Hause sitzen bleiben und das versäumen. Ihr werdet alle mitmachen; wenn nicht, werdet ihr sehr wahrscheinlich auf die eine oder andere Art verschwinden.

Wir erinnern euch daran, dass ihr eure eigene Wirklichkeit erschafft und dass die kollektive Wut, die ihr fühlt, mit der Abwertung eurer Vorstellungskraft zu tun hat. Fühlt das für einige Augenblicke. Fantasie ist der Schlüssel zur Brillanz, zu Einheit stiftenden Begriffsvorstellungen und zum Manifestieren von Ideen. Wann wurdet ihr das letzte Mal regelmäßig angehalten, eure eigene Fantasie zu entwickeln? Ihr beraubt euch eurer innewohnenden Eigenschaften, durch die ihr euch retten, verändern und Freiheit neu definieren könnt. Die Vorstellungskraft ist tatsächlich eine Eintrittskarte für den abwechslungsreichen Rummelplatz Erde.

Die Erde wird gerade von einer Menge intelligenter Kräfte bewohnt, nicht nur von Menschen, und sie waren euch nicht alle wohlgesonnen. Es existieren dimensionale Sperren, die verschiedene Lebensformen voneinander trennen und absondern. Mit dem Zerfall der Zeit erhalten die Menschen jetzt den Impuls, das Gitternetz der Erde wieder zu aktivieren. Warum? Wenn kosmische Lichtenergie auf euch einströmt, verändert sie euer Nervensystem, auf dem Energieimpulse wie auf Autobahnen durch das Gehirn reisen. Wie beim Straßenbau wird euer Gehirn umgebaut, erweitert und verstärkt, um die zunehmenden Daten, die wie Verkehr durch euren Körper fließen, aufnehmen zu können. Wenn ihr vor einer außergewöhnlichen Erfahrung steht, die nicht in die Kategorie des Bekannten passt, neigt euer Nervensystem dazu dichtzumachen. Euer Körper geht in den Schockzustand und ist unfähig, die aus der Norm fallende Wirklichkeit zu verarbeiten. Und je mehr Energie auf den Planeten strömt, desto mehr werden eure Blockaden im physischen, mentalen, emotionalen und spirituellen Körper vergrößert. Nicht ausgedrückte Gefühle und Ideen erzeugen Hindernisse für den Energiefluss, dessen Zweck es ist, euch zu verbinden.

Ihr müsst den Klärungsprozess unterstützen, indem ihr die Verantwortung für euch übernehmt. Bei jedem noch so kleinen Vorurteil und jeder Schwierigkeit – »Ich möchte das nicht wissen. Ich hasse das an mir. Ich mag das nicht« – könnt ihr euch sicher sein, dass eine innere Lupe alles ins Riesenhafte hebt. Ihr werdet heulen und euch winden, bis ihr es hinkriegt. Wenn nicht, werdet ihr eine Blockade in Form einer schwierigen Herausforderung manifestieren. Alles wird jetzt viel intensiver, um die Menschen Verantwortung zu lehren, damit sie eine Klarheit des Zwecks und der Absicht aufrechthalten können. In diesen Tagen sind verschiedene Arten von Körperarbeit ein Schlüssel für euer Überleben. Den Weg der klärenden Körperarbeit zu beschreiten erleichtert und beschleunigt das Erkennen eurer eigentlichen Identität.

Da sich nun immer mehr von dem entfaltet, wer ihr seid, können die Dramen, die euch gefangen gehalten haben, besser verstanden werden. Sie werden von zellulären Mustern des Festhaltens inszeniert, die euch geradezu selbstverständlich in Situationen bringen, die noch nicht aufgelöst und nicht vergeben sind. So ladet *ihr* die Spieler in euer Leben ein und verteilt als Regisseur die Rollen und leitet die Vorstellung. Wenn ihr nun genug von eurem Drehbuch habt, dann denkt daran, dass *ihr* es schreibt!

Schuldzuweisungen und Opferverhalten sind die letzten Fallen, um einen Zustand der Machtlosigkeit zu zementieren. Erinnert euch, dass eure Dramen, die euch jetzt beeinflussen, von uralten Göttern kommen. Die gesamte Wirklichkeit ist verbunden und strebt nach einer heilenden Vereinigung.

Höher entwickelte Energien besitzen großen Humor, besonders jene, die mit der Liebesfrequenz arbeiten. Humor ist eine Art Markenzeichen. Versichert euch, dass die Energien, die ihr antrefft, einen großen Sinn für Humor haben, denn Lachen ist ein Schlüssel zur Freiheit. In der gesamten Existenz gibt es viel Raum für Freude, und dies ist eine Vorstellung, die ihr unbedingt begreifen solltet.

Wir ermutigen euch, aus eurem Gefühlszentrum heraus zu handeln – aus eurem Solarplexus oder Bauch. Ihr besitzt in euren Magenwänden die gleiche Kapazität und Aktivität wie in euren Gehirnzellen. Betrachtet euch neu. Ihr könnt sofort sehen, dass ihr eure Erfahrung verändert, wenn ihr an jedes von euch geschaffene Ereignis glaubt und es als Gelegenheit betrachtet.

Wir erinnern euch daran, dass Gelegenheiten oft als Verlust getarnt sind. Der Solarplexus ist der Bereich eures Körpers, wo ihr Macht haltet und von wo aus ihr mit eurer Macht in die Welt hinausgreift. Hier nehmt ihr auch die Welt wahr. Er ist das *Gefühlszentrum.* Hier bekommt ihr die Datenfäden, denn durch den

Solarplexus *fühlt* ihr euren Weg durch Ereignisse, die für euren logischen Verstand keinen Sinn ergeben. Tretet zurück und schaut einmal ganz genau hin. Schlagt einen neuen Weg im Prozess der Entscheidungsfindung ein und geht dabei über euren Körper. Achtet darauf, wie ihr euch fühlt, und erkennt die eurem Körper innewohnende Weisheit an, hört hin, wenn er als liebender Berater zu euch spricht! Euer Körper möchte mit euch arbeiten – oft seid ihr es mit euren Gedanken, die gegen den Körper arbeiten. Denkt daran, dass euer logischer Verstand von jenen ausgebildet wurde, die möchten, dass ihr nur in einem sehr beschränkten Weltbild und in einer bestimmten engen Frequenz funktioniert.

Wir möchten, dass ihr den Gedanken akzeptiert, dass ihr etwas Bedeutendes seid. Es ist von hoher Bedeutung, wer und wie wertvoll ihr seid, was ihr beabsichtigt und was ihr euch zu erfahren gestattet. Wir möchten, dass ihr einen enormen Auftrieb und großen persönlichen Wert fühlt für eure Fähigkeit, verschiedene Wirklichkeiten des Bewusstseins zu verweben und in Bereiche hineinzuspringen, die viele nicht unterstützen würden. Wir verleihen euch einen Orden für eure Kühnheit, denn ihr löst spielerisch die Fesseln der menschlichen Wahrnehmung, indem ihr eure günstigste Zeit erkundet. Es gibt viele Lehrer, die euch zeigen werden, in welchen Zeitabschnitten ihr aufgeblüht seid und euch entwickelt habt, wann ihr eine innerlich verbundene Wirklichkeit beeinflusst habt und was diese Zeiten und Orte mit dem Jetzt zu tun haben. Eines Tages werdet ihr verstehen, dass diese anderen Zeiten jetzt sind. Alles geschieht im Jetzt. Genau dieser Augenblick des Daseins – in dem ihr seid – ist wahrlich der entscheidende, spontane, bedeutende Augenblick. Er ist immer wieder dort, wo ihr zu euch finden könnt.

Seid euch bewusst, dass ihr gleichzeitig Informationen von anderen Zivilisationen erhaltet. Nehmt sie wahr und findet heraus, was ihr durch Synchronizität verknüpfen könnt. Oft erhaltet ihr durch Wissen einen Impuls. Auch wenn dies häufig vorkommt, dauert es doch eine gewisse Zeit, bis ihr euch selbst überzeugt habt, dass ihr tatsächlich etwas wisst. Es gibt Phasen der Anpassung. Seid geduldig, und euch steht alles offen. Seid euch darüber im Klaren, was ihr wollt, und dann lasst es los.

Delfine und Wale haben keine Geheimnisse voreinander. Diese beiden Spezies teilen bereitwillig ihr angesammeltes Wissen miteinander. Ihr könnt die Entwicklung eines Menschen daran ablesen, inwieweit er bereit ist, sein Wissen zu teilen. Je mehr ihr euer Wissen weitergebt, desto mehr bekommt ihr. Je mehr ihr euch an die erhaltene Weisheit klammert, desto schneller wird sie euch zwischen den Fingern zerrinnen, und ihr werdet sie verlieren. Öffnet eure Hände, und eure Weisheit wird wie ein Schmetterling davonflattern; dann werden neue Schmetterlinge landen.

Jedes Leben besitzt Chakrensysteme. Eine Stadt hat Straßen, auf denen Autos fahren, und Orte zum Auftanken, die Energie speichern. Ebenso ist es mit unserem Chakrensystem. Chakren sind Schaltstellen im energetischen Umfeld und innerhalb von Lebensformen, auch bei den Menschen. Es sind feinstoffliche Organe, welche die inneren Funktionen – die physiologischen und dreidimensionalen Abläufe – mit multidimensionalen, ätherisch geschichteten Vorgängen verbinden. Wenn sie korrekt genutzt werden, bringen sie Energie aus nichtkörperlichen Bereichen ins Physische. Alle Lebensformen besitzen diese Öffnungen und Orte, durch die ihnen Energien zuströmen. Es sind Energietore. Was eine Lebensform mit diesem Energiezustrom macht, entscheidet die jeweilige Blaupause oder DNS. Indem eure DNS zu einem neuen Ausdruck ihrer selbst angeordnet wird, sagt eure Frequenz oder Identität auf einer nichtphysischen Ebene bald auch etwas Neues aus. Überall, wo ihr hingeht, tragt ihr die sich ankündigende mutierende Energie mit euch. Euer Bewusstsein kündigt sich allen Lebensformen an. Vielleicht sind sich diejenigen, die in einem Supermarkt oder Restaurant neben euch stehen oder sitzen, nicht bewusst, wer ihr seid. Wenn ihr jedoch in die Wälder und Felder oder ans Meer geht, werdet ihr andere Lebensformen um euch herum sehen, die sich viel bewusster sind, wer ihr seid. Sie ändern ihre Reaktion, und ihre DNS verändert sich, weil eure sich verändert. Durch euch wird die gesamte Natur als Lebendige Bibliothek viel zugänglicher.

Aus eurer Perspektive gibt es nur sehr wenige Menschen, die Tausende Jahre leben, doch die Schöpfergötter können die Lebensdauer des Zellkörpers ausdehnen. Lebensverlängerung und Zellverjüngung kommen bei euch wieder »in Mode«. Dies ist Teil des Aufbaus des Lichtkörpers, eines Körpers, der nicht so dicht ist, damit er sich nicht selbst zerstört – eines Körpers, der sich selbst erschafft und erneuert. Das ist es, wonach ihr strebt. Ihr könntet bereits dort sein und es fühlen, wenn euer logischer Verstand sich nicht so viel darum kümmern würde, ob es denn auch möglich ist.

Wir können nicht genug betonen, dass ihr aufhören müsst, auf die Gesellschaft und die offizielle Version der Realität zu hören. Das hat mit Entscheidungsfreiheit und nicht mit Respektlosigkeit zu tun. Dies wird eure schwerste Aufgabe sein – und der größte Durchbruch: die Brücke zwischen eurem gesellschaftlichen und spirituellen Selbst zu überqueren. Welches wird heilig sein? Welches wird eure Quelle der Autorität darstellen? Je eher ihr diesen Sprung macht, desto mehr Spaß werdet ihr haben. Lasst euer intuitives Selbst der Bannerträger eurer Erfahrung sein – einer Erfahrung, die sonst kein anderer zu beurteilen vermag, und einer Erfahrung, die der Aufgabe entspringt, von der ihr wisst, dass sie eure ist.

Energieübung – auf CD & im Download enthalten

Mache es dir bequem und werde ganz ruhig. Schicke deinem Körper die Botschaft, sich zu entspannen, in Frieden zu kommen und loszulassen. Nehme einen tiefen, tiefen Atemzug. Nach dem Ausatmen fühlst du, wie sich ruhige Gelassenheit einer Woge gleich in deinem Körper ausbreitet. Atme weiterhin bewusst ein und aus und finde deinen eigenen Rhythmus. Du fühlst, wie deine Brust sich weitet und öffnet. Du fühlst, wie es in deinem Herzbereich wärmer wird. Entspanne deinen Kehlkopf. Lasse deinen Geist zentriert und deine Sicht klar werden. Folge einige Augenblicke lang deiner Atmung. Stelle dir vor, wie eine Lichtsäule deinen Scheitel berührt und dann in deinen Körper gelangt. Atme tief ein und aus, folge deinem Atem und werde so leicht, ruhig und friedlich wie nur möglich.

Wenn du nun diesen Ort der Stille gefunden hast, richte deine Energie auf dein Drittes Auge und stelle dir deine Welt vor, die Erde. Was immer du dir auch vorstellst, es ist gut. Während du nun das Bild des Globus vor deinem geistigen Auge hältst, fühle das Vorhandensein eines individuellen göttlichen Seins und eines erfüllenden Sinns für alle Bewohner der Erde. Du siehst dieses göttliche Sein vielleicht als Lichtfunken und geometrische Figuren.

Fühle die Einzigartigkeit und die Vielzahl der Lektionen, die notwendig sind, damit das Bewusstsein sich entwickelt. Nicht nur das Bewusstsein des Einzelnen wird ausgedehnt, auch das kollektive Bewusstsein des Planeten verbindet sich mit dir auf einzigartige Weise. Fühle den Beitrag, den jeder Einzelne zum kosmischen Plan leistet, und sende aus deinem Jetzt eine Welle von Absichten aus, die Vertrauen in die menschliche Form und Liebe auslöst. Und nun fühle, wie du dich einem goldenen Lichtball gleich aus deinem göttlichen Sein erhebst und wie dein Bewusstsein magnetisch alles ähnliche Bewusstsein zu sich zieht. Lasse dein göttliches Sein um die Erde kreisen und nach dem göttlichen Sein in anderen suchen, die auf dich abgestimmt sind und deren Plan letztlich darin besteht, ein neues göttliches Sein für die Menschheit zu aktivieren. Fühle diese kosmische Suche. Lasse dich selbst als goldene Lichtkugel immer wieder um die Erde kreisen, von einem Ort zum anderen. Lasse diese Kugel größer werden, indem sie immer mehr ähnliches Bewusstsein anzieht und ein Geflecht aus Licht bildet.

Fühle, wie deine goldene Lichtkugel an verschiedene Orte auf deinem Globus gezogen wird. Sieh dich dort und erkenne, wie deine Anwesenheit überall verändert, öffnet und erweitert.

Stelle dir sechs Milliarden Menschen vor, die aus dem Inneren ihres Körpers mit diesem globalen göttlichen Sein verbunden sind. Sie wissen, dass die bevorstehende Veränderung eine Gelegenheit ist, ein freudvolleres und erfüllteres Leben zu führen, in dem sie die Freiheit haben, es aus einer völlig anderen Perspektive zu betrachten.

Kehre jetzt mit deinem Bewusstsein zurück zu deinem Körper. Visualisiere, wie Licht durch dich fließt und in jede Zelle deines Körpers dringt. Beobachte, wie die Energie schneller fließt, und lasse deinen Körper pulsieren. Du fühlst dich kräftiger und erfüllt mit neuer Information, Gesundheit und Vitalität. Fühle die Lichtsäule in dir, die sich immer weiter in dir ausbreitet und dich mit der Quelle verbindet. Lasse sie unablässig in deinen Körper strömen. Sie ist deine Eintrittskarte für höhere Bewusstseinsbereiche.

Gedanke »ist«. Entwickle dich und lerne, deine Gedanken produktiv anzuwenden, damit du deine Welt verändern und ein völlig neues Paradigma der Wirklichkeit erschaffen kannst. Vertraue dir und höre auf das, was du gerade entdeckst. Der vor dir liegende Weg kann sehr interessant sein. Denke daran, dass du ihn unablässig selbst erschaffst, und wenn dir die Landschaft nicht mehr behagt, kannst du einfach einen neuen Weg einschlagen. Gute Reise!

7

Tanz der Dimensionen

Wir erinnern euch daran,
dass Urschöpfer alle Teams aufstellt,
und wenn ihr in Urschöpfers Universum seid,
dann gehört ihr auch allen Teams an.

Ihr als menschliche Wesen seid die Benutzerkarten, die Schlüssel zur Lebendigen Bibliothek. Alle in der Bibliothek der Erde gespeicherten Informationen sind durch euch zugänglich. Ihr wurdet so angelegt, dass man mit euch verschmelzen, euch beeinflussen und durch euch hervortreten kann. Ihr seid hierhergekommen auf diesen Planeten, um die menschliche Version des spirituellen Evolutionsprozesses zu meistern – damit zu leben, mit vielen verschiedenen Wirklichkeiten zu verschmelzen, und zuzulassen, dass sich durch euch Realitäten herausbilden.

Irgendwann werdet ihr auf das Bewusstsein der Schöpfergötter, deren Abkömmlinge ihr seid, eingestimmt sein. Ihr werdet den Eindruck haben, als bräuchtet ihr nur noch am Senderknopf eines Radios zu drehen, um verschiedene Frequenzen zu empfangen. Erlaubt euch zu verstehen, dass der spezielle physische Körper, den ihr jetzt einnehmt, ein Sende- und Empfangszentrum ist, eine Radiostation, die in vielen Wirklichkeiten existiert. Die gesamte Schöpfung ist so angelegt, dass sie beeinflusst werden kann – wie Puzzleteile, die haargenau zu anderen Teilen des Puzzles passen. Als Menschen hat man euch im Unklaren darüber gelassen, wie viele Anschlussstellen für andere Realitäten ihr besitzt. Ihr habt keine Vorstellung von den intelligenten Quellen in anderen Wirklichkeiten, die sich auf euch einstimmen und euch beeinflussen.

Es gibt nichts, das nicht Teil des Ganzen ist, und das Ganze ist als eine Zone des freien Willens entworfen, die unendlichen Austausch und Einfluss erzeugt. Es ist eure Aufgabe und Verantwortung, Verbindungen einzugehen und eine Auswahl zu treffen. Eure Eltern sagten vielleicht zu euch: »Spiel nur mit den braven Kindern, nicht mit Kindern, die schlagen, spucken, beißen, treten oder fluchen. Du willst doch gute Freunde haben.« Sie lehrten euch, wie ihr Freunde aussucht. Ein Teil ihrer Rolle bestand darin, euch beizubringen, worauf ihr bei Menschen achten sollt. Allerdings hat euch niemand je beigebracht, wie ihr mit den unsichtbaren Welten um euch herum Freundschaft schließen und in Verbindung treten könnt.

Als Menschen besteht euer Job darin, die Lebendige Bibliothek zu besitzen und euch um sie zu kümmern. In der Vergangenheit blickten jene, die die Lebendige Bibliothek erfahren wollten, erlaubterweise durch die Augen von menschlichen Wesen. Die Menschen wurden so zu verantwortlichen Göttern und Göttinnen, zu Reiseleitern in dieser Wirklichkeit. Sie hatten einst auf der Erde sehr geachtete und hochstehende Positionen inne. Ihr hattet glanzvolle, strahlende Formen, die Energie und Licht aussandten. Ebenso wie Küchenchefs Spezialitäten zubereiten können, hatten die Menschen besondere Arten, die Lebendige Bibliothek zu erfahren und an die Information heranzukommen. Diejenigen, die nach Wissen strebten, kamen, um die Bibliothek der Erde zu erfahren und zu entdecken. Sie verschmolzen mit den Menschen, die als Bibliotheksausweise für die Erde in ihrer ganzen Pracht und Herrlichkeit dienten. Es war ein göttlicher Zweck, eins mit anderen

Energien zu werden und ihnen zu erlauben, durch eure Augen zu blicken, damit sie mehr erfahren konnten. Die Menschen stellten sich für diesen Prozess zur Verfügung.

Energien aus weit entfernten Sternensystemen, die zur Bibliothek beigetragen hatten, sagten: »Wir möchten in die Bibliothek gehen, um etwas zu studieren und einige Informationen zu bekommen.« Sie mussten eine Erlaubnis einholen und die Liebesfrequenz verkörpern, um mit Menschen verschmelzen zu können. Die betreffenden Menschen wussten, dass eine Verschmelzung besonderer Art stattfand, eine Begegnung der Liebesfrequenz. Sie ließen es zu, dass diese Energien besuchshalber ihren Körper, ihre Augen und Sinne, ihr gesamtes Wesen nutzten, um die Lebendige Bibliothek zu erforschen. Bestimmte Menschen hatten Vorlieben für bestimmte Aspekte der Lebendigen Bibliothek, und die hereinkommenden Götter und Göttinnen, wenn ihr sie so nennen wollt, interessierten sich für bestimmte Daten. Es war also recht interessant, Verwalter der Lebendigen Bibliothek zu sein, denn ihr wusstet nie, welcher Gott oder welche Göttin zu Besuch kommen würde und welche Informationen er oder sie suchte. Ihr wart wie Fremdenführer, und die Besucher beauftragten euch, ihnen die gewünschten Informationen zugänglich zu machen. Es war eine beiderseitige Beziehung, und ihr Erfolg beruhte auf der Liebesfrequenz.

Es gibt wichtige Informationen, die im Sein dringend benötigt werden, und sie sind auf der Erde gespeichert. Da hier nun die Neuordnung des Lichts stattfindet, wird es zu einer Massenverschmelzung von Wesen kommen, die sehr wohlmeinend, sehr erhebend und liebevoll sind. Sie werden durch euren Körper kommen und durch ihn operieren. Ihr werdet eure Ganzheit und eure Identität behalten; sie werden sich jedoch mit euch vermischen, so wie wir uns mit unserem Medium vermischen. Sie werden Zugriff zu den Codes und den Meisterzahlen in eurem Körper haben.

Die Erde wird in eine Frequenz wechseln, durch die die Lebendige Bibliothek erneut ihre volle Funktion aufzunehmen vermag, und dadurch könnt ihr alle nötigen Erfahrungen teilen. Um unter möglichst vielen kosmischen Gesichtspunkten eine wertvolle Stütze für den Zugang in die Lebendige Bibliothek darzustellen, werdet ihr wieder über eine 12-Strang-DNS und eure volle Gehirnkapazität verfügen. Doch damit ihr als Bibliotheksausweise zu Partnern werden könnt, müsst ihr verstehen, dass ihr mehr als menschlich seid. In der umfassenden Existenz, die ihr in eurer wahren Form multidimensional erlebt, tragt ihr viele Kleider. Ihr seid Ansammlungen empfindungsfähiger Energien, die überall in diesem universellen System zuhause sind. Ihr bildet ein Bewusstseinsfeld, das sich mit anderem Bewusstsein zusammenschließt, das Absichten und Zwecke verfolgt und Entdeckungen macht.

Die Erde befindet sich auf einem Kurs, dessen Richtung sich radikal verändern wird. Sie erfährt gerade einen beschleunigenden Stoß im laufenden Evolutionsprozess. Ein Zyklus hat sich vollendet, und ein neues Zeitalter oder ein neues Thema wird auf der Erde vorherrschend. Ihr helft diesem neuen Zeitalter, ins Bewusstsein der Gesellschaft zu gelangen. Zurzeit verstehen die Menschen kaum, dass sie viele Male als Menschen leben, geschweige denn, dass es viel mehr Identitäten des Selbst gibt.

Das Selbst ist eine Zusammensetzung verschiedener Lebensformen, die zusammen eine zentrale Seele bilden. Wenn die Erde jetzt in eine neue Richtung katapultiert wird, verschwinden eine ganze Anzahl Bewohner, die der neuen Geschwindigkeit, mit der die Erde schwingen wird, nicht entsprechen. Oder sie nehmen die Veränderungen in Angriff, die sie auf die Fähigkeit vorbereiten, sich in die verschiedenen Persönlichkeiten der Zentralseele ein- und auszublenden. Ihr seid dabei Vorreiter und trefft mit den Teilen eures Selbst zusammen, die für euch am wichtigsten zu verstehen sind. Es gibt viele dieser Selbste kennenzulernen.

Denkt daran, dass ihr Teil einer größeren Intelligenzansammlung seid, die sich in unzähligen Wirklichkeiten auszudrücken versucht. Um alle Versionen der Realität besser verstehen zu können, besitzt eure Zentralseele viele verschiedene Aspekte. Glaubt nicht, dass ihr in allen Versionen der Wirklichkeit die »Guten« seid. Tatsächlich ist es so, dass ihr als »Böse« manchmal zu mehr Informationen kommt als in der »guten« Rolle. Wenn ihr gute Menschen seid, seid ihr manchmal so naiv, dass ihr keine Ahnung habt, was vorgeht. Eure Entdeckungen müssen euch nicht mit Schwierigkeiten belasten. Nehmt euch vor, dass sie in euch Interesse wecken, mehr Wissen vermitteln und etwas Gewinnbringendes für euch haben.

Ihr neigt dazu, eure Klugheit vor euch selbst zu verstecken. Ihr müsst lernen zu beobachten, wie ihr eure Wirklichkeit erschafft, in wie vielen Dimensionen des Denkens ihr wirklich seid und dabei vorgebt, dort nur abzuhängen und auf etwas zu warten. Gedanken jagen jede Sekunde durch euren Kopf und bringen eine Fülle von Informationen, und ihr erkennt nicht, dass ihr die ganze Zeit über eure Wirklichkeit erschafft. Ihr versteckt eure Glaubensvorstellungen vor euch. Ihr versteckt eure Macht vor euch. Denkt daran, dass ihr als Spezies durch euer Fernsehen und Bildungssystem programmiert seid, an eure eigene Machtlosigkeit zu glauben.

Tappt nicht in die Falle und denkt, ihr würdet eure Wirklichkeit nur manchmal erschaffen, während ihr ein andermal oder in bestimmten Situationen überhaupt keine Macht habt. Das stimmt nicht. Ihr müsst euch an die Unermesslichkeit eurer Erfahrung erinnern. Ihr müsst euch daran erinnern, dass ihr bestimmte Abmachungen trefft, um an scheinbar schwierigen oder schlechten Dingen teilzunehmen, denn oft sind hinter Erfahrungen, die ihr als schwierig bezeichnet, erhebende Ereignisse verborgen. Denkt daran, dass in allem, was ihr erschafft, Möglichkeiten liegen.

Ihr selbst wart die Spielleiter, die die Wiederherstellung der Freiheit der Erde und die Aussaat von Zivilisationen inszenierten. Diese Zivilisationen wurden lebendig und haben sich aktiviert, und nun lebt ihr an einem der aufregendsten Orte und in der aufregendsten Zeit des Seins. Es gibt viele, die euch unterstützen und mit euch verschmelzen, die durch euch wirken und euch bei der kommenden Aufgabe zur Hand gehen wollen. Um diese Aufgabe zu bewältigen, müsst ihr nicht viel lesen, anschauen oder euch erzählen lassen. Ihr braucht bloß auf euch zu vertrauen und eure

Wirklichkeit geistreich zu gestalten, indem ihr euch das, was ihr als menschliche Wesen erreichen wollt, klar vornehmt. Was für ein Zeichen ihr auch immer setzen wollt in dieser Welt – es wird sein. Habt also große Träume!

Menschliche Wesen haben als Bibliotheksausweise zu ganz einzigartigen Informationen Zugang, die sich von denen, die durch das Pflanzen- oder Tierreich erfahrbar werden, stark unterscheiden. Die Lebendige Bibliothek wurde so angelegt, dass man mit ihr verschmilzt, und indem bestimmte Wesen nicht durch Menschen, sondern durch andere Lebensformen hereinkommen, können sie andere Versionen der Wirklichkeit der Erde erfahren und entsprechende Informationen sammeln. Die Absicht des Gesuchten wählt die Art der stattfindenden Verschmelzung.

Die Menschen sind so angelegt, dass sie vollen Zugang zur Lebendigen Bibliothek gewähren. Wenn andere Energien mit Menschen verschmelzen, können diese dadurch Formeln und Blaupausen entdecken, von denen sie nie erfahren würden, wenn sie sich, zum Beispiel, mit Fröschen verbänden. Allerdings wurden die Menschen in der Vergangenheit von Energien als Bibliotheksausweise benutzt, die das menschliche Medium nicht ganz verstehen, und dies hat bei den Menschen zu Ungleichgewicht und Wahnsinn geführt. Doch selbst wenn bestimmte Wesenheiten den Menschen absichtlich schaden, so tun es die meisten nur aus Unwissenheit.

Es ist äußerst wichtig, dass ihr euch dieses Ablaufs bewusst seid und euren Körper für die Energie der Verschmelzung vorbereitet, indem ihr Normen aufstellt, wofür ihr zur Verfügung steht, und die Fähigkeit der Unterscheidung entwickelt. Denkt daran, dass ihr die Unterstützung eures Höheren Selbst habt, derjenigen Version von euch, die eure Erfahrung durch die universellen Gesetze von Ursache und Wirkung hindurch steuert. Das Höhere Selbst dient auch als Wächter und Sekretär für eure gesellschaftlichen Angelegenheiten, denn es reguliert die Verabredungen, die durch eure dreidimensionalen Handlungen und Glaubensvorstellungen getroffen wurden – und ihr solltet niemals vergessen, dass dieses

Konstrukt, das ihr Wirklichkeit nennt, ständig von einem Bereich in einen anderen übersetzt wird.

Bereits im Jahr 1993 gab es eine Uranus-Neptun-Konjunktion, bei der als Galaktische Flutwelle des Lichts ein elektrischer Energiestrahl auf euren Planeten geschickt wurde, der in den Menschen das Potenzial für die dritte Helix aktivierte, für den dritten der ursprünglich zwölf DNS-Stränge. Sie regte die codierten Lichtfäden an, sich zusammenzufügen und diese dritte Helix zu bündeln. Das schloss einen elektromagnetischen Kreislauf in eurem Körper, durch den das Selbst, so wie ihr es kennt, seitdem verstärkt zum multidimensionalen Selbst Zugang erhält.

Ihr habt in den letzten Dekaden beschleunigte Zeiten erlebt. Jeder Einzelne von euch ist ein individueller Vortex, ein Energiewirbel. Als solcher spielt ihr das Spiel der zwölf Chakren, bei denen die klassischen acht Chakren mit dem Seelenstern über dem Kronenchakra um jeweils zwei weitere oberhalb und unterhalb eures physischen Körpers ergänzt werden. Jedes Einzelne davon bildet ein energetisches Portal, durch das die gesamte unbegrenzte Zahl eurer multidimensionalen Aspekte operieren kann. Diese Aspekte können sich vermischen und eine harmonische Einheit bilden. Es gibt Versionen von euch, die nicht mit euch im Einklang stehen, und wenn sie in eure Wirklichkeit kommen, seid ihr herausgefordert zu lernen, wie ihr ihnen beibringen könnt, in einer Frequenz zu schwingen, damit ihr die harmonische Einheit erschaffen könnt. Im tiefsten Inneren eures Seins müsst ihr wissen, wer ihr seid und was euer Maßstab als dreidimensionaler Mensch auf dem Weg in die Multidimensionalität ist. Indem ihr den Maßstab festlegt, richten sich eure Erfahrungen und alle Wesen, die mit euch verschmelzen möchten, nach dieser Entscheidung.

Wenn ihr eine multidimensionale Verschmelzung erfahrt, ist es angebracht zu sagen: »He, alle mal herhören! Ich arbeite für die Verbesserung der menschlichen Spezies, denn ich gehöre selbst dazu. Ich strebe nach meiner eigenen Höherentwicklung, um größere Fähigkeiten zu erlangen und mich wohler zu fühlen. Ich beabsichtige, diese Fähigkeiten so anzuwenden, dass ich selbst davon profitiere und dass alle Menschen, mit denen ich in Kontakt bin, davon profitieren, das heißt die gesamte menschliche Spezies sowie dieser Planet, Mutter Erde, der uns einen Platz zur Entwicklung bietet.« Wenn eine andere Energie mit diesen Zielen nicht übereinstimmt, wird sie sich zurückziehen oder, im besten Fall, bereit sein, sich zu verändern und eine neue Betrachtungsweise in Erwägung zu ziehen. Oft kommt eine Energie, um geheilt zu werden, Liebe zu suchen und zu lernen, was sie noch nicht kennt. Ihr seid wie eine Kerzenflamme und zieht Versionen eures Selbst wie Motten an. Sie fliegen ins Feuer, ihr wandelt sie um, und sie werden neu geboren.

Bei allem, was ihr tut, könnt ihr immer sagen: »Es ist meine Absicht, besser zu verstehen, wie ich diese multidimensionalen Erfahrungen anwenden kann. Es ist meine Absicht herauszufinden, wie ich davon mehr profitieren und damit mehr Spaß haben kann.« Dies bestimmt die Erfahrung aufgrund von Absicht. Absicht ist eine bewusste Feststellung dessen, was ihr in die Wirklichkeit manifestieren wollt. Wenn ihr also etwas wollt, dann beabsichtigt es zuerst, denn so erschafft ihr eure Realität.

Ihr lebt in einer Zeit, in der die Wirklichkeit neu definiert wird, eure eigene Realität, und ihr seid es, die das tun. Wagt mit euch selbst das Abenteuer einer Entdeckungsreise, indem ihr festlegt, was ihr wollt, und bittet dann um Information und Beistand bei der Interpretation eurer Erfahrungen.

Was heißt es, ein Bibliotheksausweis zu sein? Es bedeutet, dass ihr euch auf dem ersten Schritt zur Zulassung befindet – zum Verstehen, Verbinden, Vermischen und Verschmelzen mit anderen Energien, um ihnen zu erlauben, durch euch in die Lebendige Bibliothek zu gelangen. Wenn ihr bestimmte Bewusstseinszustände erreicht, sendet ihr wie Radiostationen einen elektromagnetischen Impuls aus, und andere können sich darauf einstimmen. Ihr werdet dann sehr wertvoll, denn andere können mit euch verschmelzen und haben Zugang zu den Codes. Die Codes enthalten Formeln zur Nachbildung von Leben. Es wurden viele Sicherheitsmaßnahmen eingebaut, damit die wichtigsten in den Menschen gespeicherten Daten nur bei einem bestimmten Bewusstseinszustand existieren und durch ihn erreicht werden können. Wenn das nicht der Fall ist, zeigen sich die Formeln nicht einmal. Sie existieren durch die Aufrechterhaltung einer hohen Bewusstseinsebene in den Menschen.

Wenn die Qualität des Lebens und des Seins beeinträchtigt wird, können die Menschen diese Formeln nicht hervorbringen.

Wir bitten euch, die Energien der Wesen, die mit euch verschmelzen möchten, *zu fühlen*. Bittet sie, euch ein Zeichen zu geben. Sagt: »Ich arbeite für meine eigene Höherwerdung und die des Planeten. Wenn ihr auf dieser Linie liegt, seid ihr willkommen. Wenn nicht, braucht ihr nicht einmal in meine Nähe zu gehen. Ich stehe für solchen Unsinn nicht zur Verfügung.« Das müsst ihr festlegen.

Ihr könnt auch sagen: »Ihr Energien, die ihr durch mich arbeiten wollt, ich bin bereit, eine eurer Lebensmanifestationen auf dem Planeten zu sein. Ich möchte erfahren, wer ihr seid, und euch verstehen lernen. Ich möchte durch eure Gegenwart energetisiert werden. Wenn ihr die Fähigkeit habt, an Energien heranzukommen, die ich nicht erreichen kann, und ich bereit bin, diesen Energien in meinem Körper Raum zu geben, dann teilt diese Fähigkeit bitte mit mir.«

Wenn die auftretenden Energien nicht euer Gefallen finden, scheut euch nicht zu sagen: »Die Türen sind verschlossen. Ihr liegt mir nicht. Ich werde jemand anders finden.« Und ihr werdet jemand anderen finden, ganz gewiss, denn eure Maßstäbe werden eure Erfahrung erschaffen. Wenn ihr euch einmal im Aufbau von Freundschaften mit den sogenannten Unsichtbaren wohl fühlt, könnt ihr die »Nicht-meine-Sache«-Typen erforschen und verstehen lernen. Tatsächlich sind *alle* Teil der Einen Beziehung.

Übernehmt mehr Verantwortung. Vieles ist notwendig, um euren Körper darauf vorzubereiten, die Bewusstheit multidimensionaler Energien zu beherbergen. Yoga, Stretching, bewusstes Atmen, auch Algen und Kräuter als Unterstützung des Körpers schaffen Raum, in dem die Energie operieren kann. Es bedarf eines Körpers, der die Schwingung der multidimensionalen Intelligenz beherbergen kann, vielleicht beschäftigt ihr euch also auch mit der Vorbereitung darauf. Hinterfragt die Energien, die mit euch arbeiten wollen. Auf der Erde wird es als ungehörig bezeichnet, einen Gott oder eine Göttin zu hinterfragen, so wie es als Kind vielleicht ungehörig war, Erwachsene zu hinterfragen. »Man soll Kinder nur sehen, nicht hören.« Als Kinder der Götter wendet ihr das gleiche Prinzip an, nämlich Älteren gegenüber nicht aufzufallen und keine Fragen zu stellen. Wir schlagen vor, dass ihr alles hinterfragt – auch das, was wir sagen –, denn ihr habt nicht nur das *Recht*, sondern auch die Verantwortung zu fragen. Das ist ein Schlüssel zu eurer Souveränität – euren Körper in Besitz zu nehmen und eure Realität ins Sein zu befehligen.

Lernt Spiralen zu erzeugen, die aus eurem Solarplexus heraustreten und in die Antlitze eurer verschiedenen Selbste reichen. Ihr werdet herausfinden, dass die Spiralen euch mit eurem Lebenssinn verbinden. Urteilt nicht über die Selbste, die ihr von eurer dreidimensionalen Warte aus seht, denn Urteile erzeugen Fallen und Realitätsschleifen, die dasselbe Thema in verschiedenen Verkleidungen pausenlos wiederholen. Eine Abmachung vieler von euch war, auf dieser Reise über das Urteilen hinauszugehen, und es ist wichtig, diesen Standpunkt beizubehalten.

Eure multidimensionalen Selbste können euch Entwicklung verordnen. Ihr seid euer eigenes Licht und euer eigener Schatten. Natürlich spielt ihr auch das Spiel der Trennung. Jetzt spielt ihr aber das Spiel, ein Mitglied der *Lichtfamilie* zu sein und zu den Guten zu gehören. Wir sagen, dass es Teams gibt – das helle und das dunkle Team –, und ihr möchtet vielleicht gerne glauben, dass ihr nur zum hellen Team gehört. Wir erinnern euch daran, dass Urschöpfer alle Teams aufstellt, und wenn ihr in Urschöpfers Universum seid, gehört ihr auch allen Teams an.

Euer natürlicher Seinszustand – und darauf entwickelt ihr euch hin – ist eine multidimensionale Gestalt, die Frieden auf diesem Planeten schaffen und ihn auch in andere Welten tragen kann. Denkt daran, dass Friede mit einer Entscheidung zu tun hat, die ein für euer Leben gewählter Maßstab ist. Eines Tages wird es viele parallele

Erinnerungen zu integrieren geben, und es werden plötzlich viele Vorstellungen auftreten. Ihr werdet erkennen, dass es sehr viele *Erfahrung sammelnde Schichten* von euch gibt, während ein Teil von euch sich vollkommen sicher ist, dass rein gar nichts abläuft. Diese Schichten der Wirklichkeit beginnen dann zu reißen und zu splittern, und ihr taucht in neue Aspekte eurer Fähigkeiten und eures Ausdrucks ein. Der Trick besteht jetzt darin, diese Ereignisse anzuerkennen – mehr Zeit für das zu verwenden, was ihr im Laufe der Jahre aufgrund eurer Inspiration entdeckt habt.

Ihr seid hier, um die Wahrscheinlichkeiten der Erde zu verändern. Ihr tut viel mehr außerhalb eures Körpers, als euch bewusst ist. Der Tag wird kommen, an dem ihr euch bewusst seid, wohin ihr geht, wenn ihr mal kurz einnickt, vor euch hindöst oder schlaft. Vor Äonen musste man hart trainieren, um diese Fähigkeit zu entwickeln. Heute werdet ihr ständig mit Licht überflutet, und je mehr Licht ihr im Körper habt, desto mehr wird die Neuanordnung eurer größeren Identität angeregt. Behaltet in diesem Prozess ein starkes eigenes Verständnis für das Wesen bei, das ihr jetzt seid. Zeigt Liebe und Wohlwollen für das Gefährt, das ihr erschaffen habt.

Glaubt ihr, dass die Erde diese Veränderungen durchmacht, ohne dass jemand davon profitiert? Es gibt Millionen, die geduldig darauf warten, dass die Erde Licht wird, damit sie in Liebe kommen können, zum hier Vorhandenen Zutritt haben und den Gang der Ereignisse verändern können. Damit diese wertvolle Situation eintreten kann, müssen alle erkennen und fühlen, wer sie sind. Es wird Energie auf die Erde geschickt, um eine Bewegung und eine tiefe innere Veränderung zu erzeugen. Dies ist Teil des Entwurfs der Zeiten, und indem alles sich fügt, beginnt ihr zu wissen, euch zu erinnern und zu fühlen. Plötzlich ist nichts mehr so, wie es war.

Die in euch aufgewühlten Erinnerungen können körperliche Reaktionen hervorrufen, denn sie stecken in den Zellen eures physischen, mentalen, emotionalen und spirituellen Körpers, und sie wollen verstanden werden. Ihr wachst in etwas Neues hinein, und ihr seid jetzt dabei, das Gerüst dafür zu bauen. Wir ermutigen euch, euren Körper auszurichten, ganz gleich welche Methode euch dabei am meisten zusagt. Ihr könnt Shiatsu, Massage, Rolfing, Rebirthing oder irgendeine andere Methode anwenden, durch die ihr an alle eure Körper herankommt – an den mentalen, den physischen, den spirituellen und den emotionalen. Bewegt mit diesen Methoden die Energie über alle etwaigen Blockaden hinaus. Dabei solltet ihr stets sehr viel gesundes Wasser trinken, bewusst atmen und Sauerstoff aufnehmen, mit Tönen arbeiten und erlauben, dass Ton und Klang sich durch euren Körper ausdrücken. Lasst euren Körper aktiv und lebendig sein.

Nehmt euch Zeit, um zu kommunizieren, in Frieden zu meditieren und dem zu lauschen, was aus eurem Inneren spricht. Flechtet eure Entdeckungen in eure Lebensstruktur ein, und lasst immer wieder das von euch Gewünschte euer festes Ziel sein.

Ihr könnt wie ein Kind diese Spiele spielen und Spaß dabei haben, doch versteht, dass ihr auf einer tieferen Ebene die Kunst des Schamanismus erforscht und praktiziert – die Fähigkeit, viele Welten zu verstehen und zu beeinflussen. Der Schamane lebt nicht nur in einer Welt. Wenn ihr lernt, den Beistand anderer Welten zu rufen und durch Harmonie und Zusammenarbeit schöpferisch Energie auszutauschen, verändert ihr euch. Kehrt immer zum Heimatstützpunkt zurück – eurem »Ich« der Erde, einer starken Einzelidentität, die die sich entfaltende Beziehung zu allem Seienden entdeckt.

Ihr werdet geprüft, wie konsequent, verlässlich und stabil ihr seid, denn in den kommenden Jahren werdet ihr von den aus anderen Dimensionen auftretenden Anomalien schockiert sein. Verschiedene Dimensionseingänge sind weit offen, und dadurch können Dinge hereinsickern, sich bewegen und verschieben, die bisher separat gehalten wurden. Dadurch entdeckt ihr womöglich Objekte, Kreaturen, Schöpfungen und Ereignisse, die da, wo sie sind, nichts zu suchen haben. Ihr entdeckt vielleicht, dass ausgerottet geglaubte Geschöpfe wiederkehren, Tiere plötzlich spurlos verschwinden und verschiedene neue Arten der Vegetation auf dem gesamten Planeten auftauchen. Persönliche Dinge aus eurem Besitz können einfach verschwinden, durch einen »Riss« hindurchrutschen. Dies sind nur einige der Anomalien, die auftreten werden, während ihr überdenkt, wer und was ihr in Bezug auf alles Seiende eigentlich seid. Ihr werdet jetzt viel leichter denn je durch negative Gedankenformen beeinflusst. Warum? Weil die Menschen mehr denn je Negativität erzeugen. Regen euch die Nachrichten an, Freude zu empfinden oder Negativität? Die auf den Planeten gelangenden höheren Energiefrequenzen verursachen eine Zerrüttung der Astralebene, die so stark mit Gedankenformen der Angst überladen ist, dass sie sich nicht mehr länger ruhighalten kann.

Der Zusammenbruch des Astralreiches mit seiner eigenen Bevölkerungsexplosion wirkt eindeutig intensivierend auf den Planeten. Hinzu kommen außerirdische und extradimensionale Einflüsse. Die Menschen sind ängstlicher und fühlen eine schwerere Last. Gedankenformen streben danach, sich an Negativität anzuhängen, was heißt, dass ihr eher Leid empfindet als Freude und eher Sorgen als Hochgefühl, Vertrauen und göttliche Unbekümmertheit. Dies ist jedoch eine Sache der Entscheidung. Was wählt ihr euch aus? Worauf werdet ihr euren Fokus richten?

In diesem Spiel geht es um Klarheit. Wenn ihr euch ohne Klarheit zur Verfügung stellt, ist es sehr leicht, Energien anzuziehen, die euren Schwingungen keinen Raum bieten. Das heißt nicht, dass diese Energien schlecht sind; es heißt einfach, dass sie nicht mit der Schwingung eurer Absicht in Einklang stehen. Und eure Absicht kann euch natürlich unklar sein. Wenn ihr selbst keine feste Haltung einnehmt, kommt Verwirrung auf, denn die Energien integrieren sich nicht. Eure Emotionen erschaffen als euch umgebende Gedankenformen die Qualität eurer Erfahrungen. Jederzeit glücklich und perfekt erscheinen zu wollen ist keine Lösung. Erlaubt euch, die emotionalen Erfahrungen zu durchleben, und lernt davon. Schlechte Laune und Energien, an denen ihr festhaltet, werden zur Gewohnheit oder zum Muster, was extreme Schwierigkeiten bringen kann. Ihr könnt auf den kosmischen Strich gehen, wie wir es nennen, und ein offenes Portal für jede nur denkbare unqualifizierte Energie sein.

Mit dem Wissen, dass Urschöpfer in allem ist, kann dies tatsächlich zu einem Dilemma werden.

Seid euch bewusst, dass ihr in den Prozess der Selbstentdeckung bezüglich alles Seienden eintaucht. Da Wirklichkeit und Ideen sich durch euch entfalten, werdet ihr mit Hilfe von Liebe, Mitgefühl und Verständnis mehr von der großen Dualität und Polarisierung erfahren können, die einen Aspekt des Seins charakterisieren. Der Schlüssel besteht darin, die Entdeckungsreise zu genießen und das darin enthaltene Juwel zu finden.

Stellt euch vor, ihr seid ein Eingang und eure Emotionen die Wächter, die die Art der Energie bestimmen, die auf die Erdenebene gelangen darf, weil ihr die Torwächter für andere Dimensionen seid. Ihr müsst euch selbst lieben, denn ihr operiert in dieser Wirklichkeit aus euch heraus. Der von euch eingenommene physische Körper ist eure Heimatbasis. Seine gesamte Geschichte hat euch zu genau diesem Punkt der Bewusstheit gebracht, an dem ihr erkennt, dass ihr bedeutend seid. Euer Körper ist euer Gefährt, euer Mercedes, und das steht außer Frage, zumindest in dieser Runde. Ihr definiert eure Grenzen, ihr selbst sagt: »Dies fühlt sich gut an, das nicht. Dies ist in Ordnung, das nicht.« Lernt, ohne Schuldgefühle vorzugehen, indem ihr euch liebt und darauf vertraut, dass alles, was ihr geschaffen habt, eine Gelegenheit für spirituelles Wachstum ist.

Jeder Einzelne eurer Gedanken kommt ins Leben und in die Form, ähnlich wie ein Bäcker Teig knetet und Plätzchen formt. Jedes Mal, wenn ihr an etwas denkt, wird eine Gedankenform ins Sein entlassen. Diese Gedankenform arbeitet mit euch und erhält Lebenskraft in den Äthern der kollektiven Gedankenformen. Was ihr in Gang gesetzt habt, werdet ihr, wohl oder übel, erfahren. Ihr seid Schöpfer. Jetzt erkennt ihr vielleicht die Tiefe dessen, was ihr durch eure grundsätzlichen Gedanken und Glaubensvorstellungen ausgelöst habt. Es zahlt sich weder aus, eifersüchtig zu sein, noch Hass, Rache oder Ähnliches zu manifestieren, denn wenn ihr ihnen Leben verleiht, kehren sie zurück und verfolgen euch, worauf ihr eure Schöpferkraft am eigenen Leib erfahren könnt.

Wenn ihr euren Körper und euch selbst wirklich und wahrhaftig liebt, kommt ihr zu bestimmten Schlussfolgerungen darüber, wofür ihr zur Verfügung steht. Ihr lernt, es selbst in der Hand zu haben, wofür eure Moleküle verfügbar sind, indem eure Absicht aus den Zellen eures Seins heraus laut verkündet wird.

Wir bringen euch die Regeln bei, Eigner eurer selbst zu sein. Ihr müsst souverän werden, um stark genug zu sein, eine Zusammenkunft eures multidimensionalen Selbst zu beherbergen. Wenn eure Schwingung der Absicht klar und kräftig ist, kann etwas, was dieser Schwingung nicht entspricht, nicht magnetisch in eure Nähe gelangen. Denkt daran, dass jeder Einzelne seine Wirklichkeit in seiner eigenen Glaubensversion erschafft.

Energien leben von eurer Lebenskraft – der Kundalini-Energie, die am unteren Ende eurer Wirbelsäule aufgerollt liegt und im Idealfall durch euren gesamten physischen Körper nach oben steigt. Oft kommt die Leidenschaft des sexuellen Verlangens dem Verständnis der Menschen über die Kundalini am nächsten. Denkt daran, dass diese Kraft, die man sexuelles Verlangen nennt, Leben erschaffen kann. Auf ihre eigene Weise befruchtet euch eure Leidenschaft und bringt euch dazu, Leben entstehen zu lassen.

Auch wenn ihr euch der Vitalität und lebenspendenden Eigenschaften dieser Kraft nicht bewusst seid, kann sie euch auf unterschiedliche Arten weggesaugt oder abgezogen werden.

Eure Verantwortung besteht darin, eure Kundalini durch alle Chakren nach oben zu leiten – zuerst durch den physischen Körper und dann darüber hinaus – und diese Kraft zum Erschaffen zu verwenden. Die Lebenskraft in euch verleiht euch den Mut, die Güte und das Vertrauen, euer gärtnerisches Talent dafür einzusetzen, kraft eures Geistes die fruchtbare Saat auszubringen.

Oft erfahren Menschen, die an Besessenheit leiden, ihre eigenen Gedankenformen, die zu ihnen zurückkehren. Psychische Angriffe bestehen darin, dass Menschen absichtlich etwas an andere aussenden, um sie durcheinanderzubringen; beide Parteien sind daran beteiligt, dass es zu diesem Vorgang kommt.

Die Summe jeder Evolutionsreise besteht in der Integration all dessen, was ihr je getan habt, und im Annehmen von Licht und Schatten. Ihr müsst die Verantwortung für eure Schöpfungen übernehmen – und das könnt ihr nur durch Wissen.

Eine Energie, die euch ihre Anwesenheit wissen lassen will, macht manchmal etwas, damit ihr erkennt, dass ihr euch nicht in eurem normalen Seinszustand befindet. Damit ihr ihre Gegenwart erkennt, wird sie etwas übertreiben, um zu sehen, ob sie eure Aufmerksamkeit erlangen kann. Ihr könnt sagen: »Ist ja schon gut, ich weiß, dass du da bist. Ich hab's kapiert. Ich fühle deine Anwesenheit. Du brauchst nicht mehr extrem zu werden.« Die Energie wird lernen, wie sie sich anpassen muss, um mit euch zu verschmelzen. Ihr müsst eure Kommunikationswege offenhalten. Glaubt nicht, dass die Energie, nur weil sie nicht dreidimensional vor euch erscheint, nicht versteht, was ihr ihr mitteilt.

Tiere sind Meister auf dem Gebiet der Multidimensionalität und Verschmelzung. Sie bewegen sich durch Dimensionen. Habt ihr schon einmal einen Vogel beobachtet, der eben noch da war und im nächsten Moment bereits verschwunden? Tiere sind stark auf die Qualität des Lebens bezogen – viel mehr als ihr. Wenn die Qualität des Lebens in Frage gestellt ist, wandern Tiere automatisch in eine Wirklichkeit ab, die sie besser trägt. Sie begeben sich in andere Existenzbereiche, denn sie sind auf Überleben programmiert.

Tiere sind intelligent und flexibel und erleben viel mehr Abenteuer als die Menschen. Sie brauchen keine Einkaufzentren, Friedhöfe und Kinos, und sie zerstreuen sich nicht mit oberflächlichen Formen der Unterhaltung. Glaubt ihr, dass Tiere sich jemals langweilen? Glaubt ihr, dass Tiere sich jemals fragen, was sie mal tun könnten? Sie erleben viele, viele Abenteuer, die ihr noch nicht recht verstehen könnt, doch eines Tages wird es euch gelingen.

Insekten und Frösche zum Beispiel öffnen mit ihren Geräuschen Dimensionsstraßen. Andere können auf Klängen reisen. Alles *träumt* und reist in unzählige Wirklichkeiten. Und apropos Traum … Ihr könnt das Konzept des Träumens am besten verstehen, wenn ihr wisst, dass ihr im Schlaf in eine andere Welt geht. Alles existiert, weil es verbunden ist – ganz gleich ob das erinnert wird oder nicht. Käfer, Regenwürmer und Frösche wissen, dass sie von einer Realität in die andere gehen. Sie gehen in andere Welten, und doch sind sie auch hier.

Insekten sind die häufigste Tierart auf eurem Planeten, und sie brauchen am wenigsten Platz. Sie halten ein sehr notwendiges ökologisches Gleichgewicht aufrecht, denn ohne Insekten könnte euer Planet nicht sein. Insekten sind multidimensional und arbeiten für viele Welten als unsichtbare Wächter. Einige der Schöpfergötter ähneln in ihrem Aussehen und Charakter Insekten. Es gibt Menschen, die Wesen begegnet sind und fotografiert haben, die teils menschlich, teils insektoid aussehen. Die Schöpfergötter haben sich in zahlreichen Formen vervielfacht, um als schweigende Vertreter ihrer eigenen Spezies hier zu sein.

Insekten arbeiten mit euch auf eine Art, die ihr jetzt noch nicht versteht. Ihr glaubt, dass sie zufällig auf euch landen oder krabbeln, doch in Wahrheit stellen sie eure elektromagnetische Frequenz fest. Für Insekten seht ihr anders aus. Ihr seid ein Kraftfeld, und manche Teile von euch sind für sie sehr interessant, weil ihr Pheromone abgebt. Wenn sie euch hie und da ein wenig zwicken, hat das oft auch energetische Gründe. Vielleicht gewöhnt ihr euch an ihr Wesen.

Viele Lebensformen werden in die Bewusstheit und in ihr Sein kommen. Ihr werdet sie einfangen und in den Zoo stecken wollen. Für sie hingegen befindet *ihr* euch in einem Zoo, hinter Gittern wie in einem Gefängnis. Sie möchten euch helfen und euch zurück zur Kommunikation zwischen den Spezies führen. Sie warten darauf zu sehen, ob ihr mit bestimmten Tieren oder Spezies eine Verbindung herstellen könnt. Wenn ihr zeigt, dass ihr die Intelligenz in allen Lebensformen anerkennt, qualifiziert ihr euch allmählich als Botschafter oder diplomatische Vertreter dieser unterschiedlichen Spezies. Das Leben wird wirklich sehr seltsam werden.

Wenn ein Frosch quakt, erzeugt das eine Öffnung in andere Dimensionen für die Tiere – besonders für Insekten, aber auch für viele andere Angehörige des Tierreichs. Frösche und Insekten halten Frequenzen und haben bestimmte Fähigkeiten. Wenn Frösche quaken, erzeugen sie Obertöne und eine Drehbewegung. Umliegende Energien können sich in diesen Klang hineinbewegen und auf einfache Weise erleben, wie es ist, eine andere Lebensform zu sein.

Alle Tiere sind viel mehr als die Menschen auf mehrere Wirklichkeiten eingestimmt, und ihr könnt von ihnen über diese Realitäten lernen. Einige Menschen können mit Tieren verschmelzen und das Tierreich erkunden, um zu entdecken, wie es ist, in der Lebendigen Bibliothek zu sein. Viele sehr intelligente Lebensformen können sich manifestieren, indem sie mit dem Tier- und Pflanzenreich verschmelzen. So können sie hereinkommen und einen Blick in eure Wirklichkeit erhaschen. Jetzt wollen diese vielen intelligenten Lebensformen mit euch, den Bibliotheksausweisen, verschmelzen. Der Zugang zur Lebendigen Bibliothek durch euch als Menschen unterscheidet sich ziemlich von dem durch Eichhörnchen. Ihr seid komplex. Ihr habt eine riesige Menge Wissen in euch. Und indem ihr euch auf die Verschmelzung mit anderen Formen des fühlenden Seins vorbereitet, werdet ihr Frieden auf euren Planeten bringen können. Ihr werdet eine großartige Höherentwicklung bringen können, eine neue Art des Seins, ein neues Gebet. Es wird so scheinen, als ob es durch euch käme, und doch werdet ihr wissen, dass mehr dahintersteckt. Versteht, dass allen Lebensformen große Intelligenz innewohnt, und die Erfahrung allen Lebens wartet auf euch. Öffnet euer emotionales Selbst und wendet die vitale Kraft der Liebe als Schlüssel zu eurer eigenen spirituellen Entwicklung an.

Energieübung

Mache es dir bequem und nehme einige tiefe, bewusste Atemzüge, entspanne dich und sei im Augenblick. Visualisiere dich mit einer Gruppe von Menschen, die du liebst und denen du vertraust. Ihr habt euch versammelt, um ein Lichttor zu öffnen und andere Welten zu erfahren. Stelle dir jetzt vor, wie von oben eine Lichtsäule herabkommt und in deinen Körper und die Gruppe eindringt. Auf dieser Lichtsäule bewegen sich Energien, die eine Öffnung oder ein Portal erschaffen, durch das sich Wirklichkeiten begegnen.

Sende aus, dass es deine Absicht ist, dieses Portal zu öffnen, und gebe deine Anwesenheit bekannt. Signalisiere allen Energien und Realitäten, dass für ein Verschmelzen mit dir eine Schwingungsgleichheit notwendig ist, um deiner Version der Liebesfrequenz, so wie du sie zurzeit verstehst, zu entsprechen.

Stelle dir vor, wie ihr als Gruppe einen Ring um diese Öffnung erzeugt, indem ihr Hand in Hand und Arm in Arm dasteht. Ihr lacht und freut euch darüber, was ihr erreicht habt, und fühlt die Einheit, die euch erlaubt weiterzugehen.

Geht nun als Gruppe durch die Öffnung im Lichttor. Geht hinauf und lokalisiert die Stelle, an der euer Tor euch mit anderen Portalen eures Planeten verbindet. Seht, wie ihr zu anderen Dimensionseingängen geht und Lichtringe erzeugt. Nehmt euer Licht und webt es in so viele Portale hinein, wie ihr euch nur vorstellen könnt. Visualisiert und sendet den Gedanken aus, dass Energien, die auf die Erde gelangen wollen, mit der Frequenz übereinstimmen müssen, die ihr gerade entdeckt habt und haltet, nämlich der Liebesfrequenz.

Stelle dir jetzt vor, wie du selbst mit deiner Gruppe weit über den Planeten verteilt Lichtringe erschaffst und dich mit anderen Lichtkreisen verbunden fühlst. Du fühlst dich von der Liebesfrequenz unterstützt, die du fasziniert in deinem Inneren trägst.

Indem du nun um den Planeten reist und diese Ringe bildest, fühlst du die Energien, die dich dabei unterstützen. Fühle über deinen Planeten hinaus. Fühle, wer wir sind. Fühle, wie die plejadische Energie in dein persönliches Chakrenystem eindringt und es einhüllt. Lass unsere Liebe der Liebesfrequenz entsprechen, so wie du sie zurzeit verstehst. Lass es zu, dass du dich einige Augenblicke lang unterstützt, genährt und geschätzt fühlst von Energien, die dein Sein ehren. Wir lieben die Essenz deines Seins. Stelle dir nun ein Portal in deiner Galaxis vor, das wir besitzen und betreiben. Als deine plejadischen

Freunde agieren wir als Torhüter für die passierenden Frequenzen. Wir halten nun dieses Portal für dich offen und schleusen Liebe aus anderen Systemen hindurch. Während sich die Tore auf deinem Planeten öffnen, fühlst du, wie diese Liebe heruntersickert.

Stelle dir sanfte goldene Lichtstrahlen vor, und nimm wahr, wie die Zellen deines Körpers prickeln. Fühle dich von diesem Licht umgeben und eingehüllt. Lasse zu, dass die Liebe auf den Planeten einströmt und dass all jene, die ihr begegnen, an eine alternative Lebensart erinnert werden. Lass diese Liebe auf eine Weise wirken, dass sie an ein neues göttliches Sein, ein neues Ideal erinnern.

In deiner eigenen Identität, derjenigen, die du entdecken und verstehen möchtest, sieh dich selbst vor einem Spiegel stehen. Sieh, wie dein physischer Körper sich verändert. Erstaunt beobachtest du, wie die Moleküle sich bewegen, da die Liebe dich transformiert. Halte diese Liebe, denn sie ist dein Reichtum und dein Wert. Diese Liebe bist du in lebendiger Form. Die Liebe, die du bestimmt bist zu halten, ist der Schlüssel zur Vereinigung verschiedener Fragmente von Energie – um diese Energien in einen neuen schöpferischen Ausdruck für euer Universum zu bringen.

Stelle dir vor, wie du schwerelos durch Energiewellen gleitest und Eingänge öffnest. Stelle dir vor, wie du in menschlicher Form an die vorderste Linie des Seins katapultiert wirst und die Verpflichtung der Liebe trägst. Mache einen bewussten Atemzug und fühle beim Einatmen die Liebesfrequenz um dich herum. Sie wird in jeden Körperteil geschickt, und du kannst damit machen, was immer du willst. Fühle, wie sie dich nun mit satter Ruhe erfüllt.

Stelle dir deinen Planeten mit dieser Liebe umgeben vor, die durch dich hindurchströmt, während du deine Frequenz über den Toren rund um euren Planeten aufrechterhältst.

Und nun stellst du dir vor, dass du dich an dem Ort, an dem du dich gerade befindest, zu drehen und in einer Spirale aufwärts zu bewegen beginnst. Während die Drehungen immer schneller und schneller werden, vereinigst du sie mit deinem physischen Körper, wo du auch sein magst. Fühle, dass diese Liebe sich aus dir her-

ausdreht und jede andere Lebensform berührt – alles, was jemals erschaffen wurde. Fühle, wie sie im Hinausdrehen alles berührt, ganz gleich, wo du hingehst. Stelle dir vor, wie das Drehen immer schneller und dein Wissen immer klarer wird.

Bleibe einige Zeit in dieser Energie. Fühle diese Liebe – kenne sie, teile sie, sei auf sie neugierig, strebe danach, und sie wird dir gehören. Wir vertrauen darauf, dass du weißt, dass du die Welt mit jedem deiner Gedanken veränderst. Wir danken dir, dass du so bereitwillig Gedanken der Liebe und des Friedens für die Erde ausgesendet hast. Es wird das gesamte Sein beeinflussen.

8

Das Geschenk der Götter

Die Erfahrung des Orgasmus schickt Energien der Heilung und Verjüngung durch euren Körper.

Den Eingang der Lebendigen Bibliothek in euren Körper bilden die Genitalien, und wenn ihr lernt, diesen Eingang zu benutzen, dient er euch zugleich als Einstieg in die Aufzeichnungen der Zeit. Im Allgemeinen kommen die Menschen zusammen und kopulieren innerhalb von Minuten. Oft nehmen sie sich gar nicht die Zeit, ihre Sexualität zu erforschen, denn lustvolle Erfahrung wird manchmal mit tiefem emotionalen Schmerz verbunden. Viele von euch haben eine Prägung von Scham, was das Streben nach diesem lustvollen Vergnügen betrifft. Denkt daran, wovon die Legende spricht: dass ihr das Geschenk der Götter erhieltet.

Für uns ist es interessant, wie viele Denkschulen auf der Erde verbreiten, dass die höchste Leistung darin bestehe, die Sexualität hinter sich zu lassen. Seid vorsichtig mit Ideen, die euch von der gesamten Essenz dessen, was ihr seid, ablenken. Diese Ideen und Vorstellungen klingen vielleicht erhaben; sie bringen euch jedoch von der Erdigkeit und dem Reichtum eurer physischen Form ab. Eure Sekretionen und Mysterien sind Geschenke, die ihr durch eine hingebungsvolle feste Partnerbeziehung mit Würde, Anmut, Ehrfurcht und Respekt erforschen solltet.

Es ist unsere Absicht, euch zu einer Neuinterpretation eurer Sexualität anzuregen. Versteht bitte, dass ihr im Laufe der Erdveränderungen auf allen möglichen Gebieten aufgerüttelt und neu ausgerichtet werdet. Ihr braucht euch nicht vor dem Alleinsein zu fürchten – ihr habt die Fähigkeit, die innigste feste Partnerbeziehung, die ihr euch nur wünscht, zu manifestieren. Die Sexualität bringt euren Körper in einen Heilungszustand und öffnet Tore zu den Sternen. Sex in einer festen Liebesbeziehung kann tiefgreifend sein, euch in andere Welten tragen, den Körper revitalisieren und ihn an seine idealen Muster erinnern.

Im sexuellen Ausdruck können sowohl der spirituelle als auch der körperliche Bereich erforscht werden. Allerdings ist dazu stets ein Gleichgewicht erforderlich. Ihr befindet euch in einem physischen Körper, der im Wesentlichen durch den sexuellen Ausdruck eurer Eltern zustande kam. Seid entspannt in eurer sexuellen Energie; achtet und akzeptiert diese Lebenskraft, die durch euch fließt. Wir möchten euch belebt und bereichert sehen und erleben, dass ihr das Gefährt, das ihr seid, versteht.

Auf eurem Planeten seid ihr über die wahre Bedeutung von Sex in Unwissenheit gehalten worden. Für euch ist das ein örtlich begrenztes Ereignis, das sich im Idealfall gut anfühlt. Doch in Wahrheit ist es ein kosmisches Ereignis. Immer wenn ihr mit jemandem Sex habt, verbindet euch sofort ein Energiemuster und zieht unsichtbare Energien an. Die Götter und Göttinnen sind so betört von euren Hormonen, dass sie euch einst – wenn ihr bestimmte Hormone abgabt – lebendig zu verschlingen pflegten.

Ihr mögt diese Information vielleicht nicht hören, weil ihr dadurch mehr Verantwortung für euch übernehmen müsst. Sie lässt euch darauf zurückblicken, was ihr mit eurem Leben gemacht habt. Im Idealfall urteilt ihr nicht darüber, was ihr getan habt und wie weit ihr gegangen seid, und idealerweise werdet ihr aus euren Erinnerungen – aus diesem oder einem anderen Leben – lernen.

Die Verwendung des sexuellen Ausdrucks zu eurer Regeneration und nicht zur Degeneration wird das von euch verfolgte Ideal werden. Sich mit Sex zu beschäftigen heißt, sich auch mit Hormonen zu befassen. Sex geht bis in den Kern eurer Zellen – und die codierten Lichtfäden verflechten sich ineinander. Bei einem Magnet ordnen sich die Energien und streben alle in dieselbe Richtung. Wenn ihr erregt seid und eure Hormone ausgeschüttet werden, richtet sich euer ganzer Körper aus. Seid ihr und ein anderer Mensch aufeinander ausgerichtet, zeigt ihr eine Art Nord- und Südpol. Gewöhnlich ähneln eure Körperzellen einem Menschengewimmel am Hauptbahnhof. Beim Sex ist es dann, als ob jemand pfeifen würde, und alle drehen sich um und blicken in dieselbe Richtung. Wenn ihr beim Sex einen Zustand der wahren Verbindung mit jemandem erreicht, beeinflusst ihr euch gegenseitig, dass alle eure Zellenergien auf eine Linie kommen. Euer Körper wird zu einem Magnet. Erreicht ihr beide einen erhöhten Zustand elektromagnetischer Kraft, zieht ihr förmlich gegenseitig aneinander und erzeugt so ein Gleichgewicht zwischen euch. Wenn ihr darin wirklich gut seid, braucht ihr euch nicht einmal zu berühren. Ihr könnt dieses Liebesgeflecht zwischen euch erzeugen, und durch dieses Kraftfeld erheben sich eure inneren Körper und gehen in andere Welten.

Die meisten von euch sind beim Essen wählerisch. Seid auch wählerisch dabei, wie ihr euren Körper befriedigt. Erlaubt euch, Lust zu entdecken, über sie zu sprechen und sie zu fühlen. Schaut euren Körper an – stellt euch nackt vor einen Spiegel und betrachtet euch von allen Seiten, um die Göttlichkeit in jeder Falte und jedem Winkel wahrzunehmen. Wenn ihr ein Auto habt, sagt ihr ja auch nicht: »O nein, in den Kofferraum schaue ich nicht.« Ihr akzeptiert das ganze Gefährt. Alle Teile des Autos arbeiten zusammen, um euch zu befördern. So ist es auch mit dem Körper.

Wir glauben, dass die Sexualität eine eurer aufregendsten Gaben ist, und wir möchten euch auf dieser Reise weiterführen, damit es euch hier auf der Erde besser geht. Liebt die Erde und euch selbst, denn das ist ein und dasselbe, und das heißt auch: Liebt jeden Bereich eures Körpers. Ihr müsst über Sex sprechen. Verpflichtet euch, jeden Bereich eures Körpers zu akzeptieren und einen Partner anzuziehen, der jeden Bereich eures Körpers achten wird. Wisst, dass euer Partner oder eure Partnerin diesen herrlichen Teil eurer göttlichen Kraft bereitwillig erforschen möchte. Wenn ihr beginnt, eure Prioritäten im Leben zu sehen, indem ihr diese Lebenskraft – die Sexualität – versteht, werdet ihr Heilung erleben. Sexualität gehört zum Wichtigsten und Entscheidendsten, was auf dem Planeten geheilt werden muss.

Wir können euch einige Vorschläge machen. Sie haben damit zu tun, wie ihr einem Partner oder einer Partnerin begegnet und eure Körper bei der Erforschung der Geheimnisse achtet. Denkt daran, dass ihr erkundet, wieviel Energie ihr zwischen euch und dem anderen halten könnt und wie euch diese Energie wohin bringt.

Wenn die Hormone der Anziehung in Bewegung geraten, erfahrt ihr einen Energieaustausch zwischen euren Chakren und denen des Partners. Eure Energien verschmelzen. Wenn ihr die Energie nach oben leitet, statt sie in den Genitalien festzuhalten, könnt ihr den Energiefluss sogar noch erhöhen und mit neuem Bewusstsein handeln. Lernt, die Energie gegenseitig entlang der Wirbelsäule hinaufzuleiten und durch den Körper zu bewegen, ohne es zum Orgasmus kommen zu lassen. Während des Sexualaktes selbst entdeckt ihr vielleicht, dass die Zeit in sich zusammenfällt.

Wenn ihr als Paar eure Sexualenergie teilt, öffnet ihr euch für eine Verschmelzung mit anderen Kräften. Für äußere Energien ist das Verschmelzen mit Menschen, die gerade Sex haben, ein besonderer und aufregender Teil der Lebendigen Bibliothek. Es wurde einmal als höchste Ehre angesehen, wenn ein Gott oder eine Göttin mit einem Paar verschmolz, das gerade Sex hatte. Die höchste Erfahrung bestand darin, mit hochentwickelten Wesen zu verschmelzen, die euch achteten und die Liebesfrequenz trugen, so dass es zu einer multidimensionalen sexuellen Erfahrung kam. Wie viele Menschen kennt ihr, die vor dem Sex hohe Schwingungen anziehen? Einige betrinken sich, andere nehmen Drogen oder was immer sie brauchen, um den Mut aufzubringen, mit einem anderen zu schlafen. Ihr müsst den nichtphysischen Bereichen die Werte, Maßstäbe und Bedingungen eurer Sexualität klarmachen, so dass nur jene zu euch kommen, die auch euren Vorgaben entsprechen.

Seid klar gegenüber den Energien, die mit euch arbeiten wollen. Sagt ihnen, dass sie sich dem anpassen müssen, wofür ihr euch zur Verfügung stellt. Ihr gebt den Ton an – gegenüber allen Göttern und Göttinnen, gegenüber allen Energien. Ihr entscheidet und sagt: »He, hört mal zu, was euch betrifft, bin ich noch am Lernen. Ich verstehe das jetzt nicht. Ich möchte euch aber kennenlernen. Dies sind meine Maßstäbe. Ich habe nur mit jemandem Sex, den ich liebe. Ich achte meinen Körper. Ich achte die Erde. Integrität steht bei mir an erster Stelle. Wenn ihr meine Werte achtet, heiße ich euch in meinem Leben willkommen, um euch etwas über die menschliche Sexualität beizubringen.« Das ist eine mögliche Annäherung.

Durch unsere Gespräche habt ihr gelernt, unsere plejadische Schwingung zu erkennen, nicht wahr? Würde etwas anderes hereinkommen und sich als Plejader ausgeben, würdet ihr das erkennen. Vielleicht habt ihr aber noch nicht gelernt, andere Energien zu identifizieren, so dass ihr nicht wisst, wer sie sind. Die höheren Bereiche sind nicht über Täuschung erhaben.

Wenn ihr euch auf der Erde mit jemandem anfreundet, wie wisst ihr, ob das ein guter Mensch ist? Ihr habt ein Gefühl für die Person. Wir möchten, dass ihr die gleichen Fähigkeiten der Wahrnehmung auch bei den nichtphysischen Bereichen anwendet.

Wenn ihr erkundet, wie es ist, mit Wesenheiten zu arbeiten und zu spielen, die einen Menschen suchen, der ihnen hilft hereinzukommen, dann schlagen wir vor, dass ihr auf euren Werten besteht und klar definiert, wozu ihr bereit seid. Betont diese Werte und eure Klarheit immer wieder. Achtet euren Körper, achtet den Körper eures Partners oder eurer Partnerin, und habt nur dann Sex miteinander, wenn ihr euch liebt – das ist ein Schlüssel. Die sexuelle Energie in eurem Körper ist eure Lebenskraft. Es ist die Kraft des

Gottes oder der Göttin in euch. Sie enthält das Geheimnis der Geheimnisse – sie *ist* die Schöpfungskraft.

Die meisten Menschen verwenden ihre Sexualität auf eine Weise, dass sie dabei eher verkümmern, als sich zu regenerieren. Vor langer Zeit stand die Göttin so sehr in Einklang mit den Naturkräften, dass sie Schwingungsraten erzeugte, von denen sich diese Kräfte der Natur nährten. Denkt daran, dass alles miteinander verflochten ist – nichts ist getrennt, alles ist mit allem verbunden. Was ihr heute hier macht, betrifft den gesamten Globus. Ihr übernehmt die Blaupause von jeder Person, mit der ihr Sex habt, also müsst ihr euch nicht nur um euren eigenen Kram kümmern, sondern auch um den des anderen. Wenn euer Körper mit einem zweiten zusammenkommt, werden eure Chakren angeregt, und eure Kundalini gerät in Bewegung. Wenn sich eure Kundalini nur in den beiden unteren Chakren bewegt und nicht in den gesamten Körper strömt, könnt ihr im Aurafeld des anderen unwillkürlich »Haken« setzen und er hat welche in eurem. Deshalb ist es wichtig, äußerst wählerisch zu sein, mit wem man schlafen will. Wenn ihr euch dann entschlossen habt, stellt sicher, dass eure Beziehung von Treue und Verbindlichkeit geprägt ist und dass ihr vorhabt, Klarheit walten zu lassen, denn in diesen Tagen der beschleunigten Zeit und schnellen Energie könnt ihr *alles* von einem anderen übernehmen.

Wir raten euch, euren Körper von alten Anhaftungen zu klären. Seht vor euch, wie er jede sexuelle Energie aus früheren Verbindungen abstreift, bis er gereinigt und gesegnet ist. Tut alles, was ihr könnt, um frühere sexuelle Beziehungen, die eurem Leben noch anhaften, liebevoll loszulassen. Sprecht nicht mehr über die Vergangenheit und manifestiert alte Partner nicht mehr. Lasst das Alte ziehen. Wenn ihr über Menschen sprecht, mit denen ihr vor Jahren etwas hattet, stärkt ihr ihre Gedankenformen in eurem Aurafeld, vor allem wenn es sich um eine sexuelle Verbindung handelte. Es hält euch davon ab, ein neues Jetzt zu erfahren.

Dies ähnelt der Besessenheit insofern, als ihr für die Energie dieser Menschen wie ein Magnet oder eine Einladung seid, selbst wenn ihr schon zwanzig Jahre keinen Kontakt mehr zu ihnen hattet. Ihr kreist durch ihre Energie. Sie sind vielleicht nicht mehr so, wie ihr sie in Erinnerung habt, aber ihr erschafft eure Erfahrung mit ihnen neu. Die heutige Zeit ist kompliziert. Vor zwanzig Jahren ging es noch gemütlich zu. Am Samstagabend wart ihr auf Partys oder bliebt faul zu Hause. Das Leben war geradlinig, ein einziges großes Fest. Die Dinge haben sich geändert. Damals hattet ihr die Muße, Tagträumen nachzuhängen. Es gab einen großen Zeitabstand zwischen dem Gedanken und dem Moment, in dem ihr schließlich das bekamt, woran ihr gedacht hattet. Es dauerte Äonen, bis ihr manifestieren konntet, was ihr wolltet. Das ist nicht mehr so. Wenn ihr jetzt etwas denkt, stoßt ihr auch schon beim nächsten Schritt darauf. So schnell geht es. Seid wählerisch. Respektiert diese Zeitkapsel, in der ihr euch befindet. Die Zeit bricht in sich zusammen, und es verändert sich die Art, wie jeder die Wirklichkeit sieht.

Wenn ihr euch schneuzen müsst, nehmt ihr ein Papiertaschentuch, verwendet es und werft es dann weg. Bei Menschen geht das nicht. Da läuft die Entsorgung nicht so glatt und schnell. Bei jeder sexuellen Beziehung mit einem Menschen bindet ihr euch an ihn. Wenn zwei Körper zusammenkommen – und wenn es nur für eine Nacht ist –, bleibt die Verschmelzung der Aurafelder bestehen. Vielleicht habt ihr das bisher noch nicht verstanden.

Sex ist etwas Großartiges. Sex ist wirklich eine der wunderbarsten Gaben, die ihr als menschliche Wesen besitzt, um eure Identität zu entdecken. Ihr müsst jedoch lernen, damit umzugehen. Niemand hat euch je über die Verflechtungen der Energieverbindung beim Sex aufgeklärt. Deshalb ist es vielleicht eine gute Idee, wenn ihr gelegentlich einige Zeremonien und Rituale mit der Absicht durchführt, die Energie eines Menschen aus eurem Feld zu entlassen. Räuchern ist ein sehr gutes Ritual, um das Energiefeld zu reinigen. Alle Kirchen wenden es an. Viele benutzen Weihrauch oder anderes Räucherwerk, um die Energie zu reinigen. Rauch ist multidimensional. Wenn ihr bei euch räuchert, signalisiert ihr damit, dass ihr einen Schritt unternehmt, um die Energie zu reinigen, zu klären und loszulassen, damit es keine Anhaftungen mehr gibt. Ihr könnt euren Körper und euer Heim mit Rauch reinigen. Wenn ihr euch von Menschen loslöst, müsst ihr in diesen Prozess ebenso Energie investieren, wie ihr Energie in das Zusammentreffen investiert hattet. Ihr könnt es nicht wie mit dem Papiertaschentuch machen, das ihr einfach wegwerft; es muss einen Abschluss geben. Wie macht ihr das, besonders dann, wenn die anderen nicht auch dazu bereit sind?

Ihr arbeitet mit ihrer Energie auf der ätherischen Ebene. Liebevoll segnet ihr sie, lasst sie los, bittet sie, sich aus eurem Feld zu entfernen, und dankt für die gemeinsamen Lektionen.

Falls ihr es noch nicht bemerkt habt: Dieser Tage ist Sex intensiver. Und solltet ihr keinen Sex haben, ist das wahrscheinlich eine angemessene Phase eurer Entwicklung. Falls ihr jedoch schon sehr, sehr lange keinen Sex mehr hattet, würden wir sagen: Wovor versteckt ihr euch, und was denkt ihr über euch, dass ihr meint, nicht mehr für Sex in Frage zu kommen? Die orgastische Erfahrung schickt Energien der Heilung und Verjüngung in euren Körper. Oft kann sie intensive Emotionen freisetzen, und ihr werdet von Gefühlen überflutet. Das endokrine System setzt alle möglichen Hormone und chemischen Substanzen in eurem Körper frei. Einige dieser Substanzen sollen ausgestoßen werden, andere sind dazu bestimmt, im Körper zu bleiben. Wenn sie im Körper bleiben, absorbiert er sie und gelangt in eine höhere Ordnung. Ihr werdet auf diese Weise autonomer und vermehrt euer Wissen.

Zeugung ist etwas anderes. Wenn die Lebenskraft in Form von Samen bewusst nach außen gelenkt wird, dient sie der Zeugung. Aber ebenso wie man den Frauen weisgemacht hat, dass sie eine unerwünschte Schwangerschaft nicht verhindern könnten, hat man den Männern eingeredet, dass der Orgasmus nur mit einer Ejakulation möglich sei. Der Orgasmus kann geschehen, doch die Samenflüssigkeit verteilt sich im eigenen Körper. Das ist eine höhere Form der Sexualität, die im Osten seit Äonen praktiziert wird. Ejakulieren Männer bei jedem Orgasmus, verlieren sie in einer Version der Wirklichkeit ihre Lebenskraft.

Wenn ihr Männer Sex habt, könnt ihr lernen, das Sperma zurückzuhalten und nicht zu ejakulieren. Es gibt bestimmte Techniken dafür. Durch Drücken auf den Damm, den kleinen Bereich zwischen Anus und Hodensack, bleibt die Lebenskraft im Körper, und der Orgasmus verändert sich. Die Menschen sind der Vorstellung auf den Leim gegangen, dass sie nur genitale Orgasmen haben könnten, die begrenzte und nicht ganzkörperliche, kosmische Erfahrungen sind. Wenn ihr darüber nachdenkt, wie viele Körper ihr in energetischer Sichtweise seid, werdet ihr erkennen, dass ihr in all diesen Körpern Orgasmen erfahren könnt. Indem ihr also überdenkt und neu definiert, wie ihr Lust erlebt, beginnt ihr andere Arten des Lusterlebens zu erfahren, und ihr bewegt euch aus dem begrenzten Bereich eurer physischen Genitalien hinaus.

Sperma ist eine katalytische Seinskraft, und jedes Mal, wenn ein Mann Spermien ausschüttet, erschöpft er gewissermaßen seinen Körper. Idealerweise ejakuliert ein Mann willentlich, wenn der Bedarf nach Fortpflanzung besteht oder wenn er die Erfahrung der Ejakulation machen will. Man hat euch Ideen eingegeben, die euch in einer sehr niedrigen Schwingung halten, was euch eher abbaut als verjüngt. Zuerst einmal wurde euch der Gedanke eingehämmert, Sex sei schlecht. Dann wurden Institutionen geschaffen, um euch diese bösen Dinge zu vergeben. Zwischen diesen Polen springt ihr ständig hin und her. Viele Männer und Frauen, besonders in der westlichen Welt, verstehen nicht, wie tief der Gedanke, dass Sex schlecht sei, in ihnen steckt. Er bestimmt so sehr ihr Verhalten, dass sie sich durch die sexuelle Erfahrung hetzen, denn wenn sie etwas Böses tun, wollen sie dabei nicht ertappt werden.

Es gibt ein Gleichgewicht, das gut und richtig für euch ist. Ihr fühlt dann nach dem Sex keine Scham oder Schuld. Deshalb betonen wir die Wichtigkeit, mit dem Partner oder der Partnerin in einer tiefen liebevollen Verbindung zu stehen. Im Allgemeinen lässt diese Liebe keine Schuld- oder Schamgefühle zu. Aber ohne Liebe kommt es sehr oft zu solchen Gefühlen, eigentlich regelmäßig, und es kann emotional jede Menge kaputtgemacht werden.

Es gibt auf dem Gebiet der männlichen und weiblichen Genitalien so viel zu erforschen. Eure Körperöffnungen haben verschiedene Punkte, Akupressurpunkte, die angeregt werden können. Das hat sehr wenig mit genitalem Eindringen zu tun. Es kann außerordentlich erregend sein, sich in die Augen zu sehen, wobei sich die DNS-Stränge austauschen. Das ist die beste Herzverbindung – in die Augen der Seele, ins Herz der Seele. Natürlich könnt ihr beim Sex die Augen auch schließen; ausgedehnter Augenkontakt verändert jedoch die Erfahrung. Ihr könnt auch mit euren Chakren arbeiten und besonders gegenseitig das Herzchakra berühren. Legt eure Hand auf das Herzchakra eures Partners oder eurer Partnerin und haltet euer Herz geöffnet. Indem ihr euch mit den Augen stimuliert, die Chakren verwendet und die Akupressurpunkte des Genitalbereichs aktiviert, kommt in diese Stellen Leben. Wenn ihr sie berührt, findet eine chemische Reaktion statt, die euch in einen Orgasmus bringt, der in eure vielen Körper strömt. Dadurch könnt ihr die Stufen zu höherem Bewusstsein erklimmen und in eure Göttlichkeit gelangen. Es hat auch damit zu tun, dass ihr euch erlaubt, eure Körper gegenseitig zu erkunden – völlig frei mit der Form und dem Ausdruck eures Körpers umzugehen. Das ist der nächste Schritt.

Erforscht, wer ihr seid, stellt ganz bewusst fest, was ihr wollt, und erfüllt die Zeit eures sexuellen Ausdrucks mit möglichst viel Freude. Beim Sex geht es nicht um Leistung; es geht um die intimste Verbindung und den intimsten Austausch, die überhaupt möglich sind. Es ist nicht nur: »Ja, du warst großartig.« Es geht um Intimität; es geht darum, mit jemandem eins zu werden und dabei seine Souveränität zu behalten. Es geht darum, den anderen zu unterstützen und selbst unterstützt zu werden, denn das wird sehr wichtig sein, wenn ihr eure Souveränität wahrt und neu entdeckt, was Lust und Freude sind. Euer Körper wird sich allmählich erinnern.

Vielleicht könnt ihr beim Sex euren Fokus ändern und nicht gleich zum Höhepunkt gelangen. Habt Spaß und erreicht den Punkt knapp vor dem Orgasmus, dann haltet diese Frequenz, geht ein wenig zurück und baut sie wieder und wieder auf. Lasst euch dabei

Zeit. Wenn ihr achtsam seid, verbringt ihr Stunden damit, denn dies erzeugt tiefe Intimität und eine Erfahrung, die viel länger anhält. Verjüngung und Erneuerung der Lebenskraft finden statt, wenn es stundenlang zu Intimität mit offenen Augen kommt und ihr lernt, euren Körper das tun zu lassen, was ihr wollt.

Ein Orgasmus ist nicht örtlich begrenzt. Manche Menschen kommen durch ein Kitzeln an den Ohren zum Orgasmus, anderen braucht man nur die Handgelenke zu streicheln. Ihr könnt im Traum Orgasmen haben. Ihr könnt einen Orgasmus haben, wenn ihr euch außerhalb des Körpers befindet. Der Orgasmus wird missverstanden. Ihr denkt dabei an ein lokales Ereignis im Genitalbereich. Das ist es nicht. Es ist ein kosmisches Ereignis, das man als lokal begrenzt interpretiert hat, damit ihr an der Sache vorbeigeht. Es ist ein ständiges Pulsieren der Göttlichkeit – die Lust am Rhythmus des Seins und der ständigen Verbundenheit. Also kann ein Orgasmus überall auftreten. Wärt ihr wirklich auf eure Sexualität eingestimmt und frei, dann könnte ein Bissen einer köstlichen Speise einen Orgasmus durch euch schicken. Er ist die höchste Wertschätzung der Göttlichkeit in allem.

Und das Masturbieren … Es gibt nichts Schlechtes daran. Es ist eine ausgezeichnete Praktik, wenn ihr dabei lernt, den Körper zu achten, und erkennt, dass es in Ordnung ist, bestimmte Empfindungen in ihm zu stimulieren. Masturbiert, ohne zu projizieren, ohne Scham und ohne durch eure Gedanken eine Menge Unbekanntes an euch zu ziehen. Wie alles hat auch das Masturbieren seine Fallstricke. Es ist eine feine Kunst, aber es sollte nicht bloß zur Erleichterung benutzt werden. Wenn ihr masturbiert, um Spannungen zu lösen, müsst ihr das neu überdenken. Doch wenn ihr nie masturbiert habt, wie könnt ihr dann mit jemandem schlafen und von dieser Person erwarten, dass sie euren Körper kennt, wenn ihr ihn noch nicht einmal selbst kennt?

Sobald ihr das Bedürfnis habt, eure Sexualenergie zum Ausdruck zu bringen, kommt euch vielleicht der Gedanke: »Hoppla, wenn ich mich jetzt entscheide, diesem Verlangen zu folgen, und masturbiere, wäre es diesmal so, dass ich nur eine Erleichterung möchte. Ich möchte einfach die Spannung abbauen.« Wenn ihr das fühlt, sagt euch: »Gut, wie gehe ich nun mit dieser aufgestauten Energie um? Statt jetzt einfach auf mein altes Muster der Masturbation zurückzugreifen, die Energie abzubauen und mich für einige Momente gut zu fühlen, werde ich diesmal nach Höherem streben und mich vielleicht etwas unbequemer fühlen. Ich werde diese Energie halten. Statt zu masturbieren, setze ich mich irgendwo hin, verwende Kristalle, mache Atemübungen und ziehe die Lichtsäule herein.«

Zieht das Licht vor eurem geistigen Auge hoch und fühlt, wie es euren Körper durchflutet. Dies wird euch enorm helfen, denn ihr wollt Wissen und Selbstwert erlangen und eure Grenzen erkunden. Ihr wollt größere Entspannung und eine umfassendere Sichtweise, doch ihr bringt eure Energie ständig nur bis zu bestimmten Ebenen. Indem ihr eure Sexualenergie haltet, werdet ihr allmählich euren Solarplexus, euer Herz, euren Kehlkopf und das Dritte Auge viel stärker einsetzen. Euer Kronenchakra wird sich öffnen, und ihr werdet feststellen: »Aha, ich werde klüger. Wie kommt es, dass ich intelligenter werde?« Die Antwort lautet, dass ihr eure Lebenskraft anders einsetzt. Ihr hattet für die Energie, die ihr Sexualität nennt, nur ein Rezept. Sie ist aber eure Lebenskraft.

Man kann sie auf viele verschiedene Arten verwenden.

Wir möchten jedoch eines deutlich sagen: Es ist eine Sache, eure Sinnlichkeit zu erkunden und Orgasmen zu erleben, weil ihr euch gut fühlen und eure Sexualität verstehen wollt, damit ihr überhaupt wisst, wer ihr seid. Es ist aber etwas ganz anders, geil zu sein (wie ihr es nennt), eure sexuelle Erregung zu spüren und einfach zu masturbieren, um die Spannung abzubauen und zum Höhepunkt zu gelangen. Sex ist ein heiliges Geschenk des Körpers, etwas Persönliches und Sinnliches. Ihr solltet lernen, diese Kraft in euch, die euch Lust bringt, zu verstehen.

Immer mehr Menschen leben in diesen Tagen enthaltsam, weil sie erkennen, dass die Art der sexuellen Aktivität, die sie früher praktizierten, ihnen Energie entzog. Vielleicht geschah das deshalb, weil sie mit jemandem Sex hatten, den sie überhaupt nicht liebten, dem sie sich nicht anvertraut haben und mit dem es keine spirituelle Verbindung gab. Wie schon erwähnt verschmelzen bei der Sexualität eure elektromagnetischen Körper und Aurafelder. Telepathisch geht es hin und her: »Du besitzt mich.« – »Ich besitze dich.« Das Ganze spielt sich auf der ätherischen Ebene ab.

Wenn ihr eine Phase der Enthaltsamkeit durchmacht, ist das wunderbar, denn es heißt, dass ihr eure Energie bewahrt. Immerhin laugt es sehr aus, wenn ihr Sex habt und eure Chakren nicht ausbalanciert sind. Selbst wenn es anregend ist, fließt die Energie dann nur durch die ersten beiden Chakren, die mit den ersten beiden Strängen eurer DNS arbeiten. Aber auch ohne Sex könnt ihr euch noch erregt fühlen. Ihr möchtet Sex, aber ihr lernt, diese Energie zu bewahren und in eurem Körper zu kanalisieren, statt sie einfach rauszulassen. Indem ihr sie in euren Körper fließen lasst, messt ihr ihm größeren Wert bei, denn die Energie zeigt euch plötzlich, dass ihr wertvoller seid und mehr könnt, als ihr je dachtet.

Das Ideal besteht nicht darin, Sex zu vermeiden oder zu transzendieren. Das Ideal ist, eure Sexualität neu schätzen zu lernen, die Essenz dessen schätzen zu lernen, was euer physischer Körper macht, wenn ihr Sex habt und einen Orgasmus erlebt. Ihr werdet im sexuellen Ausdruck mehr Spielraum und Experimentierfreude haben, und ihr reagiert nicht auf diese übersexualisierte Zeit, indem ihr euch vom Sex abwendet: »Ich verstehe diese Kraft nicht. Ich komme mit jemandem zusammen, und im Augenblick fühlt es sich absolut toll an. Ich fühle mich, als könnte ich hundert Sahnetörtchen essen und dabei kein einziges Gramm zunehmen. Nachher fühle ich mich dann nicht mehr so gut.« Intimität, Ehrlichkeit und Bindungsbereitschaft sind die wichtigsten Bestandteile guter sexueller Erfahrungen. Ihr müsst gegenseitig verletzlich und offen sein können; dann enthält der Sex eine höhere Schwingung.

Enthaltsam zu leben ist fein, wenn es für euch nicht bedeutet, dass Sex ganz gestrichen ist. Es ist gut, wenn es heißt, dass über die sexuelle Erfahrung nachgedacht und sie neu betrachtet wird. Sie wird einige Zeit auf Eis gelegt, weil sie missverstanden wurde, und wenn man sich von ihr etwas entfernt, kann sie vielleicht überhaupt erst wahrgenommen werden. Wenn ihr je auf einen Berg gestiegen seid, wisst ihr, dass er von oben ganz anders aussieht als aus der Ebene. Das machen viele Menschen gerade durch. Sie blicken von der Ebene auf den Berg und bedauern es nicht, nicht oben zu stehen. Sie unternehmen eine neue Bewertung der Sexualität, der Liebe und von sich selbst, und sie überdenken, welche Werte sie für sich festlegen wollen. Die Sexualität ist einer der intimsten Aspekte eures Lebens. Und doch haben die meisten Menschen auf dem Planeten Sex ohne die geringste Intimität. Er ist für sie wie eine Funktion, wie das Nachfüllen von Öl in ein Auto: »Ich brauche Sex, komm her.« Das gilt sowohl für Männer als auch für Frauen.

Wir haben immer die Auffassung vertreten, dass der Grund, warum ihr von angstlosem Sex abgebracht wurdet, darin liegt, dass ihr entdecken könntet, dass Sex ein Portal zu höherem Bewusstsein öffnet. Dieselbe Lebenskraft, die zum Zeugen von Kindern gebraucht wird, kann auch als Zauberteppich verwendet werden, um in andere Seinsbereiche zu fliegen. Die DNS-Stränge werden schließlich in der Iris der Augen lesbar sein. Wenn ihr Sex habt und euch in die Augen seht, setzt ihr in euch gegenseitig andere Wirklichkeiten frei. Ihr könnt auch mit Atem und Visualisierung die Energie kreisen lassen. Die Energien können mit den Kräften verglichen werden, die eure sogenannten Raumfahrzeuge abheben lassen und sie auf Reisen schicken. Die Energie des sexuellen Ausdrucks vermag euch zu befreien und in den Himmel davonzutragen.

Sex ist ein ultimatives Ereignis, das sich zu etwas Besonderem ausbauen lässt. Sex sollte auch sehr spontan sein, aber selbst in seiner Spontaneität seinen eigenen rituellen Wert und Zugang haben. Liebe ist der Stoff, der Körper zusammenbringt, in welcher physischen Konstellation auch immer. Energetisch wurde der Körper zwar so angelegt, dass männliche und weibliche Energie zusammenfinden. Doch ist nichts Schlimmes dabei, wenn sich zwei gleiche Schwingungen angezogen fühlen. Sie arbeiten daran, genau das für sich zu lernen; alles Urteilen wäre hier fehl am Platz. Die elementare Erfahrung stellt sich ein, wenn Liebe da ist, die Augen offen sind und beide es ernst meinen. Dann könnt ihr auf die Reise gehen.

Es ist so viel bei euch in Bewegung. Die Sexualität wird einen ganz anderen Stellenwert bekommen und zu einer der meistdiskutierten Kräfte werden, wenn die Erdveränderungen deutlicher zutage treten. Da sich eure Gesellschaft auflöst, werdet ihr alles neu bewerten wollen. Ihr werdet euch nahe sein, euch anvertrauen und einen Partner an der Seite haben wollen, auf den ihr zählen könnt. Indem ihr euch der Lebensverlängerung bewusst werdet und versteht, dass sich alles beschleunigt, werdet ihr schließlich große Augenblicke der Verjüngung erfahren. Die Partner, die ihr euch aussucht, werdet ihr bereits seit Zehntausenden von Jahren kennen.

Als Menschen sucht ihr immer nach der Schwingung der Ekstase, Liebe und Verbundenheit, die durch emotionalen Ausdruck hervortritt. Ihr könnt die sexuelle Frequenz der Ekstase und Liebe nicht ohne Gefühl erlangen, denn Sexualität *ist* Gefühl.

Viele Menschen suchen verzweifelt nach dieser Frequenz, und sie wissen es nicht einmal. In ihrer naiven Art läuft der einzige Weg, den sie kennen, über Sex. Aber Sex geht nicht ohne Intimität, und in den meisten Fällen ist es für Frauen leichter, sich für Intimität zu öffnen, als für Männer, einfach deshalb, weil sich Frauen mit ihren Emotionen wohler fühlen. Als Frau könnt ihr eurem männlichen Partner deshalb sehr gut helfen, sich zu öffnen, indem ihr euch selbst und euren Körper akzeptiert und für euch einen Maßstab festlegt, für welche Art von Mann ihr zur Verfügung steht. Ihr werdet diesen Mann magnetisch anziehen, und er wird bereit sein, zu lernen und sich zu verändern. Die männlichen Schwingungen sind im Allgemeinen gerade recht verwirrt, weil viele Menschen nicht genau wissen, was ihre Identität ist. Sie werden herausfinden, dass sie jene an sich ziehen müssen, die ihnen helfen, diese Veränderungen zu integrieren. Je mehr ihr in eurer Liebe zu eurem Körper gefestigt seid und in eurer Bereitschaft zu wissen, was ihr wirklich wollt und was eure Ziele sind, desto leichter wird es für die Männer sein.

Zu viele Frauen haben zu lange nichts gesagt und sich mit einem Stelldichein nach der Arbeit zufriedengegeben. Sie haben keine Maßstäbe geschaffen, nach denen die Männer streben konnten. Mit der Aktivierung der Göttinnenenergie und dem Verständnis der vollkommenen weiblichen Form wird ein neuer Maßstab festgelegt. Die Frauen dürfen lernen, über ihre Wünsche zu sprechen, um einen neuen Erfahrungsmaßstab zu erschaffen. Dann wird es den Männern leichter fallen, ihre Gefühlszentren zu öffnen, ihre Emotionen zu erfahren, ihre Sexualenergie durch die Chakren hinaufzuleiten und auf angenehme Weise größere Intimität zu erfahren, als sie es je für möglich hielten. Das wird Zeit brauchen. Die Frauen waren so sehr zum Schweigen verdammt und die Männer in der Gefühllosigkeit eingesperrt gewesen, dass diese Veränderungen nicht über Nacht geschehen werden. Habt Geduld miteinander. Habt großes Mitgefühl für alle Menschen und das, was sie durchmachen. Ihr habt viel miteinander zu teilen und voneinander zu lernen.

Noch etwas zu sexuellen Sekreten. Wir haben gesagt, dass die Machtsubstanz der Frau Blut und die der Männer Sperma ist. Sperma trägt eine enorme Menge an Daten, während Blut als Heilelixier, als eine Quelle des Lebens, angesehen werden kann; beide bieten Revitalisierung und Verjüngung.

Wenn ihr diese Substanzen in einer festen Liebesbeziehung miteinander teilt, so ist es das höchste Teilen eurer geheimen Macht. Es ist die elementare Vermischung eurer Identitäten, durch das ihr euch besser erinnern könnt, wer ihr seid und warum ihr in diesem Leben zusammenkommt. Wird den Frauen das Mysterium des Blutes bewusst, können viele von ihnen damit außergewöhnlich kreativ werden. Blut ist keine schreckliche, übelriechende, hässliche oder schlechte Sache, und sie werden erkennen, dass es viele Geheimnisse birgt. Sie werden schöpferisch, respektvoll und ohne Scham mit dieser Substanz spielen, um zu sehen, was sich damit machen lässt. Das wird auch für Sperma gelten.

Wenn ihr eure Scheu vor diesen Substanzen ablegt, erzeugt ihr eine sehr tiefe gegenseitige Vertrautheit. Wir stellen hier wieder einmal fest, dass ihr ohne Liebe diese Gipfelerfahrung nie erlangen werdet. Das Hinzunehmen und Anwenden dieser Flüssigkeiten öffnet die tiefsten Tore der Erinnerung, der Bindung und der Intimität. Ihr macht einen Schritt über das hinaus, was als Geheimnis bezeichnet wird. Die daraus resultierende Nähe ist nachhaltig. Die Erfahrungen und Offenbarungen gehen sehr tief. Es verlangt Liebe und viel Vorbereitung, um diese Substanzen angemessen zu verwenden. Seid in euren Absichten klar, wenn ihr mit diesen Dingen experimentiert, und ihr werdet euch für neue Wege des Reisens öffnen.

Wir schlagen vor, dass Paare ihre sexuelle Aktivität auf die Basis klarer Absicht stellen. Dies geht nicht auf Kosten der Spontaneität. Es bedeutet nicht, dass ihr vorher alles organisieren, strukturieren, Termine festlegen und vorbereiten müsst. Wenn ihr Intimität entwickelt, findet sexuelle Aktivität nicht nur statt, wenn die Hormone in Schwung kommen. Sexueller Ausdruck findet ständig statt. Beim Einkaufen könnt ihr über eure Sexualität sprechen. Ihr braucht diese Erfahrung nicht ins Schlafzimmer oder in bestimmte kleine Schubladen zu verbannen oder sie nur auf Situationen zu beschränken, in denen ihr etwas getrunken habt. Ihr werdet von dieser Energie überströmt werden. Sie ist Teil dessen, was euch auf eure Göttlichkeit hintrainiert. Sie ist äußerst wichtig. Ohne eure sexuelle Erfahrung werdet ihr nicht vollkommen verstehen, wie es ist, Gott oder Göttin zu sein, denn ihr seid Menschen, und Sex ist Teil dessen, wie euer Körper angelegt ist. Alle Geschöpfe auf diesem Planeten haben eine Art des sexuellen Ausdrucks – eine Methode, sich zu erregen und zu vermehren. Ihr versteht nicht, wie zwei Fliegen einfach ihre Fühler berühren und sich erregen können. Die Geschöpfe auf der Erde – Tiere und Pflanzen – stimulieren sich gegenseitig und bringen sich in einen erhöhten Energiezustand, ohne dass es unbedingt um Fortpflanzung geht. Haltet dieses Bild. Es ist erforderlich, dass ihr eure Sexualität versteht und euch nicht davor fürchtet. Tut sie nicht ab, nur weil ihr vor eurer eigenen Lebenskraft Angst habt.

Wenn ihr euch als Paare trefft, werdet ihr viel freier sprechen und über die Sexualität lernen. Ihr werdet bald herausfinden, dass ihr euch dabei wohl fühlen könnt. Niemand wird sich dabei mit Fragen der sogenannten Moral aufhalten, denn ihr werdet euch erst gar nicht für Lernlektionen qualifizieren, wenn ihr nicht versteht, worum es tatsächlich geht: Es geht um spirituellen Sex. Ihr könnt euch auf viele Dinge sexueller Natur freuen. Bleibt offen, bewertet eure die Sexualität betreffenden Glaubensmuster neu und erkundet eure Grenzen. Sexualität ist euer Geburtsrecht und euer Erbe als Menschen. Sie ist euer göttliches Geschenk.

Energieübung

Nehme einen tiefen Atemzug und entspanne dich. Stelle dir vor, wie Teilchen angereicherten Lichts deine Lungen füllen und sich in deinen Körper hineinbewegen. Finde den Platz, an dem du mit deiner Aufmerksamkeit verbunden bist, und finde den Teil von dir, der beobachtet, wer du bist. Und nun bewegst du dich durch deinen Atem auf dieser Energie und gehst bis auf die subatomare Ebene deines Körpers. Erfülle diesen Ort mit Licht.

Gleichzeitig fühlst du die Energie um dich herum, während du ruhig und aufmerksam dasitzt und von deinen Idealen erfüllt bist. Stelle dir zwölf Chakren vor, die sich, in Licht und Farbe erblüht, innerhalb und außerhalb deines Körpers drehen. Spüre die Energie, die zwischen deinen Chakren fließt, und nimm dir vor, die sexuellen Codes, die Mysterien und Geheimnisse in deinem Sein, durch die transformativen Eigenschaften der Farbe Gold zu erschließen.

Höre genau hin, um alle Geräusche, mit denen dein Körper mitschwingt, zu unterscheiden. Gehe diesen Klängen nach und stelle fest, dass du auf einem Tisch aus funkelndem Gold liegst. Welches Bild auch immer in dir hochkommt, bleibe dabei. Schau dir den Tisch genau an. Fühle, wie dein Körper auf dem Tisch liegt und die Wärme des goldenen Tisches aufnimmt. Gold ist ein vorzüglicher Leiter. Stell dir vor, dass der goldene Tisch codierte Elektroimpulse in deine Körperzellen überträgt. Du liegst ganz friedlich auf diesem Tisch.

Deine Führer und dein Höheres Selbst stehen um dich herum und beobachten dich. Du bist sehr entspannt an diesem Platz in deinem Körper, wo es tiefen Raum gibt. Hier fühlst du das goldene Licht, und du siehst die elektrischen Pulsationen, wie sie sich durch einen gut beleuchteten Raum in deinem Körper bewegen, während du ganz entspannt auf dem goldenen Tisch liegst.

Die vier Ecken des Tisches dienen als Ankerpunkte, durch die Energie eintritt. Bleibe in diesem subatomaren Bewusstsein und erfahre die Übertragung der Energie auf subatomarer Ebene. Es ist, als bewegten sich riesige Blitze von Planet zu Planet. Dies sind die elektrischen Blitze zwischen den Atomen. Dir ist angenehm warm, und du wirst durch einen Ton stimuliert, der dich ruft und in einem entspannten Zustand hält. Du bist ganz verzaubert von diesem Raum in deinem Körper, als würdest du Blitze in freier Natur beobachten. Die elektrische Energie lädt die kleinsten Teilchen in deinem Körper auf, die wieder lebendig werden und sich an ihre Identität erinnern; sie lassen dich wissen, dass sie Bewusstsein haben.

Und jetzt spürst du, dass du durch deinen Körper wirbelst und voller Begeisterung die erwachenden Atome kennenlernst.

Du fühlst, wie dein Körper die Entscheidung trifft, in jeder von dir angegebenen Richtung bereitwillig, intelligent und freudig mit dir zusammenzuarbeiten. Spüre deine Erregung bei der Entdeckung, dass sich für dich endlos neue Möglichkeiten eröffnen.

Gib dich dem Gefühl hin, dass du immer tiefer einsinkst in die Entspannung, das Vertrauen und das Geschehenlassen eines Prozesses, der dich neu ordnen wird. Er wird deinem sexuellen, sinnlichen Selbst einen höheren Sinn vermitteln. Drifte in eine weiche Wolke der Erinnerung ab, erfahre dich als wertvoll und spiegle deinen Wert und die Wertschätzung anderer wider. In diesem Augenblick des Loslassens stellst du dir etwas vor, das Sinn in dein Leben bringt, ein Beitrag für den Planeten ist und viele Menschen aufrüttelt. Fühle die ständige sanfte elektrische Stimulation, und wenn du heute Abend schlafen gehst, träume, dass du auf dem goldenen Tisch liegst und in die transformativen Sichtweisen sexueller Wertschätzung reist.

9

Unterwegs auf den Zeitkorridoren

Die Lebendige Bibliothek der Erde wird es euch erleichtern, in Bezug auf das Teilen und den Fluss eurer Energie eine Schwingungsveränderung zu erreichen. Von der Natur, dem großartigen Spielplatz der Erde, werdet ihr lernen, miteinander zu verschmelzen und euch in den Zeitkorridoren zu tummeln.

Die Zeit ist eine Hilfskonstruktion. Auf der Erde seid ihr der Auffassung, dass sich die Gegenwart aus der Vergangenheit ergibt. Wir geben zu bedenken, dass die Gegenwart auch aus der Zukunft kommt. Es gibt viele Portale durch die Zeit, und sowohl die Vergangenheit als auch die Zukunft haben ihre eigene Wertigkeit und Bedeutung. Es ist alles Teil eines sich ständig erweiternden Jetzt. In ihrem Jetzt beeinflusst die Vergangenheit noch immer ihr stattfindendes Jetzt. Diese stattfindenden Jetzte wachsen und reifen ebenso wie ihre Entsprechungen in der Zukunft. Eure Aufgabe bringt es mit sich, dass ihr eure Vergangenheit verändert, indem ihr aus der Zukunft kommt, um ein anderes Jetzt zu erschaffen.

Die Zeit bricht in sich selbst zusammen. Im Augenblick scheint es euch, dass Raum Entfernung bedingt – dass er euch trennt. Wenn ihr an einen Freund in einem anderen Teil der Welt denkt, ist Raum zwischen euch. Durch den Zusammenbruch der Zeit werden die Grenzen der Frequenzkontrolle als Definition der Welt, in der ihr wirkt, zerschlagen. Da eure Sonne kosmische Strahlen auffängt und in euer Sonnensystem energetisiert, wird alles beschleunigt. Das bringt mehr Möglichkeiten ins Jetzt und sprengt die Grenzen der dreidimensionalen Zeit, die die Bühne bestimmen, auf der sich Ereignisse abspielen müssen. Die Struktur der dreidimensionalen Zeit grenzt euch von eurem übersinnlichen Selbst aus und isoliert euch von diesem Selbst, das sich jenseits der Zeit bewegt. Euer mediales Selbst weiß viel mehr, als im Moment gerade offensichtlich ist.

Ihr werdet von Zyklen und Rhythmen regiert. Der Mond stellt einen Haupteinfluss dar, da er den Puls des Lebens vorgibt. Durch die Mondzyklen, die Drehung der Erde um ihre eigene Achse und ihren Umlauf um die Sonne erzeugt und definiert ihr Zeit. Der Mond agiert durch seine Bahn um die Erde naturgemäß als ihr himmlischer Begleiter auf den zyklischen Reisen.

Vor der Elektrifizierung auf eurer Welt waren dies Tausende Jahre lang die Rhythmen, nach denen das Leben gelebt und definiert wurde. Die Menschen konnten sehen, wie die Zeit verging. Der Tag wurde zur Nacht, und auf die Nacht folgte der Tag. Die Zeit konnte unterschieden werden. Die Menschen *sahen* die Jahreszeiten kommen und gehen, und Zeit gründete sich auf etwas Überprüfbares. Mit der Elektrifizierung wurden diese Rhythmen gebrochen, denn es konnte nach Sonnenuntergang hell sein. Die Menschen begannen, die Zeit anders zu nutzen, denn in der Dunkelheit Licht machen zu können, eröffnete einen radikal anderen Zugang zum 24-Stunden-Tag, da das elektrische Licht mehr Augenblicke bot, in die man sich ausdehnen konnte.

Mit der Erfindung des Computers kam ein weiterer grundlegender Wandel der Wahrnehmung. Die Zeit wurde so zusammengepresst, dass innerhalb von Nanosekunden Milliarden getrennter Zeitsegmente von einer Maschine erkannt werden konnten. Das menschliche Auge hingegen vermochte die Sekunde nicht zu unterteilen. Immer mehr Menschen arbeiteten mit Computern, und diese wurden immer schneller. Und so veränderte sich auch für die Menschen, die mit Computern arbeiteten, ihre Vorstellung von Zeit komplett. Aber sie konnten nur mit einem bestimmten Ausmaß an Verzerrung umgehen. Jetzt, da ihr im Computerzeitalter lebt, gebt ihr die veränderte Zeitwahrnehmung über die Generationen weiter, und die Zeit beschleunigt sich. Der Computer ist jedoch eine dreidimensionale Manifestation, die den Zusammenbruch und die Verzerrung der Zeit widerspiegelt, und die Menschen speisten die daraus gewonnenen Erfahrungen in die Massenpsyche ein. Dadurch können Menschen wie ihr Dinge ineinanderflechten und die Wirklichkeit von einem ausgesprochen medialen Standpunkt aus wahrnehmen – von einem anderen *Punkt* in der Zeit. Das Aufsplittern der Sekunde und die Überflutung mit digitalen Medien kündigten den technologischen Aufschwung dieses Jahrhunderts an, der alles verändert und euer Bewusstsein für unsagbare Wahrscheinlichkeiten beschleunigt. Die Sekunde und der Augenblick beinhalten ständig mehr Ereignisse.

Durch den Zusammenbruch der Zeit befindet sich die dreidimensionale Struktur nicht mehr an ihrem Platz. Immer mehr geschieht im Augenblick und bereitet euch auf mediale Durchbrüche vor. Dabei läuft jetzt alles sehr spielerisch ab. In eurem täglichen Leben umgeben euch unzählige Energien und bringen euch dazu, sie kennenzulernen und eure grundlegenden Überzeugungen von der Wirklichkeit neu zu interpretieren.

Ihr seid alle der Ansicht, dass Zeit mit einer Uhr gemessen werden kann. Jeder stimmt zu, dass es die Zeit gibt. Wir sagen, sie ist eine Hilfskonstruktion. In Wahrheit müsst ihr alle paar Jahre Angleichungen an die Zeit vornehmen, die im Londoner Vorort

Greenwich gemessen wird, in der Zeitzone am nullten Längengrad. Diese Angleichungen sind nötig, weil Zeit fehlt oder zu viel Zeit da ist. Aber ihr solltet eure gesamte Wahrnehmung der Zeit verändern, es wäre zu euer aller Vorteil. Lasst euch eure Zeit nicht mehr von anderen definieren und vergesst den Satz: »Ich habe nicht genug Zeit.« Wenn die Zeit zusammenbricht, fühlt es sich vielleicht an, als liefe sie euch davon, und kaum dass ihr diese Botschaft an euren Körper sendet, beginnt ihm tatsächlich die Zeit davonzulaufen, so als hättet ihr eine Stoppuhr eingeschaltet.

Viele Menschen hetzen heute wie verrückt herum, weil sie den Zusammenbruch der Zeit spüren und einfach nicht wissen, wie sie damit umgehen sollen. Erinnert euch daran, in den Augenblick zu gehen, in das sich ständig erweiternde Jetzt, um euch selbst zu entdecken und im inneren Gleichgewicht zu bleiben. Das ist die von den kosmischen Strahlen gebotene Richtung – ein anfänglich chaotisches Durcheinander, das jedoch eure Wahrnehmung und Vorstellung der Welt, in der ihr lebt, neu ordnet.

Die Zeit hat jetzt eine Variable. Sie kann nicht mehr gemessen und mit der Uhr eingeteilt werden. Ihr verändert, biegt und bewegt die Zeit. Bei ihrem Kollaps wird die Massenpsyche des Planeten alle paar Augenblicke mit neuen Vorstellungen, Ideen, Erfindungen und Wahlmöglichkeiten bombardiert. Wahrscheinlichkeiten des Augenblicks erwachen und dehnen sich durch eure Erfahrung der Selbsterkenntnis aus. Das wirkt sich auch auf eine Gabe aus, die ihr in den Griff bekommen habt – euch mit Intelligenzen außerhalb des Planeten zu verbinden. Dadurch qualifiziert sich der Planet gerade sehr schnell kollektiv für ein höheres Maß an Intelligenz und Verantwortung. Seid euch bitte der Gleichzeitigkeit beider Polaritäten bewusst, wenn es scheint, dass die Niedertracht in eurer Welt zum Himmel schreit. Die Lichtträger werden immer mächtiger, und in ein paar Jahren werdet ihr euch über die Kraft dieser Menschen wundern, *die ihr selbst seid.* Eine Überzeugung, die ihr dann teilt, besteht in einer neuen Version der Wirklichkeit, in der Menschen ihre Freiheit respektvoll, harmonisch und gemeinschaftlich ausdrücken und in der die Erde und jede Lebensform auf ihr – Tiere, Pflanzen, Mineralien, Menschen – wertvoll sind.

Erinnert euch, dass die Hüter der Zeit euer Universum auf einem bestimmten Kurs halten und sich durch sogenannte Zeitbarrieren hindurchbewegen können. Sie erschaffen Teile oder Abschnitte eures Universums, wodurch es verbunden werden kann. Energien bewegen sich von einem Segment zum anderen, und bestimmte Abschnitte werden getrennt voneinander gehalten – das ist die Zeit, wie ihr sie kennt. Denkt daran, dass allem Energie innewohnt und dass ihr ein Teil von Urschöpfer seid. Urschöpfer ist auf einer Reise der Getrenntheit, um zu einem größeren Verständnis seiner selbst zu gelangen. Zu diesem Zweck halten die Hüter der Zeit das Universum lebendig, indem sie es unterteilen. Diese Hüter der Zeit sind die Maya. Sie selbst nennen sich Hüter des Tages. Sie stehen mit den Plejaden in Verbindung und sind Meister darin, in Zeitereignisse einzutreten und sie wieder zu verlassen. Sie sind außerdem Meister im Erzeugen von Zeitsperren – sie schirmen Dinge ab, so dass etwas direkt vor eurer Nase geschehen kann und ihr es wegen der Zeitsperre nicht seht. Zeitsperren halten euer Bewusstsein davon ab, gleichzeitige Zeit wahrzunehmen.

Was die Zeit betrifft, legten die Maya den Grundstein für Ereignisse, die jetzt anstehen. Die alten Ägypter leisteten eine andere Art von Vorarbeit und die Inka und amerikanischen Ureinwohner jeweils wieder eine andere. Jede Zivilisation spielte ihre Rolle im Erschaffen der zeitversperrten Ereignisse, die jetzt, in diesem Kern- oder Existenzsegment, in dem ihr euch gerade befindet, bereit sind, sich zu öffnen. Atlantis ist eine weitere Zivilisation, die ein Informationsgitter für den aktuellen Zeitrahmen auslegte. Erinnert euch, dass alles kontinuierlich fließt und Zivilisationen nie enden. Ihr glaubt, Atlantis wurde zerstört und existiert nicht mehr, also muss es in der Vergangenheit liegen. Das ist nur *eine* Version der Wirklichkeit. Es gibt eine atlantische Zivilisation, die nie zerstört wurde – eine atlantische Zivilisation, die ihr Dilemma überwand, Lösungen fand und sich nicht durch Energiemissbrauch auslöschte. Ähnlich werden

Versionen eurer Welt Lösungen finden und sich ins Goldene Zeitalter bewegen, ebenso wie Versionen eurer Welt zerstört werden.

So kann Atlantis oder jede andere Zivilisation auch in der Zukunft existieren. Zivilisationen gehen weiter, außerhalb der Beschränkungen der Zeit. Daher möchte die atlantische Version der Zukunft, die ihre eigenen Lösungen fand, der atlantischen Energie der Vergangenheit helfen, denn es ist alles dieselbe Energie, und es handelt sich um von Reinkarnation bestimmte Versionen des Selbst. Der Zweck für das Zurückgehen liegt im Heilen, im Ganzmachen und Lehren der angemessenen Verwendung von Energie.

Zivilisationen, die in allen ihren Versionen recht erfolgreich sind, gehen immer zurück – wenn ihr es so nennen wollt –, um ihren Versionen zu helfen, die nicht die gleichen Möglichkeiten hatten oder keine Lösungen fanden. Eine erfolgreiche Zivilisation kann als ein bewusstes Kollektiv angesehen werden, das seinen Zweck und seine Wirkung im großen Seinsgeflecht kennt.

Die Hüter der Zeit, die Ereignisse inszenieren, sind wie Lichtbälle mit Strahlen, die in viele verschiedene Realitäten und Richtungen reisen. Die Hüter der Zeit der Maya waren multidimensional und konnten deshalb Daten auf der Erde verankern, die für zukünftige Generationen einen Sinn ergeben würden. Sie konnten in der Zeit nach vorn, zurück und seitwärts wandern, und ihre Zivilisation gründete sich auf Zeitreisen. Sie hinterließen im Boden von ganz Mexiko Hinweise auf diese Geschichte. Ihr Jetzt wurde sinnvoller, weil ihr Zweck darin bestand, ein Jetzt wachsen zu lassen, von dem Jetzte außerhalb ihres eigenen profitieren würden.

Die Maya wollten ein neues Paradigma erschaffen – die Beschreibung des Kommenden, der Zyklen, die eure Erde durchläuft, und der auf kosmischen Portalen beruhenden Zyklen der Zeit.

Die Erdzyklen im Verhältnis zur Sonne, zum Mond und zu den Planeten eures Sonnensystems haben eine maßgebliche Wirkung auf euren physischen elektromagnetischen Körper. Die Maya verstanden, dass euer Planet in ein größeres Rotationssystem als nur das der irdischen Sonne eingebunden ist. Dieses Rotationssystem beruht auf verschiedenen numerischen Unterteilungen, die sich auch in ihrem Kalendersystem zeigen. Die Maya erschufen und definierten Zeit in eurem Sonnensystem aufgrund ihres Wissens, dass ihr ein Teil von viel größeren Zyklen seid. Und es waren viele unterschiedliche Gruppen von Maya, von Hütern der Zeit, die an verschiedenen Schnittpunkten hereinkamen, um mit der dreidimensionalen Zeit zu arbeiten und zu spielen.

In der von euch angenommenen Zeitperiode traten die Maya sicherlich nicht zum ersten Mal auf. Sie waren schon früher mehrfach auf der Erde gewesen, vor Abertausenden von Jahren. Genaugenommen können sie sich ebenso leicht zur Vollendung des Universums als auch zu seinem Anfang bewegen. Ihre Aufgabe besteht darin sicherzustellen, dass alle Teile des Universums funktionieren und zur richtigen Zeit zum Zusammenbruch gelangen. Sie sorgen dafür, dass dies nicht vorzeitig geschieht. Fühlt eure Verbindung mit diesen Maya-Zeithütern und öffnet euch für die Entdeckung der Schlüssel, die sie für euch vorbereitet haben.

Zeitsperren für Wirklichkeiten funktionieren genauso wie Lichtschalter in eurem Heim. Elektromagnetisch betrachtet pulsiert Bewusstsein und deutet so auf seine Gegenwart hin, ganz gleich, wo es sich befindet. Bewusstsein ist in allen Dingen, und je nachdem, wie es gebündelt ist, gibt es ein einzigartiges, genau definiertes Signal ab. Es gibt welche, die wissen, wie Bewusstsein zeitversperrt werden kann. Sie verändern die modulierende Frequenz auf eine Weise, dass andere sie nicht mehr finden können, wenn sie das Sein absuchen, um zu sehen, wo oder wie sich bestimmte Energien verbunden und gebündelt haben. Wegen der Zeitsperren vor den Portalen hier und weil die Zeitkorridore in ihrem Besitz waren, konnten jene draußen im Kosmos die Erde lange Zeit nicht finden.

Das wahre Lebenslicht der Erde war ausradiert worden. Es war ein anderes – harmloses – elektromagnetisches Spektrum, das die Art des Bewusstseins der Erde nicht in sich trägt, hierhergelegt worden, damit die Erde nicht entdeckt werden konnte. Die Erde wurde geheim gehalten – unter Quarantäne gesetzt.

Der Zweck der Maya bestand darin, auf den Planeten zu kommen und ein Paradigma für die Zukunft zu setzen. Verschiedene Zivilisationen halten durch kollektives Bewusstsein Energiezugänge geöffnet. Energien, die andere Arten von Realität unterstützen oder tragen, können in begrenzter Zahl auf den Planeten gezogen werden. Allerdings muss eine Zivilisation vorbereitet und ausgebildet sein, um diese Art von Lichtzustrom zu verankern. Wo Licht ist, da ist Information. Die Maya waren eine dieser Zivilisationen. Heute gehört Bali dazu. Diese Kulturen existieren vereinzelt und in Abgeschiedenheit auf der ganzen Welt. Es können Gemeinschaften in Staaten oder Stadtgebieten sein, wo es große Harmonie, Zusammenarbeit, Hingabe, Unterstützung und Kreativität gibt. Die Maya waren ein Experiment, um die Zukunft zu beeinflussen und einen Samen in diesen lange Zeit sehr dunklen Planeten zu legen.

Die Maya kannten ihren Zweck. Sie wussten, wann ihr Niedergang kommen würde, ebenso wie die Tibeter die Invasion ihres Landes vorhersahen und viele ihrer bedeutendsten Dokumente und Gegenstände verbargen, bevor die Chinesen Jahre später einfielen und ein schreckliches Gemetzel verursachten.

Weil die Maya Hüter der Zeit waren, konnten sie die Erde verlassen, als sie wussten, dass ihr Zweck sich erfüllt hatte. Das ist eines ihrer größten Geheimnisse – sie kannten Tag und Stunde. Ihr Kalender gibt die Zyklen der Himmel und der Höllen genau an. Die Maya kannten den Tag ihres Abtretens, und sie bereiteten sich auf den Abschluss vor. Von ihrem Standpunkt aus wurden sie in eine andere physische Dimension transportiert. In Wahrheit existieren die Maya hier aber immer noch; es geht ihnen prächtig.

Die Maya wussten, dass eines Tages ihre Zeit kommen würde und sie den Planeten verlassen müssten. Sie wussten auch, dass eines Tages ihr Wissen – ihre Schlüssel – von der Lichtfamilie – von euch – aufgedeckt und gefunden würde. Sie kannten die gesamte Geschichte ihrer Bestimmung und warum sie hergekommen waren, um Hinweise auf eine Zukunft auszusäen, die *jetzt* ist. Eure Schlüssel des Bewusstseins bewegen sich durch die Zeitsperren, die

die Maya für euch aufhoben. Als Hüter der Zeit hoben sie sehr viele Zeitsperren auf dem gesamten Planeten auf.

Ihr fragt euch vielleicht, wie diese Geheimnisse euch verborgen bleiben konnten – wie ihr so kontrolliert und isoliert gehalten werden konntet. Wenn all diese anderen Geschöpfe und Wirklichkeiten tatsächlich existieren, warum seid ihr dann nicht auf sie gestoßen? Wegen des Geflechts und der Zeitsperren rund um dieses Geflecht, in dem ihr euch befandet. Eure Zivilisation war in dem Primärgeflecht eingesperrt gewesen, das die Zeitkorridore beherbergte. Euer Korridor war in der Dreidimensionalität gefangen gewesen. Dieser spezielle Zeitkorridor konnte auf unterschiedliche Arten entwickelt werden: Man konnte eine einzige Fernverbindung bauen oder zahlreiche kleinere Wege erforschen, vergleichbar mit den vielen Straßen, die in eure Städte und Gemeinden führen. Wenn es nur eine Zufahrtsstraße gab und diese gesperrt war, wurde ein Austausch in diesem Zeitkorridor untersagt, und er war von allen anderen Einflüssen völlig abgeschnitten. In eurer Wirklichkeit belegen eure Regierungen – meist als Strafmaßnahme – andere Länder mit Sanktionen und erzeugen auf diese Weise genauso Isolation und Boykott wie die Zeitspieler auf den Zeitkorridoren. Werden die Straßen geöffnet – die Zeitsperren aufgehoben –, verschmelzen Wirklichkeiten, vermischen und verändern sich, und ihr verbindet euch stärker mit eurer höheren Identität. Jetzt müsst ihr euch auf dieses Einströmen von Wissen vorbereiten. Die Zeitsperren wurden geöffnet, und ihr befindet euch auf einer beschleunigten Reise, die euch auf die Verschmelzung eurer Identität vorbereitet.

Zeitsperren halten Zivilisationen oder Wirklichkeiten davon ab, sich zu vermischen. Da sie nun aufgehoben wurden, gelangt ihr in die Geburt der Neuen Welt, und die Realitäten verschmelzen. Wenn dies auf reife Weise und im Verständnis für die Anwendung von Licht geschieht, kann es eine ziemlich erhebende Periode sein.

Alle Zeit ist gleichzeitig. Um einen Planeten herum gibt es Schichten von Energiegittern, wodurch er von seinen unterschiedlichen Zeitrahmen aus erfahren werden kann. Damit ihr einen

Planetenkörper überhaupt betreten könnt, müsst ihr die Tore oder Öffnungen in diesem Gitter finden, die Portale, die euch zu den Realitäten mit empfindungsfähigem Leben bringen. Wenn ihr nicht durch ein Portal geht, könnt ihr in einer Welt landen, die womöglich vollkommen leer aussieht. Indem ihr ein Portal benutzt, erreicht ihr all die verschiedenen Wirklichkeiten, Zeitrahmen und Korridore, die davon abzweigen. Auf diese Weise kann jemand zu einer Erde zurückkehren, die vor zweihundert oder fünfhundert Jahren existierte – solche Wirklichkeiten gibt es.

Welten sind von zahlreichen Schichten von Gitternetzen umgeben. Wenn diese Gitternetze verschoben und bewegt werden, erzeugen sie unterschiedliche Wirklichkeiten und unterschiedliche Energien. Bewegt oder verschiebt ihr ein derartiges Gitter und geht ihr durch ein Portal, könnt ihr gleichzeitig vergangene, gegenwärtige und zukünftige Welten betreten. Diese Portale sind Schutzeinrichtungen, die um den Planeten gelegt wurden. Ein Portal zu verwalten oder zu erschaffen ist eine ehrfurchtgebietende Aufgabe. Eine bestimmte Frequenz ist notwendig, um es offen zu halten. Es gibt auf der Erde viele davon, wir erwähnen nur einige. Ein Portal liegt im Gebiet von Mexiko, eines im Sinai und eines über Tibet. Dies sind drei Hauptportale, durch die Energien auf den Planeten gelangen und ihn wieder verlassen. Inzwischen sind weitere hinzugekommen, die verschiedene Aufgaben zu erfüllen haben.

Uralte Kristallschädel, die euch seit unvordenklichen Zeiten als Wissensspeicher begleiten, werden oft in Portalgebieten aufbewahrt oder wiedergefunden. Wenn Menschen ein Portal bewachen oder in Besitz nehmen, haben sie auch Zugang zu den Zeitkorridoren. In Tibet konnten sie die zukünftige Invasion ihres Landes sehen, also bereiteten sie sich auf die kommenden Zeiten vor. Sie konnten sehen, wofür man ihre Samen – das Sperma der tibetischen Mönche – verwenden würde. Sie konnten auch sehen, warum ihre heiligen Gegenstände versteckt wurden und sie selbst ins Exil gehen mussten. Das Portal im Nahen Osten ist eine der Hauptöffnungen auf dem Planeten. Das Bermuda-Dreieck, das Portal des alten atlantischen Gebiets, diente ebenfalls als wichtiger Zugang zum Planeten. Jetzt sind die Energien dort chaotisch, und es ist kein sicheres Portal mehr. Wegen der Konflikte und des Durcheinanders, die dort herrschten, kann man steckenbleiben oder sich verirren. Andere Portalgebiete sind die Osterinseln, der Fuji, Mount Shasta, der Titicacasee, die Linien von Nazca und Ayers Rock, von den australischen Ureinwohnern Uluru genannt.

Es gibt welche, die die Zeitkorridore lesen und sie bereisen können, und solche, die das nicht beherrschen. Es bilden sich Bewusstseinsimperien, um verschiedene Fraktionen der Existenz im Kosmos und im Universum zu übernehmen. Wenn sie auf den Zeitkorridoren reisen können, besitzen sie unglaubliches Wissen über Wahrscheinlichkeiten und die Art, sich in die Variable der elektromagnetischen Portale einzublenden. Wenn die Zeitkorridore nicht mit dem nötigen Wissen bereist werden, können viele Ereignisse blind durch die Zeit brechen, sich wie Flutwellen von einem Ort zum anderen bewegen und das Sein förmlich zermalmen. Diese Ereignisse scheinen sich nicht darum zu kümmern, durch welche Öffnung oder Wahrscheinlichkeit sie hereinkommen; sie schlagen überall wahllos zu. Und doch wisst ihr, dass alle Ereignisse synchronistisch mit einer tiefen Ordnung und einem sinnvollen Plan verbunden sind – es ist eine von der Göttin inszenierte Show.

Damit eine neue Zeitlinie und ein ganz neues Geflecht etabliert werden konnte, musste das ursprüngliche Ereignis, das dieses Geflecht verankerte, so tiefgreifend implodiert sein, dass es das gesamte Sein betraf. Sonst hatte das Geflecht keine Ankerpunkte. Die Besitzer der irdischen Zeitlinie haben diese abgeschirmt und nicht zugelassen, dass auf ihr ein freier Austausch herrscht. Es gab welche in der Zukunft, die Zweit- und Drittgeflechte konstruierten. Ein Zweitgeflecht war ein zweites Gewebe, mit dem Ziel, die Energie um den Hauptkorridor der Zeit herumzuleiten. Ein Drittgeflecht diente als Fangnetz, falls das zweite nicht funktionierte.

Zeitlinien, das Gewebe der Zeit und die Röhren, die dieses Zeitgeflecht durchziehen, sind alle in Primärereignisse eingehakt. Ohne ein

Primärereignis könnt ihr euch nicht in eine Zeitlinie einklinken. Mit anderen Worten, die Zweit- und Drittgeflechte müssen in ein Primärereignis eingehakt werden, so dass andere Zeitlinien es als Anker verwenden können. Die Spaltung des Atoms war ein solches Primärereignis, ebenso die Aufspaltung der Sekunde und die Harmonische Konvergenz von 1987. Primärereignisse können gesellschaftliche oder private Geschehnisse sein, sie beeinflussen drastisch den Lauf der Geschichte. Damit eine neue Zeitlinie auf dem Planeten verankert werden kann, muss ein Massenereignis stattfinden.

Euer Zeitkorridor wird bereits seit einiger Zeit von außen – aus der Zukunft – von solchen Geflechten durchdrungen. Wenn ihr ein Zweit- oder Drittgeflecht baut und in einen jüngst geöffneten Korridor gehen wollt, müsst ihr ein Primärereignis finden. Sonst könnt ihr euch nirgendwo einhaken. Es ist wie beim Angeln. Ihr könnt einen Haken in den Teich werfen; wenn nichts anbeißt, habt ihr kein Primärereignis. Ihr wartet vergebens.

Ein Primärereignis ist ein Geschehnis, das innerhalb des Hauptgeflechts in den Zeitkorridoren als entscheidende Schnittstelle registriert wird und an dem die gesamte Wirklichkeit vorbeizieht. Es kann als Wendepunkt für den Bereich, in dem es geschieht, angesehen werden. Die Harmonische Konvergenz 1987, vor mehr als dreißig Jahren, war ein inszeniertes Ereignis, hervorgerufen durch Impulse aus der Zukunft. Sie wurden in die Vergangenheit geschickt und dann in der Gegenwart neu organisiert, um ein Loch zu erzeugen, durch das die Zweit- und Drittnetze gebaut wurden und eine Verbindung zum Planeten finden konnten.

Worin bestand die Verbindung? Wenn diese Netze ein Primärereignis zum Einklinken brauchten, was gab ihnen dann in dem Primärereignis einen Halt? Das Bewusstsein der Menschen.

Es gibt welche, die auf das Studium von Primärereignissen in bestimmten Sektoren des Seins spezialisiert sind. Sie kennen den Spielraum, mit dem eine bestimmte Zeitschiene verändert werden kann, ohne die gesamte Zeit zu verändern – weil untergeordnete Zeiten um das Ereignis herum verändert werden. Es gibt welche, die auf parallel ablaufende Ereignisse in verschiedenen Welten spezialisiert sind. Sie erzeugen geometrische Wirbel, indem sie Primärereignisse aus verschiedenen Sternensystemen und Galaxien nehmen, sie zusammenschalten und neue Kommunikationsstraßen erschaffen. Es war so hilfreich, dass ihr euch von eurer Erden-»Zeit« befreit. Die Hauptkorridore wurden umgebaut, damit ein größerer Energiefluss auf euren Planeten strömen konnte. Wir halfen in der Zukunft beim Bau der grundlegenden Netzwerke, damit bei einem inszenierten Primärereignis die Geflechte miteinander verbunden werden konnten und sich auf der Erde alles wandelte. Dies hat eure gesamte Zeit verändert. Es hat ein riesiges Loch in das Gewebe gerissen, in dem ihr lebt, und euch in das Neue Zeitalter katapultiert.

Als vor langer Zeit die Zeitkorridore in anderen Zivilisationen entdeckt und ausgebaut wurden, gab es Millionen Welten, die nicht in Weisheit lebten. Es gibt heute noch Raumgebiete, die als Chaosbälle fungieren, weil zu viele Löcher in das Gewebe gerissen wurden, das ihre Wirklichkeit darstellt. Das Leben dort hat die gleiche Lektion erfahren, die ihr jetzt seit Jahrhunderten in Bezug auf eure Umwelt lernt – missbraucht sie, verschmutzt sie, und sie wird stumpf und verliert ihre ursprüngliche Lebendigkeit.

Das gesamte Sein ist aber lebendig, und eine der wichtigsten Aufgaben besteht darin, in allem Seienden zu existieren und es zu fördern, statt es zu missbrauchen und zu zerstören. Es gibt andere große Universen wie dieses, an denen gerade gearbeitet wird und die gereinigt werden. Ihr glaubt, eure Erde ist verschmutzt? Dann stellt euch mal ein wegen seiner nicht verbundenen Zeitlinien total chaotisch verschmutztes Universum vor. Ihr könntet dort zum Einkaufen gehen, und wenn ihr zurückkehrt, wäre euer Haus verschwunden – weil es durch ein Loch rutschte. Es existiert dann an dieser Stelle eine andere Realität. *Das* ist verrückt.

Eines Tages wird dies alles integriert sein, denn das ist unsere Herausforderung: Wie integrieren wir das Bewusstsein jener, die überhaupt erst die Falle erschufen, indem sie die Schöpfung nicht respektierten? Sie achteten das Geflecht nicht, gingen durch die

Zeitkorridore und machten, was sie wollten. Aus unserer Sicht ist es dazu notwendig, die Ereignisse zu verändern.

Nicht, dass wir es allein in der Hand hätten. Wir operieren unter der Führung unserer Lehrer, den Hütern der Zeit. Aus einer größeren Perspektive spiegeln wir euch die enorme Verantwortung wider, Anspruch auf das Bewusstsein zu erheben. Die Aufgabe, in den Zeitkorridoren die Gesetze von Ursache und Wirkung auszujonglieren, ist wahrlich ehrfurchtgebietend.

Die Lebendigen Bibliotheken befinden sich in einer Version des Primärgeflechts, das bis vor kurzem noch gesperrt war. Das ist jetzt nicht mehr der Fall. Doch diese Bibliotheken werden bewacht. Es ist nicht einfach, eine solche Bibliothek zu betreten, besonders wenn man aus der Zukunft kommt. Also werden die zugrundeliegenden Zeitkorridore gebaut. Viele führen bestimmte Zeitlinien zusammen, damit sie gewisse Gebiete in Besitz nehmen oder größeren Einfluss auf sie ausüben können. Sie verbinden auf diese Weise so viele Zeitlinien wie irgend möglich miteinander, oder sie umgehen möglichst viele, je nachdem, was ihr Vorhaben ist.

Von einem bestimmten Standpunkt aus gibt es welche, die die Zeitkorridore besitzen oder wenigstens zu besitzen glauben. Sie bauen die Hauptkorridore ständig um und organisieren neue Zeitalter der Existenz. Wenn diese Korridore einmal angelegt sind, werden sich viele Intelligenzformen darin vor- und zurückbewegen können, wobei die sogenannten Besitzer der Korridore bestimmen, welche Kräfte hineindürfen. Auf dieses Problem steuert die Erde zu, und das ist auch der Grund, warum es einen so großen Zustrom von Lebensformen gab, die von der menschlichen Spezies für Experimente verwenden wurden. Es entstanden Zweit- und Drittzeitlinien, damit bei einem Überfall auf die zweite noch eine weitere Zeitlinie offenblieb. Zweit- und Drittereignisse wurden eingerichtet, damit es zu einer größeren Öffnung im Zeitkorridor kam. Diese Öffnung gestattete vielen, durch die sogenannten offiziell anerkannten Kanäle zu kommen. Sie stießen auf eine Untergrundbewegung und auf Portale, die sich gleichzeitig in zahlreiche Richtungen öffneten.

Die Maya, diese meisterhaften Trickspieler der Zeit, haben euch jede Menge Hinweise hinterlassen, mit denen ihr das Spiel spielen könnt. Ihr Kalender verdient nähere Betrachtung, da er schon zur Wintersonnenwende 2012 eine Zeit des Beendens voraussagte. Die Spielleiter schauten zu und fragen sich, was ihr angesichts der damit verbundenen wilden Spekulationen tun würdet. Die Vorstellung vom Ende eurer Zeit bedeutete, dass ein Zyklus sich vollendet. Es bedeutete nicht, dass es mit der Erde zu Ende sein wird. Ein bestimmtes, zum spirituellen Wachstum erforderliches Thema ähnelt einer über Jahre laufenden Broadway-Show. Ihr habt noch ein paar wenige Jahre Zeit, um die vereinbarten Vorstellungen hinter euch zu bringen.

Wenn dieser letzte Zeitabschnitt abgelaufen ist, und das wird eher früher als später der Fall sein, wird es auf diesem Planeten zu einer Dimensionsverschiebung kommen. Ihr könnt die Vorboten bereits erkennen. Diejenigen, die sich jetzt daran anpassen können, gehen bereits in der vierten und sogar in der fünften Dimension ein und aus. Während der nächsten Jahre wird die neue Frequenz auf dem Planeten Erde so vorherrschend sein, dass sie eine Version eurer Welt in einen neuen Zyklus katapultiert und eine andere in Untergang und Zerstörung. Ihr erlebt praktisch eine Spaltung der Welt in zwei ganz unterschiedliche Entwicklungsströme.

Im neuen Zyklus wird Energie aus der Lebendigen Bibliothek hervorbrechen und ein einzigartiges Aufblühen aller Lebensformen auslösen. Ihr könnt keinen Zugang zu anderen Lebendigen Bibliotheken erlangen, solange ihr diese hier nicht nutzen könnt. Ihr werdet fühlen, wie ein Teil von euch sich ausdehnt und in das Neue hineinspäht, um zu sehen, wie ihr mit eurer jüngst erworbenen Bewusstheit umgeht. Ihr riskiert vielleicht einen Blick darauf, was andere mit ihren Schöpfungen tun, obwohl ihr die Lebensformen der fremden Lebendigen Bibliothek womöglich nicht versteht. In anderen Bibliotheken, wo das Wissen zum Beispiel in geometrischen Formen gespeichert ist, könnten die Welten ganz unterschiedlich sein und euch vielleicht wie ein verlassener kosmischer Spielplatz erscheinen. Denkt daran, dass ein Spielplatz nur durch Spielende lebendig wird. Die Bibliothek Erde wird es euch erleichtern, einen Schwingungswandel hinsichtlich des Teilens und Fließens mit der Energie zu erreichen. Von der Natur, dem großartigen Spielplatz der Erde, werdet ihr lernen, miteinander zu verschmelzen und euch in den Zeitkorridoren zu tummeln.

Wir haben herausgefunden, dass Ereignisse aus der Zukunft kommen. Sie können ebenso der Zukunft wie der Vergangenheit entspringen. Dies ist das ständige Spiel. Wir sind hier auf eurer Welt, um die Veränderung der Vergangenheit zu erleichtern, damit wir unsere Gegenwart auf den Plejaden, unsere Version des Jetzt, ändern können. Das soll geschehen, damit eine tyrannische Übernahme, die weit in der Zukunft stattfindet, abgewendet und ungeschehen gemacht, in eine positive Richtung gebracht wird. Es ist tatsächlich so, dass eure Vergangenheit auf unsere Gegenwart zu eilt, und doch begaben wir uns in die Zukunft, um sie zu verändern.

Ihr werdet eine ganz andere Folge von Erinnerungen wahrnehmen, weil ihr jetzt die Vergangenheit eures Universums verändert. So liegen die Dinge. Wir haben euch gesagt, dass wir aus eurer Zukunft kommen und dass wir zu euch zurückgekehrt sind, um die Vergangenheit zu verändern. Wir sind sehr klug. Wir verändern die Geschichte des gesamten Universums, indem wir ein Paralleluniversum erschaffen. Bei Paralleluniversen handelt es sich um Pläne, Mechanismen der Zeit von einem Punkt aus zu verschieben, damit sie die Erinnerung und das Ereignis verändern. Ihr könnt das Gleiche in eurem persönlichen Leben machen. Ihr könnt auch eure Vergangenheit verändern. Seid flexibel, während ihr das Spiel zu spielen lernt.

Energieübung

Richte deine Aufmerksamkeit auf deine Atmung, folge dem Luftstrom in deinem Körper, und deine Lungen füllen sich mit Licht. Du siehst, wie dein Blutkreislauf die aufgeladene Energie aufnimmt und im ganzen Körper verteilt. Mit jedem Ausatmen fühlst du, wie sich dein Körper entspannt und loslässt. Atme so weiter und stelle dir vor, dass dich zwölf Energien umgeben, die deinem Wohlergehen dienen. Du spürst ein angenehmes Gefühl der Sicherheit, wenn du sie erforschst. Schaue jeder Energie tief in die Augen, dann verschiebe deinen Blick und lese das umgebende Energiefeld.

Stelle dir Fasern und Strahlen aus Licht vor, die von deinem Körper aus tanzen, während du ein vertrautes Ziehen in Bauch und Herz fühlst. Das Wiedererkennen lässt deinen Körper vibrieren, wenn die zwölf Führer dir einen Blick in ein anderes Jetzt gewähren. Erlaube dir, in die Zeit und Wirklichkeit zu blicken, die jeder der Führer darstellt, und erfahre alle zwölf vollkommen kraftvoll. Lasse deine Erinnerungen schweben, fühle die Zeitlinien wie Landkarten für Wirklichkeiten, die dir den Weg weisen. Folge den Lichtfasern, die sich von deinen Chakren aus in das Energiefeld jedes Führers bewegen. Wo findest du dich wieder? Erfahre und beobachte.

Vielleicht hörst du den süßen Klang eines sanften Regens oder das Heulen des Windes auf einer einsamen Straße. Es können Dschungel, Regenwälder, schneebedeckte Gipfel, Wüsten, Flüsse, Ozeane oder Ebenen sein. Jeder Winkel der Erde enthält Erinnerungen und geheimnisvolle Hinweise über dich.

Lasse dich von den Zeitlinien tief in ein anderes Jetzt tragen. Erfahre die Erde von zwölf Zeitlinien aus und bitte darum, dass du diejenige siehst, die für dein eigenes Verständnis und für deine Verbindung mit den Sternen am bedeutendsten ist.

Fühle das Netz des Lichts, das als entscheidendes Gitter das Sein verbindet, das überall lebendig ist. Und nun stelle dir vor, dass die Netzfäden Intelligenz transportieren, da Leben nach Leben sucht. Stelle dir die Erde als blau-weißes, im Raum schwebendes Juwel vor und wie sie in ihrem eigenen Zeitbereich Hof hält, ein Edelstein zum Haltmachen entlang dieser großen Lichtkorridore. Schaue dir die Erde vom Weltraum aus an und fühle ein heftiges Ziehen von den Zeitepochen, die dich zum Erinnern einladen. Sind es vergangene Ereignisse, an die du dich erinnerst? Sei neugierig auf sie, während deine Vorstellungen von Zeit, Raum und Erde in dem energiereichen Netz aus Licht wahllos durcheinanderwirbeln.

Und nun blicke durch die Energielinien, die sich gleich hinter dem Mond kreuzen. Was steht auf den Wegweisern? Und auf welche stellaren Nebenstraßen zeigen deine treuen Führer? Lasse deinen Geist die Vitalität des Augenblicks aufnehmen; ehre die Erde und dich selbst für die grenzenlosen Möglichkeiten, die es auszudrücken und zu erkunden gibt. Zolle dem Netz aus Licht besondere Hochachtung, dieser großen Seinskraft, durch die wir alle lernen, das Spiel zu spielen. Du machst das ganz wunderbar.

10

Die Himmel sprechen

Ihr habt selbst einen Zeitpunkt und eine Abstammungslinie gewählt, eine Blutlinie, in die ihr geboren wurdet, um die Möglichkeiten zu erhalten, die aus eurer Sicht ideal sind, um sie in diesem Leben zu erfahren.

Bevor ihr in diese Realität kamt, bewarbt ihr euch um ein Stück Zeit – den Moment eurer Geburt. Zu eurer Geburt befanden sich die Sterne, Planeten, der Mond und die Sonne in einer bestimmten Konfiguration. In dem Augenblick, als ihr aus dem Bauch eurer Mutter kamt, prägte die Energie von den Sternen und Planeten euer Fleisch, ganz gleich wo ihr wart, denn die Energie des Himmels berührte zu dem Zeitpunkt die Erde.

In diesem Augenblick wurden bestimmte Wahrscheinlichkeiten, besondere Gelegenheiten und konkrete Herausforderungen festgeschrieben. Die Sprache der Sterne erklärt eure Welt auf eine Art, die euch hilft, das größere Bild zu verstehen.

Alles steht in geometrischer Beziehung zueinander und erzeugt energetische Muster. Ihr habt euch selbst einen Zeitpunkt und eine Abstammungslinie ausgesucht – eine Blutlinie, in die ihr hineingeboren wurdet, um in diesem Leben aus eurer Sicht ideale Erfahrungsmöglichkeiten vorzufinden. Ihr bestimmtet diese Erfahrungen aufgrund dessen, was ihr lernen musstet, und zwar basierend darauf, was ihr erschaffen hattet, erschaffen werdet und gleichzeitig an anderen Orten erschafft.

Die Himmel sprechen zu euch über eure majestätische Pracht und spielen durch euch ihre Geschichte aus. Die Planeten senden ihre Lebenskraft als elektromagnetische Wellen aus, die Zyklen erzeugen, in denen herausragende Leistungen in Form von Herausforderungen und Siegen bestimmte Epochen oder Zeitalter definieren. Wenn diese Zyklen verstanden werden, wird der Planet automatisch davon profitieren. Die Zyklen sind ignoriert und bagatellisiert worden, damit ihr in Unwissenheit bleibt und nicht zu der enormen Selbsterkenntnis vordringt, die Teil des Lebenssinns ist. Ein Grund, warum die Lehren von den Zyklen verlorengingen, war der akademische Kampf gegen die Astrologie. Man hat euch gesagt, dass die Astrologie ein bedeutungsloses Studium sei, doch in Wahrheit sind Astrologie und Astronomie die Sprachen des Universums. In seiner klarsten Form übersetzt das Wissen über die Himmel den Makrokosmos in den Mikrokosmos und erkennt euch innerhalb eines bedeutsamen Seinsabschnitts an.

Bereits im Jahre 1993 – ja, wir blicken weit zurück – erlebtet ihr etwas, was wir als eine Galaktische Flutwelle des Lichts bezeichnen, anders ausgedrückt: eine planetare Konstellation, die einen Energieweg hervorbrachte. Ihr müsst verstehen, dass jeder Planet eures Sonnensystems ein eigenes Bewusstseinsfeld besitzt, das – wie Datenautobahnen – pulsiert und Energiestrahlen aussendet. Wenn sich Planeten in bestimmten geometrischen Verhältnissen anordnen, erzeugen sie durch das Verschmelzen ihrer unabhängigen Kräfte komplexe energetische Gebilde. Es ist wie ein Tanz. Stehen zwei Planeten in Konjunktion, erscheint euch das von der Erde aus, als lägen sie übereinander. In Wahrheit sind ihre Energiebahnen verschmolzen, während sie selbst sich weit entfernt voneinander in den Tiefen des Weltraums befinden. Die Energie, die aus dem einen Planeten strömt, verschmilzt mit der des anderen.

Die Galaktische Flutwelle des Lichts kann durch die beiden Planeten Uranus und Neptun verstanden werden, die zu drei verschiedenen Zeitpunkten – im Februar, August und Oktober 1993 – in Konjunktion traten und das Zeichen Steinbock bei achtzehn bis neunzehn Grad ausrichteten und energetisierten. Jeder Planet besaß zu jenem Datum seine eigene Identität, seinen Einflussbereich. Jeder Planet ist ein fühlendes Wesen, eine eigene intelligente Kraft. Als sich diese beiden Intelligenzformen am Himmel trafen, übertrugen sie einen gemeinsamen Strahl auf die Erde und wirkten auf die vom Steinbock beeinflussten Teile der Erde ein. Das Zeichen Steinbock wird vom Saturn regiert, der für Form, Struktur, Autorität, Einschränkung und Zeit steht. Unter anderem hat der Saturn mit Steinen und Kristallen zu tun. Weil sich diese beiden Planeten im Steinbock trafen, mystifizierten, elektrisierten, energetisierten und veränderten sie die Steine der Erde.

Auf planetarer Ebene führte euch die Energie dieser Konjunktion zu einer Öffnung des Gefühlszentrums und bot euch eine Lösung für das sich zusammenbrauende Chaos. Wenn also jetzt die Systeme kollabieren, benutzt eure Gefühle, um weiterzukommen. Ohne Gefühle, besonders ohne Liebe, seid ihr zum Untergang verdammt. Ihr habt bemerkt, wie aufgewühlt eure Gefühle im Solarplexus gerade sind. Wenn ihr sie durch Fäden des Mitgefühls mit dem Herzen verbindet, werdet ihr die Wirklichkeit durch eine andere Quelle als den logischen Verstand bestimmen können. Ihr werdet euren Weg in die Wirklichkeit *erfühlen*. Dies wird Energien freisetzen, die als nicht erkannte und unaufgelöste Erinnerungen in den unteren Chakren festsaßen. Sie werden zum Herzen, zum Kehlkopf, zum Dritten Auge und zum Scheitel aufsteigen – dem vierten, fünften, sechsten und siebten Verteilungspunkt im Körper. Dieser Vorgang wird die Menschheit einen, und ihr werdet merken, dass ihr vieles gemeinsam habt und gar nicht so verschieden seid. Ihr werdet euch auf eine Weise an vergangene Leben erinnern, dass sie euch wie gegenwärtig und gerade stattfindend erscheinen. Das wird viele von euch verwirren, da es nicht leicht sein wird, die einströmenden Erinnerungen und Erkenntnisse zu verarbeiten.

Die Öffnung eurer Energiezentren soll euch als Lösung dienen. Im Idealfall wird sie einen chaotischen Wirbel erzeugen, der eure Wirklichkeit durcheinanderbringt, so dass ihr nicht mehr genau wissen werdet, was real ist. Da Unsicherheit und Verwirrung um sich greifen, werdet ihr eure blinde Treue gegenüber verschiedenen Institutionen anzweifeln. Einige von euch werden im Zuge dieser Zweifel depressiv werden. Andere werden sagen: »Großartig, ich bin unbelastet. Ich bin frei. Das ist wunderbar.« Es wird euch bald sehr überraschen, wie viele sich für alternative Versionen der Wirklichkeit interessieren. Ihr werdet vielleicht feststellen, dass eure beiläufigen Bemerkungen beim Einkaufen in eine metaphysische Konversation münden oder in ein tiefes Gespräch über die Anwesenheit von Außerirdischen. Spirit wird euch Impulse senden, Dinge auszusprechen, die ihr früher niemals gesagt hättet. Seid offen dafür und auch für die Öffnung von Menschen aus jeglichen eurer Lebensbereiche. Eure Familienmitglieder könnten sich um hundertachtzig Grad drehen. Nicht alle, aber einige werden allmählich das Licht sehen. Vielleicht habt ihr bei einigen Menschen gedacht: »Ach, da ist's hoffnungslos.« Das wird sich ändern.

Ihr werdet staunen, wer alles Ballast abwirft und aktiviert wird, denn das hat nichts damit zu tun, wieviel Zeit ihr investiert, wie viele Podcasts ihr gehört und welche Bücher ihr gelesen habt. Wenn Spirit an eure Tür klopft und eure Codes ausgelöst werden, geht das Erwachen schnell. Wofür einige von euch zwanzig, dreißig oder fünf Jahre brauchten, werden andere jetzt blitzartig erfahren. Ihr werdet es nicht erst mühsam lernen müssen, sondern einfach wissen. Seid also vorbereitet, Rat zu geben und anzunehmen und zu lernen, denn ihr lernt am meisten, wenn ihr lehrt. Die Menschen sind eure Spiegel, und wenn ihr sie unterrichtet und ihnen etwas erklärt, lernt ihr von ihnen im Gegenzug über euch selbst und eure Muster sowie darüber, wie Menschen lernen. Die Dynamik der Erweckungsenergie ist eine springflutartige Erfahrung, die mit jedem Augenblick intensiver wird. Diese Flut der zyklischen Energie ist für die rasche Umwandlung verantwortlich, die innerhalb der menschlichen Spezies gerade stattfindet. Ihr, die ihr hier im Augenblick existiert, werdet durch diese Energie verändert und mutiert, und eure Zellen nehmen ein anderes Aussehen an. Die Veränderung auf zellulärer Ebene wird euch zu einer Metamorphose in den spirituellen Dimensionen katapultieren. Die daraus resultierenden Erdveränderungen werden den Bewusstseinswandel vollenden, der notwendig ist, um geistige Gesundheit, Lebenssinn und sinnvolle Existenz in den Dimensionen wiederherzustellen, deren Heimat hier auf der Erde sein soll.

Es gibt einige natürliche Zyklen im Leben eines Menschen, in denen eine innere Kraftquelle in ihm aufsteigt. Ihr funktioniert als Menschen durch diesen Energiestrom, der am unteren Ende eurer Wirbelsäule eingerollt liegt und als Schlangenkraft oder Kundalini bezeichnet wird. Sie kommt der Energie von Urschöpfer am nächsten. Ihr verwendet eure Kundalini-Energie zur Fortpflanzung und habt keine Ahnung, dass sie auch dazu dient, die Sicht der Wirklichkeit zu verändern. In der westlichen Welt habt ihr dies nicht erkannt, weil die Mächtigen den *Status quo* eurer Konsumgesellschaft nicht ändern wollten. Meist steigt die Kundalini vom unteren Ende der Wirbelsäule ins zweite Chakra hinauf – von Identität und Überleben zu Schöpfungskraft und sexuellem Ausdruck – und bleibt dann stehen. Ungefähr im Alter von vierzig Jahren, bei der Uranus-Opposition oder sogenannten Midlife-Crisis, zieht der Planet Uranus die Energie höher. Da der Uranus zurzeit einen so großen Einfluss auf das globale Bewusstsein hat, wird es zu permanenten Kundalini-Erfahrungen der Masse kommen, und zwar ungeachtet des Alters. Das Niveau der elektromagnetischen kosmischen Energie in der menschlichen Rasse wird unwillkürlich ansteigen.

Bevor ihr zustimmt, in die physische Ebene einzutreten, geht ihr detailliert die Parameter eurer erschütterndsten Wahrscheinlichkeiten durch. Ihr stellt eure Blaupausen auf, dann wartet ihr auf den Spalt: das perfekte elektromagnetische Fenster in die physische

Realität. Dieses Fenster ist eine Anordnung von Energien, die von den Himmelskörpern gesteuert wird und euch erlaubt, euren genetischen Code zu bereisen. Eines Tages wird die Erstellung eines Horoskops eine Entsprechung zwischen der Planetenstellung und der Anordnung der DNS enthüllen. Gegenwärtig gibt es zwölf Häuser im Tierkreis und zwölf DNS-Stränge. Die zwölf DNS-Stränge werden sich schließlich in der Iris des Auges zeigen, und den genetischen Zweck werdet ihr in der Regenbogenhaut lesen können. Wenn ihr die Iris wie das Rad des Horoskops in zwölf Häuser unterteilt, wird jedes Haus einem Ort im Körper entsprechen, ebenso wie es bei der astrologischen Prägung der planetaren und stellaren Energien bei der Geburt eines Menschen der Fall ist. Durch eine Reflexion im Auge werden die zwölf DNS-Stränge schließlich ihre genetischen Codes des Zwecks und der Absicht gemäß ihrer Speicherung im Blut enthüllen. Dann werden viele sogenannte Geheimnisse gelüftet werden und euch von weiterer Irreführung befreien. Durch das Auge könnt ihr in das Fenster der Seele spähen, und im Auge vollzieht sich bei allen Spezies die tiefste Prägung und der tiefste Austausch.

Vor langer Zeit waren Astrologie und Astronomie eins. Als die linke Gehirnhälfte aktiver wurde und der Plan für ein falsches Ego oder einen wissenschaftlichen Geist an die Oberfläche trat, um die Menschen von sich selbst wegzubringen, wurden die Wahrheiten ins Lächerliche gezogen. Uralte Gesetze wurden verlacht, doch ihr wurdet zurück auf den Planeten geschickt, um diese Wahrheiten zu achten und wiederzuerwecken.

∞

Der Mond ist ein künstlicher Satellit. Er wurde gebaut und außerhalb der Erdatmosphäre verankert, um als Vermittlungs- und Überwachungseinrichtung, als Supercomputer oder Auge am Himmel zu dienen. Er beeinflusst alle Lebensformen auf diesem Planeten stärker, als ihr es euch heute vorstellen könnt. In eurer

Geschichte tauchen Berichte über zwei Erdmonde auf. Ihr hört das nicht oft, aber es gibt welche, die davon wissen.

Klar ist: Die Erde muss denen gehören, die auf ihr leben. Doch das ist im Moment nicht der Fall. Ihr habt äußere Götter, Schöpfungsenergien, die euch als Spezies davon abhalten, eure Kundalini frei einzusetzen. Der Einfluss des Mondes als wichtiger Satellitencomputer betrifft die gesamte Erde. Zurzeit durchqueren Photonenwellen den Weltraum, mächtige kosmische Strahlen, und werden durch den Uranus, den Neptun und andere Kräfte übertragen. Dies erzeugt einen überlasteten Stromkreis um die Steuerung herum, die euch daran gehindert hat zu verstehen, dass ihr als menschliche Wesen die Verwaltung eures Planeten übernehmen müsst.

Warum seid ihr in einer festen Zeitformel gefangen, die an jedem anderen Ort belanglos ist? Welche Bedeutung hat die Zwölf in diesem Mess- und Teilungsprozess? Wer wärt ihr ohne all das? Wir möchten, dass ihr euch diese Fragen im Kopf herumgehen lasst. Die Antworten haben selbstverständlich mit der Kontrolle eurer Lebenserwartung und der Kundalini zu tun. Es ist so, dass im Idealfall eure Lebenszeit viel länger als jetzt wäre und eure Gesellschaft den Erwerb von Weisheit durch Erfahrung achten würde. In einer Gesellschaft, die so strukturiert und aufgebaut wäre, dass die Kundalini-Erfahrung mit vierzig ideal erlebt wird, käme es zu einer Reifung des Einzelnen. Gegenwärtig betrachtet ihr euch im Alter von achtzehn als reif. Seid euch bitte bewusst, dass ihr zahlreiche Energiezyklen durch euren Körper erfahrt, damit ihr neue Perspektiven der Reife lernt. Es ist entscheidend für eure Entwicklung, dass ihr euch dieses Prozesses bewusst seid. Ihr seid herausgefordert, immer mehr Verantwortung zu übernehmen, ohne euch dadurch belastet zu fühlen.

∞

Es hat viele, viele Schlachten um den Mond gegeben. Teile von ihm werden als Eigentum betrachtet, andere einfach benutzt. Es gibt einen Plan, stufenweise andere Einflussprogramme für die Erde einzuschieben, wenn der Mond von Kräften besetzt sein wird, die euch in eurem Wachstum unterstützen statt behindern. Seit Äonen haben die Mondprogramme den menschlichen Wesen große Begrenzungen auferlegt. Die Geschichten über den Einfluss des Vollmondes auf Wahnsinn, Verrücktheit und verstärktes Bluten stimmen. Der Mond erzeugt wiederkehrende Zyklen, auf die ihr ansprecht. Ihr wisst, dass euch das Fernsehen stark beeinflusst. Das gilt auch für den Mond. Ihr habt einfach nicht gelernt, euch auf seine Programme einzustimmen und sie abzuschalten. Es gelingt euch nicht. Andere müssen den Mond für euch abschalten oder neu programmieren, und das geschieht gerade jetzt.

Zurzeit wird der Mond stark kontrolliert. Einige Menschen erleiden Wahnsinn und Verrücktheit durch den Mond. Außerirdische und andere haben dort viele Stützpunkte, und wenn es darauf ankommt, haben Menschen von der Erde auf ihm erstaunlich wenig Einfluss. Alles wird von Außerirdischen betrieben. Selbst wenn eure Technologie rasche Fortschritte macht, so steckt sie im Vergleich zur Biotechnologie von gefühlsbegabten Weltraumreisenden noch nicht einmal in den Kinderschuhen. Ihr seid neu im Spiel, und ihr geht an einem sehr wichtigen Schlüssel vorbei, denn eure Sinne und die Essenz eurer physischen Welt strukturieren die Wirklichkeit *auf eine bestimmte Weise.* Ihr übersetzt ständig Daten, und wie beim Deuten eines Traums presst ihr die Erfahrung in ein physisches Korsett, wodurch ihr immer weniger erklären könnt. Alles ist Gedanke – geistige Architektur – mit einem Bautrupp in vielen Wirklichkeiten.

∞

Die Sonne regiert euer Sonnensystem und ist der Sitz der Intelligenz, die diesen speziellen, von euch bewohnten Ort beherrscht. Die Sonne reicht bis in eure Zone, und wenn sie eure Haut berührt, liest sie eure Schwingung. Sie ist sehr eng mit jedem Lebensaspekt, wie ihr ihn kennt, verbunden. Sie ist eine Intelligenzkraft, die eure eigentliche Existenz antreibt und die Umwelt erschafft, in der ihr euch entwickeln könnt. Die Sonne ist sehr an eurer Evolution interessiert, denn im Zuge eurer Entwicklung leitet ihr alles, was ihr tut, an sie zurück, während sie euch berührt.

In vielen Kulturen wird die Sonne wie ein Gott als jene intelligente Kraft verehrt, die diese Welt regiert. Aber ihr wärt erstaunt darüber, wer und was in der Sonne lebt. Die Sonne ist eine Illusion. Äußerst fortgeschrittene Welten können sich als Sonnen tarnen, um sich durch die Kraft des Lichts vor Invasion und Einvernahme zu schützen. Für einige ist die Sonne ein Ort großen Lernens, während sie für andere einfach eine Einweihung darstellt, durch die sie jenseits davon gelangen. Sie ist nicht einfach nur eine Ansammlung brennender Gase, wie eure Wissenschaftler sagen.

Die Wissenschaft hat in hohem Maße euren Interpretationen des Lebens die Luft rausgelassen. Sie hat dem Leben all den Spaß, die Vitalität, das Aufregende und Geheimnisvolle genommen. Das Leben ist sehr alltäglich und langweilig geworden, als ob es sinnlos sei. Könnt ihr euch vorstellen, dass die Sonne sinnlos ist? Denkt einen Augenblick darüber nach. Und doch gibt es heute eine Kampagne der Angst und Ablehnung gegen die Sonne. Die Menschen fühlen sich nicht mehr mit der Natur verbunden, weil die Wissenschaft gesagt hat, dass die Natur nicht mehr sicher sei. Das Misstrauen gegenüber der Sonne, der Natur und der Erde hat zu eurer gegenwärtigen Krise beigetragen – eurer mangelnden Bereitschaft, eure Heimat zu ehren und wertzuschätzen. Innerhalb der Wissenschaft gibt es zurzeit eine tiefe Krise durch sich widersprechende Überzeugungen – Gott und der Göttin sei Dank.

Die Sonne und der Mond sind die Lichtspender in eurem System, durch die ihr tiefgreifend beeinflusst werdet und die große Auswirkungen auf euch haben. Die Sonne erzeugt ihr eigenes Licht und beleuchtet dann ihrerseits den Mond. Der Mond ist ein Subsatellit der Sonne, der als ein Computer die Erde umläuft und von vielen Göttergenerationen gebaut und erhalten wurde. Himmelskörper werden in Form von Asteroiden, Monden und Planeten konstruiert, und durch diese Lichtspender werden Strahlen der Intelligenz, Radiowellen und Gammastrahlen vom jeweiligen Stern an die Sonne übertragen und zur Erde gesendet. Durch diese Strahlen werden eure Handlungen auch gelesen und zurück zur Sonne, dem Mond und dem ausstrahlenden System – in diesem Fall sind das die Plejaden – geschickt.

Wenn ihr euch an einen anderen Ort bewegen und das Sonnensystem und den Himmel von einem anderen Bezugspunkt aus sehen könntet, würdet ihr erkennen, dass die Erde, die Sterne und alles Übrige sich dramatisch verschieben.

Eines der Systeme, mit dem ihr euch dreht, ist das System der Plejaden mit seiner Zentralsonne Alkyone. Euer Sonnensystem befindet sich am Rand der galaktischen Spirale.

Stellt euch vor, ihr zieht eine Linie von der Erde zu Alkyone in der Absicht, euch mit der Zentralsonne zu verbinden. Wenn ihr dann bei Alkyone angelangt seid, sagt jemand: »Es gibt noch eine andere Sonne, um die wir uns hier drehen.« Also zieht ihr auch eine Linie dorthin. Dann sagt wieder jemand: »Hier drüben gibt es viele weitere Zentralsonnen.« Also geht ihr hierhin und dorthin und zieht munter eure Linien. In eurem Universum gibt es Milliarden von Galaxien, und ihr befindet euch nur in einer einzigen davon. Wenn ihr all diese Linien zieht, ergibt sich eine geometrische Form. Wir stellen das jetzt sehr einfach dar, das ist es aber nicht. Wir entwerfen hier lediglich ein Bild, das euch hilft zu verstehen. Wenn ihr Linien zieht und die Sonnen untereinander energetisch verbindet, beschreibt ihr ein Intelligenzkollektiv. Das kann als Standort von Urschöpfer bezeichnet werden, obwohl es das nicht ist. Es könnte ein Ort eines der Schöpfergötter oder Vertreters sein – oder auch die Heimat eines Experiments der Spielleiter. Stellt euch vor, dass ein intelligentes, durch viele Dimensionen des Seins operierendes Wesen aus Zentralsonnen besteht, die aus eurem gesamten Universum über seinen sogenannten Körper verteilt sind.

Alle Welten werden von Sonnen regiert. Das Wachstum orientiert sich an diesen Sonnen. Eure Sonne gibt euch Licht, und durch Licht könnt ihr eure Reflexionen in der äußeren Welt sehen. Was könntet ihr euch ohne Licht spiegeln? Was würdet ihr wahrnehmen?

Die Sonne beherrscht und regiert euer spezielles System, wie es sich euch von eurem Planeten aus darstellt. Sie ist der sensible Punkt eurer besonderen Bühne im Weltraum. Die Sonne kennt ihre Schöpfungen und nährt sie ihrerseits mit dem, was sie brauchen. Wenn ihr also euch selbst und die Erde liebt, verstehen die Sonnenstrahlen euer Bewusstsein vollkommen. Wenn ihr Angst vor der Erde habt, verstehen das die Sonnenstrahlen, und sie schubsen euch in diese Erfahrungen hinein.

Wenn die Intensität sich auf eurem Planeten verstärkt und als Energiemissbrauch ausgesendet wird, liest die Sonne das. Sie ist das fühlende Herzzentrum. Sie erlaubt und aktiviert Leben, denn sie berührt und liest alles. Ihr könnt nicht verbergen, wer ihr seid, weil die Sonnenstrahlen eure Schwingung lesen. Manche Menschen unternehmen den Versuch, sich vor der Sonne zu verstecken, und gehen unter die Erde, um ihre Aktivitäten geheim zu halten.

Denkt über das Bewusstsein der Sonne nach, wie sie auf ihren Herrschaftsbereich blickt. Sie berührt alle Punkte mit wechselnden Lichtzyklen, um zu überprüfen, was in jeder kleinsten Ritze und Spalte geschieht. Sie fühlt und bringt die Energie zu sich zurück, und dann entscheidet sie über ihren eigenen Ausdruck. Sie lernt, Gleichgewicht und Ungleichgewicht in ihren eigenen Schöpfungen zu korrigieren. Die Sonne verändert sich. Sie und ihre vielen Kräfte brüten phänomenale Verschiebungen aus und senden sie an jeden Aspekt eures Seins. Es gibt Pläne innerhalb von Plänen innerhalb von Plänen. Versteht, dass euch immer der höchstmögliche Plan zur Verfügung steht, wenn ihr euch für ihn entscheidet.

Es ist bereits zu einer enormen Zunahme an Sonnenfackeln gekommen; die Energie der Sonne bricht lodernd hervor und sendet dabei enorme Mengen an Gammastrahlen aus. Manchmal ist die Sonne recht zahm und zart wie ein kleines Baby, und ein andermal wieder zeigt sie Phasen explosiver Aktivität, als ob eine Million Vulkane gleichzeitig ausbrechen würden. Wenn ihr jedoch das entsprechend eingestimmte Bewusstsein habt, könnt ihr euch durch diese Aktivität unmittelbar in den Bereich bewegen, der hinter der jeweiligen Illusion liegt. Die Form der Sonne ist eine Illusion, die fest in der Essenz jeder Facette dieses Sonnensystems und in jedem Teil der DNS des Universums verankert ist. Innerhalb der Gesamtblaupause und dem Entwurf der grundlegenden Glaubensvorstellungen ist festgelegt, dass bestimmte Illusionen wahrgenommen werden und andere nicht. Die Sonne ist eine vereinbarte Grundannahme, die in vielen Wirklichkeiten Geltung hat und auch zulässt, dass Realitäten miteinander verschmelzen.

Die Polargebiete der Erde werden durch vom Bewusstsein der Erdbewohner hervorgerufene Veränderungen der Sonnenstrahlen und durch freigesetzte solare Ausbrüche berührt. Die ausgesendeten Sonnenfackeln sind wie Atomexplosionen oder elektrische Schläge, die Millionen von Kilometern in die Tiefe des Weltraums gehen. Die magnetischen Pole der Erde fangen diese Energie auf. Sie greifen nach der Energie, die aus dem Weltraum zum Planeten kommt. Aufgrund der magnetischen Kraft wird sie entweder als Bogen um den Äquator oder nach innen zum Erdkern geleitet. Jeder Pol schnappt nach der Sonnenenergie, zieht sie herein und erzeugt einen riesigen Zylinder von Schwingungsenergie. Während nun diese Schwingungsenergie zwecks Anpassung rüttelt und schüttelt, muss sie sich in das Energiegitter der Erde einfügen, das über den Polen zusammengeknüpft ist. Dieses Gitternetz wird von euch festgelegt, und in gewissem Maß entsprechen alle Energien, die durch eure Version der Erde verschmelzen oder auftreten, diesem Gitter von Überzeugungen.

Natürlich ist vieles aus dem Gleichgewicht geraten, das sich um Korrektur bemüht, und deshalb wird es zu einer Verlagerung der Pole kommen, damit das Gitternetz die Energie leichter auffangen kann. Zum jetzigen Zeitpunkt kann die besondere Ausrichtung der Pole nicht als elektrische Erdung oder Blitzableiter dienen, was aber zur Vermeidung des Durchbrennens erforderlich ist. Die Pole bilden einen Blitzableiter durch die Erde, doch im gegenwärtigen Zustand würden sie alles kurzschließen. Um also eine völlige Zerstörung zu verhindern, wird eine Verschiebung stattfinden. Die Pole werden ihre Position ändern, was sie auch schon oft getan haben, wenn das

Gleichgewicht der Erde gefährdet war. Vom Weltraum aus gesehen wird es nur eine kleinere Verschiebung sein. Aus eurer Perspektive jedoch wird sie gewaltige Ausmaße annehmen.

Die Sonnenenergie erzeugt eine neue Schwingung, die mit störenden und zerstörenden Energien nicht zusammenpassen wird. Damit sie sich qualifizieren und wieder dazugehören, werden Energien ihr Recht auf eine bestimmte Frequenz der Liebe einfordern müssen. Die Sonne sagt: »Es reicht. Wir werden euch wieder ins Lot bringen, aber stellt euch danach geschickter an.«

Nur die mit einem geordneten Bewusstsein werden fähig sein, diese Energie in ihrem Körper zu beherbergen. Jene mit negativen Gedanken empfinden sie als reines Gift; ihre Gedanken werden zu ihnen zurückkehren und ihren Körper möglicherweise zerstören. Die Lösung besteht darin, klare Gedanken und einen ausgerichteten Körper zu haben, der diese Energie vollkommen angstfrei aufnehmen kann. Jedes Mal, wenn ihr euch diesen fantastischen Energieschüben aussetzt, verstärkt ihr eure Intuition, euer mediales Potenzial und eure Fähigkeit, die DNS zu entschlüsseln. All diese Fähigkeiten werden abertausend Mal vergrößert. Dies ist Teil dessen, wie die Sonne auf euch reagiert, also vertraut darauf, dass sie in euch liest. Bringt ihr und allen euch umgebenden Elementen ehrliche, offene und wohltuende Energie entgegen.

Intelligenz stellt sich als Licht dar. Wir wiederholen: Intelligenz stellt sich als Licht dar. Es ist die Intelligenz eurer Sonne, die euer Sonnensystem in seinem energetischen Feld hält. Gerade erreichen euch Auswirkungen von jenseits eurer Sonne. Es ist fast so, als ob die Wirkung eurer Sonne die Geschehnisse auf der Erde nicht durchdringen konnte und deshalb andere Sonnen eurer Sonne zu Hilfe eilen. Eure Sonne erzeugt Sonnenfackeln, die kosmische Strahlen anziehen und sie in diesem Sonnensystem verankern.

Stellt euch die Sonne als gigantischen Magnet vor. Ihre Sonnenfackeln schicken Greifarme aus, um die kosmischen Strahlen einzufangen. Die kosmischen Strahlen sind Sonnenfackeln einer Zentralsonne von einem weit entfernten Ort in eurer Galaxis.

Führt euch vor Augen, mit welchen Mitteln ihr in eurer Welt kontrolliert werdet. Es gibt eine bestimmte Gruppe, die nicht unbedingt die Höherwerdung der Menschheit im Sinn hat. Einige verstehen, dass die Menschheit gegenwärtig eine Umwandlung durchmacht und dass die Sonne zum Großteil dafür verantwortlich ist. Um nun dieser Umwandlung oder Veränderung entgegenzuwirken, erzeugen sie ein Bild, wodurch ihr euch vor der Sonne fürchtet. Also folgen die Menschen massenhaft den Eingebungen der Autorität. Es gibt Menschen, die die Bilder, mit denen sie gefüttert werden, so schnell verinnerlichen, dass sie bereits Hautkrebs erzeugen, wenn sie nur im Sonnenschein von ihrem Auto zur Haustür flitzen.

Es gibt eine Verschwörung gegen die Sonne, so als ob die Planer eurer Welt sich geirrt und einen Fehler gemacht hätten, als sie die Sonne in eurem Sternensystem platzierten. Das ist die Vorstellung, die man euch Menschen andreht. Und als Menschen glaubt ihr alles, was die Wissenschaft sagt – und ahnt nicht, dass ihr damit zeigt, wie einfältig und leicht zu steuern ihr seid. Weil es schwarz auf weiß geschrieben steht, glaubt ihr es gleich.

Wenn die Pflanzen genug Köpfchen haben, um mit der Sonne zu arbeiten und ein Schutzdach von Energie, Prana und Sauerstoff zu erzeugen, das euch am Leben hält, glaubt ihr dann nicht, dass die Sonne auch für euch Menschen gut ist? Glaubt ihr allen Ernstes, dass sie nur für Pflanzen gut ist und die Menschen schädigt?

Wir sagen, dass die Sonne großartig ist. Studien dokumentieren, dass Hautkrebs bei der Einführung von Sonnenschutzmitteln häufiger wurde. Es ist nichts Schlechtes an der Sonne. In Wahrheit erlaubt euch das Schwinden der Ozonschicht, noch mehr Sonnenstrahlen aufzunehmen. Es gibt welche, die sagen: »Schaut nicht in die Sonne. Sie ist schädlich. Sie wird eure Augen blind machen.« Wir sagen, dass sich eure Augenstruktur verändern wird. Es wird zu einer Mutation im Sehnerv kommen, die euch eine neue Sichtweise ermöglichen und das freilegen wird, was euch in der Dreidimensionalität festhält. Vertraut darauf, dass niemand einen Fehler gemacht hat, als die Sonne am Himmel platziert wurde.

In der Vergangenheit waren einige dieser Löcher in der Ozonschicht größer als heute. Die Größe der Löcher schwankt; die Schwankung hat aber nicht die von der Wissenschaft angenommenen Ursachen. Durch Ozonlöcher können eine andere Qualität und Erfahrung des Lichtspektrums und der Strahlung in die Erdatmosphäre gelangen. Wenn die Menschen ein anderes Spektrum erfahren, kommt es tief im menschlichen Körper zu einer chemischen Reaktion, und er beginnt sich zu verändern. Der menschliche Körper wird vom ausgestrahlten Licht beeinflusst. Tatsächlich verändert ihn die Strahlung dieses Lichts auf einer subatomaren Ebene. Diejenigen von euch, die das verstehen, können im Einklang mit dieser natürlichen Verschiebung sein. Einiges davon ist nicht natürlich; allerdings ist der Großteil so inszeniert, dass ihr davon profitieren werdet. In sehr kurzer Zeit kann es zu einem Ansteigen der evolutionären Intelligenz der Spezies kommen, und sie wird dadurch stärker. Dieser Prozess beschleunigt sich durch die Energie, die durch Ozonlöcher hereinkommt. Wenn ihr in der Zukunft auf kosmische, himmlische Ereignisse stoßt, werdet ihr der Energie schon ausgesetzt gewesen sein. Was ihr also jetzt bekommt, ist wie eine homöopathische Dosis.

Von der Sonne kann sehr viel Gutes kommen. Sie enthält das tiefste schamanische Wissen, das es überhaupt gibt. Die Hauptkraft eines Sternensystems befindet sich in der jeweiligen Sonne, deren kollektives Bewusstsein durch ihre Strahlen ausgesandt wird – und wenn Intelligenzformen zu einem Sternensystem reisen, können sie die Strahlen der Sonne regelrecht *lesen*. Tatsächlich wird dieses Licht von jedem gelesen, sobald die Energien die Lichtfrequenz ihrer Heimat aussenden, denn es überträgt sich in einem bestimmten Strahlenspektrum. Aus riesigen Entfernungen im Weltraum können andere dieses Spektrum übersetzen. Sie verstehen dann, wer im Inneren welcher Sonne lebt und was die jeweiligen Vorlieben und Spezialitäten von deren Existenz sind.

Sobald ihr die Herausforderungen des Lebens als Formen von Beurteilung und Trennung zu erkennen lernt, gelangt ihr idealerweise zu einem größeren Verständnis eures eigenen Einflusses darauf und könnt mehr Licht in euch tragen. Dieses Licht, das ihr euch einzeln verdient, erzeugt durch seine Essenz eine Verschmelzung mit ähnlichen Energien innerhalb des Massenbewusstseins, das anderen als Stern oder Sonne erscheinen wird. Euer Planet wird seine Bewusstseinsveränderung und geistige Bewusstheit als Licht ausstrahlen. So wird die Erde zum Stern am Horizont anderer Welten. Das allein wird andere Welten schon magnetisch anziehen. Sie werden die Energie eures Erdenlichts lesen und wissen, wer ihr seid.

∞

Am Anfang war der Ton. Der Ton setzte alles in Bewegung, und er besitzt enorme Macht. Er öffnet Zugänge in andere Wirklichkeiten, denn mit der Erzeugung von Tönen kann sich Energie von einem System in ein anderes bewegen. Wenn ihr Töne verwendet, ist es recht einfach, durch Absicht und Klarheit den logischen Verstand zu umgehen und den Kanal zu wechseln.

Die Entwicklung der neugebündelten DNS drückt sich jenseits von Logik durch Töne aus. Durch Töne, die wir als Klang wahrnehmen, kann Materie als Information, die sich innerhalb des Körpers formuliert, außerhalb des Körpers Wissen verbreiten. Wenn ihr euch dem Ausdruck von Tönen, etwa durch Chanten oder Gesang, hingebt, könnt ihr in einen Zustand der Glückseligkeit geraten. In gewissem Maß gründet sich diese Glückseligkeit auf das Gefühl und das Wissen, dass ihr unbeschränkt seid und als grenzenlose Lichtwesen existiert.

Lasst Töne durch euren Körper fließen, und zwar nicht, indem ihr nur bestimmte Noten singt, sondern euren Körper einfach von Tonkombinationen wie ein Instrument spielen lasst. Diese Klänge gehen über den logischen Verstand hinaus. Manchmal müht ihr euch ab, weil ihr ein Konzept intellektualisiert habt und es doch nicht in seiner Gesamtheit in eurer emotionalen Erfahrung verankern könnt. Durch Tönen, Chanten oder Singen wird eure intelligente Absicht auf Klangwellen übertragen. Viele Intelligenzformen können auf diese Weise mit den Zellen eures Seins kommunizieren, den Widerstand eures logischen Verstandes umgehen und direkt über euren Körper zu eurem höheren Bewusstsein gelangen.

Wenn ihr Töne summt oder singt, wird eine nonverbale Übertragung nach außen kommuniziert. Das geht über Wörter hinaus. Tönen oder Singen kann euch in ein Informationskollektiv katapultieren, durch das alles plötzlich ganz klar wird. Es kann auch eure Kreativität aktivieren – euren Schwung, etwas zu tun oder anzupacken. Oder ihr fühlt euch nach der Arbeit mit Tönen sehr belebt, so als wäre eine große Last von euch abgefallen, euch von den Schultern genommen worden. Ihr fühlt unwillkürlich den Impuls, Klänge und Töne hervorzubringen, die für das Gleichgewicht und die Ausrichtung eures Körpers am Nötigsten sind.

Niemand wird durch die Botschaften, die das Tönen oder der *Seelengesang* vermittelt, vor den Kopf gestoßen. Die Menschen nehmen diese Art des Singens nicht persönlich, und doch erhält der Körper des Hörers eine persönliche Botschaft. Wenn wir euch zum Beispiel etwas direkt mit Worten darlegen, könntet ihr sagen: »Oje, das zielt auf mich ab. Man hält mir das Gewehr vor die Brust.« Doch durch Töne wird die gleiche Energie zu euch geschickt, und ihr könnt sie leicht integrieren, weil sie neutraler ist. Der logische Verstand überlagert seine eigene Interpretation von Energie deshalb nicht, weil er sie nicht als Kritik oder Tadel übersetzt. Der logische Verstand sagt: »Ich weiß nicht, was das ist; ich entspanne mich einfach.« Eure intuitive Seite nimmt die Energie und die Botschaft durch Töne auf.

Wir schlagen vor, dass ihr euch wöchentlich zum Tönen, Singen oder Chanten trefft. Macht es zum Bestandteil eurer Rituale, eurer Freizeitgestaltung und eurer Begegnungen. Mit Tönen zu arbeiten ist sehr hilfreich beim Loslassen von aufgestauter Energie. Ihr fühlt euch nachher leicht und getragen. Es richtet euch aus und bringt euren Körper ins Gleichgewicht, weil Töne bestimmten Körperbereichen entsprechen und sie beeinflussen. Einige Töne wirken auf das Augenlicht, auf die Geschmacksknospen oder das Gehör. Sie beeinflussen die verschiedenen Sinne und auch die Organe. Die Alten wussten, dass ein einfacher Ton die Körperstruktur neu zu organisieren vermag. Der Körper erzeugt automatisch den passendsten Ton, den ihr in einem bestimmten Augenblick braucht. Vertraut darauf.

Bei vielen Körperarbeitern und Energietherapeuten wächst allmählich der Mut, zu singen oder zu summen, wenn sie mit ihren Klienten arbeiten. Anderen ist das zu heftig. Wir möchten den Körperarbeitern sagen: Folgt euren Impulsen. Wenn ihr an einem Körperbereich arbeitet und die Energie bewegt sich einfach nicht oder kann nicht durchdrungen werden, dann tönt in diesen Bereich des Klienten hinein, um an die Themen heranzukommen. Der Mensch, der auf dem Behandlungstisch liegt, sagt ja nicht: »Ich lasse dich nicht in meinen Körper.« Vielmehr sind die Muster dieser Energiefelder so stark, dass Teile des Körpers eure Hände oder neue Energien nicht hineinlassen. Der Ton erzeugt eine Öffnung.

Ihr seid ständig von Tönen umgeben. Wenn ihr zum Beispiel den Ton eures Körpers hören wollt, haltet euch mit den Fingern die Ohren zu und seid für einige Minuten still. Ihr werdet euren inneren Ton hören. Auf den Bergen des Himalaya werden Lamas und Mönche durch Entzug von Sinnesreizen ausgebildet. Sie gehen in dunkle Steinhöhlen, in die von außen kein Geräusch dringt. In der Isolation verwenden sie ihre Sinne, um zu lernen, im Dunklen zu sehen, zu manifestieren und die besonderen Gesänge und Töne zu hören und zu erkennen. Jedes Chakra hat einen eigenen Ton, und diese Töne entsprechen dem Universum, das in euch ist.

Wenn ihr sehr genau hinhört, werdet ihr herausfinden, dass ständig Töne in euch schwingen. In euch findet ein ständiges Geplapper statt, das immer plant, was als Nächstes dran ist. Ihr erlebt den äußeren Lärm eurer Familie als Ablenkung. Ihr habt nicht genug stille Zeit, um zu bemerken, dass ständig Töne auf euch gerichtet werden, damit sich euer Körper verändert. Wenn ihr selbst mit Instrumenten oder durch Tönen oder Singen Klang hervorbringt, gleicht ihr die Anpassung aus, denn ihr arbeitet von innen und nicht nur von außen. So werdet ihr gegenwärtig angepasst.

Die vielen Kulturen bei euch erhielten unterschiedliche Bandbreiten von Tönen, innerhalb derer sie operierten, um die Frequenz des Gleichgewichts auf dem Planeten zu halten. Außerirdische oder Intelligenzen von außerhalb des Planeten, die zu euch kamen, gründeten an verschiedenen Orten der Erde indigene Siedlungen. Sehr oft unternahmen dieselben Lehrer zu verschiedenen Zeiten zwei oder drei Experimente. Sie arbeiteten vielleicht an drei oder vier Orten auf dem Globus gleichzeitig und vermittelten jeder ihrer ausgesäten Zivilisationen einen leicht unterschiedlichen Satz an Glaubensvorstellungen; dann überließen sie die Menschen mit diesen Überzeugungen ihrer Entwicklung, um zu sehen, wohin sie das bringen würde. Es wurden Instrumente und künstlerisch-gestalterische Techniken aufgeboten, um festzulegen, welche Töne in den Zivilisationen zum Ausdruck kommen.

Bestimmte Energien bewegen sich auf bestimmten Tonabfolgen. Wenn ihr ein Lied singt, wisst ihr, dass die verschiedenen Noten kombiniert werden, um das Lied in seiner Gesamtheit auszudrücken. Die Erde schwingt mit einer Frequenz von 7,83 Hertz. Wenn der menschliche Körper mit der gleichen Frequenz schwingen kann, kommt es zu einer enormen medialen Öffnung und hoher Bewusstheit. Die Resonanz der Erde, diese elektromagnetische Energie, gründet auf dem vollständigen Reservoir aller auf dem Planeten verankerten und zur Verfügung stehenden Töne. Die kombinierten Töne sämtlicher Kulturen, die seit Äonen auf dem Planeten verankert sind, hielten ihn im Sein und erzeugten diese elektromagnetische Frequenz des Gleichgewichts. Jetzt, da ihr mit starken kosmischen Strahlen beschossen werdet und die eingeborenen Kulturen größtenteils ihre Töne nicht mehr gebrauchen, macht die Erde gewaltige Veränderungen durch. Sie wird neu ausgerichtet, und neue Muster elektromagnetischer Tonabfolgen kommen zum Ausdruck.

Es gibt Töne, die den Verfall oder die Regeneration von Körperorganen stimulieren können. Harmonische Klänge aktivieren den Körper und heilen. Heilung kann auch durch Absicht geschehen, durch Intention; es gibt jedoch bestimmte Tonfrequenzen, die zum

Beispiel die Leber daran erinnern, sich in ihrem ursprünglichen geometrischen Grundmuster zu organisieren. Geometrie ist die Intelligenzform, die Gestalt annimmt, wenn sich Ton von Urschöpfer wegbewegt. Euer Körper ist voll mit Geometrie, denn alles besteht aus einem geometrischen Kern.

Tonkombinationen können als Noten und Akkorde gespielt werden, um die Leber, die Schilddrüse und das Herz zu stärken und den Körper zu regenerieren. Der gesamte Körper wird dann gestimmt wie ein Klavier. Wisst ihr, der Körper funktioniert gemäß einem Grundmuster, und er absorbiert die Töne. Er hat ein ideales Grundmuster, auf das er unwillkürlich immer zustrebt.

Ihr müsst nicht wissen, wie euer Körper vom Kind zum Erwachsenen heranwächst. Innerhalb des Grundmusters des Seins besteht ein Teil des Zwecks darin, zu wachsen und einen gesunden Körper zu erhalten. Das Grundmuster des Körpers verändert sich einfach und somit auch die Ausrichtung des Körpers.

Es kommt für die Gesundheit zu Umkehrprozessen, und viele Erfahrungen von Erneuerung werden dann durch die Verwendung von Tönen möglich. Der Körper wird daran erinnert, sich höher einzustimmen. So geschieht eine Umkehrung eurer Glaubensvorstellungen, was die Degeneration des Körpers betrifft.

Wenn ihr an Massenveranstaltungen teilnehmt und euch in einer großen Menschenmenge befindet, achtet genau darauf, wie euch Töne beeinflussen. Viele von euch meiden Massen, weil ihr dort Kopfschmerzen bekommt. Ihr seid wirklich hoch sensibel. Ihr könnt Energien lesen und fühlen, was sie anrichten. Sehr oft nehmen Menschen an Veranstaltungen teil, bei denen sich Massen versammeln, um sich auf irgendeine Art zu unterhalten; meistens treten dort unangenehme Klangwellen auf, und die Menschen erkennen nicht, was die Töne in ihrem Körper anrichten. Töne und Emotionen erzeugen Gedankenformen, die ins Sein gelangen.

Wie steht es zum Beispiel mit Kriegsgeschrei? Habt ihr jemals bei einem Feuerlauf mitgemacht? Wenn ihr über die Glut geht, werdet ihr ermutigt, einen lauten Schrei loszulassen. Der Ton öffnet ein

Portal, durch das ihr dann unbeschadet schreiten könnt. Die aufgebotenen Kräfte, die die Mauern von Jericho zum Einsturz brachten, benutzten Töne, um eine stehende Welle zu erzeugen, die für das Auge nicht sichtbar war, aber wie ein Überschallknall wirkte. Klang ist viel wichtiger, als ihr gegenwärtig verstehen könnt. Töne erzeugen Leben oder Tod, Gesundheit oder Krankheit.

Die meisten Menschen haben noch nicht erkannt, dass auch gemeinsame Töne beim Sex ein tiefer Schlüssel sind. Wenn ihr gemeinsam Töne von euch gebt, fühlt ihr das Drehen und Öffnen der Chakren. Beim Sex kann das gemeinsame Erzeugen von Tönen, über das übliche Stöhnen hinaus, zu einer besseren Verteilung der Sexualenergie führen. Töne bewegen die Energie über die Genitalien hinaus, bringen sie in die Körperzellen und lösen Erinnerungen aus, die euch enger mit dem verbinden, wer ihr seid. Denkt daran, dass euer gesamtes Sein sowohl Licht als auch Schatten enthält. Ärgert euch bitte nicht über den Schatten; er verleiht dem Licht Schönheit und Wissen. Hört mit dem Beurteilen auf und fühlt euch trotzdem wohl.

Durch Töne und die Bereitschaft, mit der Sexualenergie zu experimentieren, könnt ihr euren Partner oder eure Partnerin in den verschiedenen multidimensionalen Formen kennenlernen. Klare Menschen, die mit ihrer Energie spielen und sie richtig verstehen, werden ihre multidimensionalen Selbste abstreifen und sexuelle Erfahrungen freilegen, die aus vielen Wirklichkeiten in dieses Jetzt treten. Es wird rein spielerisch geschehen.

Macht neue, aufregende Experimente in eurem sexuellen Ausdruck. Es ist schon etwas Hingabe und Vertrauen erforderlich, euren Partner zum Beispiel Töne für eure Vagina erzeugen zu lassen. Wir meinen, dass das ein wirklich großer Schritt wäre. Denkt einmal darüber nach. Beide Partner müssen enorm viel loslassen und freisetzen. Einer von euch sagt vielleicht: »He, ich habe da eine Idee. Wie wär's, wenn wir mit Tönen experimentieren?«

Wenn Kinder verrückte Dinge machen, glaubt ihr, dass sie zuerst darüber diskutieren? Nein, sie sind albern und tun es einfach. Sie spielen, und nachher kichern sie darüber. Es ist notwendig, dass ihr diese unschuldigen, spielerischen, kreativen und vertrauensvollen Qualitäten in die sexuelle Erfahrung hineinnehmt. Euer Herz muss offen sein, um die Sexualität voll zu erkunden, denn die tiefste Verbindung mit eurer sexuellen Identität erfolgt durch das Herz.

Es wird eine Zeit kommen, da sich die Kinder versammeln und mit ihrer einzigartigen Telepathie stumme Töne erzeugen. Sie werden ihren Geist benutzen, um auf anderen Seinsdimensionen Sinfonien zu erschaffen. Sie werden die Töne innen und außen verwenden, um Harmonien als Lichtschilde über dem gesamten Planeten zu erzeugen. Die Kinder werden sich zu Hunderten, dann zu Tausenden versammeln, und sie werden bei diesem Prozess der Erschaffung kollektiver Bilder angeleitet werden. Es wird ein Ritual sein, das als etwas sehr Heiliges gilt.

Während die Kinder diese Art von stummem Klang erzeugen, werden sie riesige geometrische Formen verankern, die als mediale Gedankenkräfte letztlich die Erde schützen und regieren. Diese geometrischen Identitäten werden vielleicht die Höheren Selbste derer sein, die ihr als Außerirdische bezeichnet – die Höheren Selbste *vieler* Außerirdischer oder Gottformen, die physisch und ätherisch zu sein schienen.

Jenseits von ihnen liegt die Geometrie und jenseits davon Klang. Klang ist der Herrscher der Existenz. Die Spielleiter verwenden Töne, Licht und Geometrie als grundlegende Handlungswerkzeuge, und sie fragen sich, was ihr tun werdet, wenn ihr die Werkzeuge der Wahrheit entdeckt.

Viele werden für die Verwendung von Tönen erwachen.

Es wird bedeutende Erfindungen und Energieeinflüsse durch die Verwendung von Tönen geben.

Hunderttausend Einzelne haben den Impuls, im Einklang zu sein, und lassen zu, harmonisch als Bewusstseinsinstrumente gespielt zu werden – stellt euch das einmal vor! Alles kommt vom Ton. Der Ton ist die ursprüngliche Energie, die zur Schöpfung verwendet wird. Am Anfang war der Ton.

Energieübung – auf CD & im Download enthalten

Mache es dir bequem. Richte deine Wirbelsäule auf und sitze aufrecht, als würdest du an einem unsichtbaren Faden hängen. Gestatte dir, ganz ruhig zu werden. Nehme einige tiefe Atemzüge und stelle dir vor, wie sich deine zwölf Chakren wie hellstrahlende Planeten drehen. Gehe mit deiner Vorstellungskraft in andere Bereiche des Universums hinaus, wo du eine Version von dir mit der gleichen Aufgabe spüren kannst.

Fühle, wie dein Bewusstsein dein Chakrenystem hinaufsteigt, und stelle dir zwölf Sonnen vor, die eine Leiter in dir bilden. Klettere diese Lichtleiter nach oben und verschicke dabei dein jetziges Wissen in alle Bereiche von dir. Sende deine Essenz des Erwachens, der Freundschaft, Treue und Liebe aus.

Erklimme diese zwölf Sonnen bis hinauf ins Universum. Stelle dir eine Ansammlung kosmischer planetarer Wesen und geometrischer Formationen vor. Fühle beim Hochsteigen, wie andere Teile von dir Informationen an dich weiterleiten. Was wird gesendet? Was fühlst und hörst du? Sei offen dafür, Liebe und Unterstützung von deinen anderen Teilen zu empfangen, und betrachte die zwölf Sonnen als eine Art Lichtbahn, die dir dieses Wissen bringt.

Lasse deine Version von dir los, werde zum Empfänger und lasse zu, dass du die Wirkung dieses Lichts und der Energie erkennst.

Fühle, wie sich deine Bewusstheit verändert.

Lasse für einige Augenblicke das Bild deines Körpers los und erlaube deinen Zellen, mit deiner Umgebung zu verschmelzen.

Du dienst als Kanal, während diese Energie durch das kollektive Selbst in die Erde fließt. Sie bewegt sich entlang des Gitternetzes, um die nötigen Veränderungen zu bringen. Die Energie reist tief in die Erde hinein. Stelle dir uralte Hüter der Information vor, Hunderte Meter hohe kristalline Strukturen, die eine riesige Energiespirale von dir empfangen. Sondere dich nun von dieser gigantischen Spirale ab und bilde deine eigene Spirale der Identität. Bleibe vollkommen ruhig, während du fühlst, wie sich diese Spirale unablässig dreht.

Fühle eine Revitalisierung und Verjüngung in deinem Körper. Empfinde dieses Drehen von deinen Zehenspitzen bis hinauf in die Haarspitzen. Fühle die neuen Zellen, die mit deinem Körper vermischt worden sind. Nehme sie deutlich wahr.

Mache einen tiefen Atemzug und fühle deine zwölf ausgerichteten Chakren, die jetzt bereit sind, mit voller Kraft zu arbeiten. Dann nehme einen weiteren tiefen Atemzug, spreche deinen Namen aus und fühle den Ton, der du in dieser Realität bist. Übersetze den Ton deines einzigartigen und lebendigen Seins. Liebe, was du erschaffen hast; ehre und achte dich selbst. Handle so, als wäre dein physisches Sein das Wertvollste, was du jemals besitzen wirst.

Und nun, da du dein unbegrenztes Potenzial erkennst, lächle sanft und verpflichte dich, es auch zu leben.

11

Die Einweihung der Erde

Die gegenwärtige Epoche bringt den Niedergang der globalen Zivilisation und das Erwachen einer vollkommen neuen Bewusstseinsform mit sich. Das hat es in eurer Geschichte noch nie gegeben.

Wir haben sowohl euren als auch den Wert der Erde betont. Sie ist eure Mutter, sie fühlt euch und kennt euren Namen. Auf ihrer Suche nach Wissen und Verstehen hat sie großen Energiemissbrauch erlaubt und sogar zugelassen, durch Vergewaltigung und Misshandlung durch die Menschheit ihre wahre Identität zu verlieren. Damit die Erde den notwendigen Sprung macht, der dieses gesamte Universum beeinflussen wird, muss eine Reinigung und Heilung – eine Einweihung – stattfinden.

Bei einer Einweihung müsst ihr durch die tiefste Hölle gehen, durch das, was euch scheinbar vernichtet und einschränkt. Doch in Wahrheit steht ihr dem gegenüber, wovor ihr euch fürchtet. Wenn euch Angst die Energie raubt, dann seht euch als heiles und glückliches Wesen und wandelt die Angstenergie um. So werdet ihr etwas über euch lernen. Energetisiert angstvolle Gedankenformen ins Sein. Wenn es in eurem Energiefeld keine Angst mehr gibt, hat das, wovor ihr euch fürchtet, kein Leben mehr, um euch zu zerstören. Eine Einweihung schließt mit einer Reihe von Prüfungen ab, die euch innerhalb eines Teils der Existenz zur Meisterschaft führen. Die Erde geht durch eine Einweihung und wird gleichzeitig auch euch durch den Prozess leiten.

Derzeit befindet sich die Erde auf dem Höhepunkt einer Identitätskrise. Es hat Gipfeltreffen aller Art und Konferenzen von Umwelt- und Gesundheitsorganisationen gegeben, die so tun, als ob Veranstaltungen wie Benefizkonzerte die Dinge rechtzeitig in Ordnung bringen könnten. Nein. Der Damm kann nicht mehr repariert werden, wenn die Ziegel brechen, zerbröckeln und herabfallen. Was ist dieser Damm? Es sind alle Vorstellungen, Strukturen und Glaubenssysteme, die das Wasser des Bewusstseins zusammenhalten. Ihr seid aus Wasser gemacht, liebe Freunde.

Die Erde erlebt gerade tumultartige Veränderungen. Nach unserem Studium der Erde und vieler anderer Welten sehen wir wegen der ausgeprägten Polarität auf eurem Planeten als unumgänglich an, dass immer mehr Energie aufgewendet werden muss, um die Erde von ihren Verkrustungen zu reinigen. Die Menschen, die nicht mit Liebe zu sich selbst und zum Planeten handeln, werden, nachdem sie den auf die Erde auftreffenden Strahlen ausgesetzt waren, sehr schnell und in großer Zahl gehen. Dies ist Teil der elektromagnetischen Veränderung der Zivilisation. Im Tod bewegt das menschliche Fahrzeug das Bewusstsein in einen anderen Bereich.

Ihr müsst euch bewusst werden, dass ihr spirituelle Wesen seid, und dieses Wissen durch die praktische Anwendung eures Jetzt auf die Erde bringen. Wenn sich die Erde in ihre eigenen Erfahrungen bewegt, werden sehr viele körperlos auf den hinteren Rängen im Äther sitzen und beobachten, wie sich die Gesetze von Ursache und Wirkung ausspielen. Sie können die Lektion, sich selbst und die planetare Existenz wertzuschätzen, nur auf diesem Wege erhalten. Die Zuschauer werden die kollektiven Emotionen der Teilnehmer auf der Erde fühlen. So werden sie teilhaben und vielleicht auch Mitgefühl an euch als Gefährten im Seienden senden.

Einige von euch möchten so tun, als fänden keinerlei Erdveränderungen statt. Allerdings *finden sie statt*, und es gibt dabei nichts zu fürchten, denn sie sind Teil des Wandlungsprozesses, der Großen Veränderung. Jeder Einzelne von euch erschafft seine eigene Wirklichkeit und eine Möglichkeit, sich zu entwickeln. Auf einer bestimmten Bewusstheitsebene wisst ihr, die ihr jetzt auf dem Planeten seid, was im Großen und Ganzen auf euch zukommt, denn diese Wahrscheinlichkeit der Erde ist in allen Blaupausen gespeichert. Selbst wenn viele von euch überrascht sein werden, sich an diesem Ort des Aufruhrs und der Transformation wiederzufinden, und sich fragen, wie sie hierhergekommen sind, so sucht ihr es euch doch aus, hier zu sein. Ob ihr nun auf dem Planeten bleibt und eure Schwingung verändert oder geht und von den hinteren Rängen aus die Vorstellung mitverfolgt, macht keinen Unterschied. Auf einer bestimmten Ebene, auf irgendeinem Pfad der Existenz, werdet ihr teilnehmen und lernen. Seid mitfühlend und unparteiisch und versteht auch, dass Schmerz ein großer Lehrmeister sein kann. Wenn ihr heute Schmerzen habt, braucht ihr morgen keine zu haben. Ganz sicher braucht ihr in einer oder zwei Wochen keine zu haben, denn die Zellen in eurem Körper verändern sich ständig. *Ihr* seid es, die den Zellen sagen, wie sie sich verändern sollen. Ihr seid es, die sich immer wieder durch Gedanken, Glaubensmuster und Vorstellungen nachbilden.

Die heilende Krise hat gerade begonnen, und das Fieber ist im Steigen begriffen. Es gibt große Bestrebungen, auf dem Planeten Angst und Verwirrung zu erzeugen, was jedoch immer weniger gelingt. Gleichzeitig erfolgt eine große Verschmelzung des multidimensionalen Selbst, da Energiefelder aus dem Weltraum für Quellen der Intelligenz offen sein werden, wodurch diese sich recht leicht entlang der Pfade bewegen können. Sie werden durch euch reisen und in euren Lebensbereichen hervortreten.

Die gegenwärtige Epoche bringt den Niedergang der globalen Zivilisation und das Erwachen einer vollkommen neuen Bewusstseinsform mit sich. Das hat es in eurer Geschichte noch nie gegeben. Im Gedächtnis einiger Menschen und in der Planetenoberfläche selbst ist die Verschiebung von Landmassen eingeprägt – das Versinken des von euch als Atlantis bezeichneten Kontinents durch eine Katastrophe. In dieser Zeitperiode war Atlantis eine eigene Wesenheit. Der Zustand der globalen Gemeinschaft und die heutigen globalen Auswirkungen unterscheiden sich jedoch sehr von dem, was in atlantischen Zeiten stattfand. Die vergangenen Kulturen waren zwar alle auf irgendeine Art und Weise von der Verschiebung der atlantischen Landmassen betroffen, aber die Auswirkungen heute werden ganz anders sein. Ihr besitzt das Internet und Handys, Ideen werden ständig zwischen den Landmassen ausgetauscht und verbreitet, und die Völker der verschiedenen Kontinente und Kulturen vermengen und vermischen sich. Durch diese Dinge sind die Auswirkungen der Veränderungen viel weitreichender, als es beim Versinken der atlantischen Landmasse der Fall war. Atlantis war mit dem Rest des Planeten nicht so vollkommen vernetzt und verbunden, wie es eure Kontinente heute sind. Es gibt jetzt erheblich weniger Isolation, also beeinflusst ihr einander auch mehr.

Kein Kontinent wird unberührt und kein Volk unbewegt bleiben von dem, was geschieht. Es wird einige geben, die ihren Wohnort behalten, doch grundsätzlich werdet ihr ihn alle zu einem bestimmten Zeitpunkt wechseln, weil ein großer Bewusstseinswandel eintritt. Nur wenige werden in den nächsten zehn Jahren bloß einmal umziehen. Neulich sagte jemand zu uns: »Ich bin schockiert. Ihr verunsichert mich wirklich.« Wir antworteten: »Gut, wir möchten dich verunsichern.« Er sagte: »Ich habe ein Dutzend Affen. Ich habe Ziegen. Ich habe dieses und jenes, was soll ich tun? Ich weiß nicht, was ich behalten kann, was ich zusammenpacken und was ich weggeben soll.« Wir antworteten: »Hör zu, wenn du das erste Mal umziehst, nimm einen großen LKW, pack all dein Zeug hinein, nimm alles mit und fahr weg. Das nächste Mal bleibt dir vielleicht Zeit, dein Auto vollzupacken und wegzufahren. Wenn du dann wieder weggehst, nimmst du vielleicht nur das mit, was du auf dem Rücken mitschleppen kannst. Und wenn du das letzte Mal umziehst, nimmst du womöglich nur noch mit, was du in deinen Händen tragen kannst.« Versteht ihr? Man muss geistig alles loslassen können und im Frieden und der Klarheit des Augenblicks sein. Vielleicht sind das für euch die großen Ortswechsel.

Letztlich wird eure Fixierung auf materielle Dinge keine Bedeutung mehr für euch haben. Ihr werdet dahin geführt, auf euer Leben und nicht auf eure Besitztümer aufzupassen. Ihr werdet lernen, eurem Gefühlszentrum zu vertrauen, und euch nötigenfalls von Spirit zu einem neuen Heim leiten lassen. Um euren neuen Wohnort zu energetisieren, könnt ihr sagen: »Gut, ich bekomme den Impuls, umzuziehen. Ich weiß nicht, wohin ich gehen soll.« Dann gibt es verschiedene Arten, die neue Richtung zu energetisieren. Ihr könnt euch jeden Abend vor dem Schlafengehen sagen: »Ich nehme mir vor, den Ort meines neuen Heims in meinen Träumen zu aktivieren. Ich nehme mir vor, von meinem neuen Heim zu träumen. Ich nehme mir vor, mich daran zu erinnern und es in der Dreidimensionalität deutlich wiederzuerkennen.«

Auch mit einem Pendel oder einer Wünschelrute könnt ihr den Ort, an den es euch zieht, ausfindig machen und überprüfen. Einige können die besten Gebiete aufgrund von Durchgaben recht klar ausmachen. Es gibt viele Arten, wie ihr das selbst in die Hand nehmen könnt. Euer Leben wird notwendigerweise einfacher werden. Je mehr ihr euch auf diese Einfachheit vorbereiten könnt, um so leichter wird es für euch dann sein. Bringt Ordnung in euer Leben, indem ihr unnötige Dinge, die euch durch die Bürde der Verantwortung herunterziehen, loslasst – befreit euch von Sachen, die ihr nicht braucht. Werdet leichter. Setzt euch auf den Boden, fühlt die Erde, kommuniziert mit ihr und vertraut ihr. Vertraut darauf, dass ihr euch mit den Bewegungen der Erde synchron mitbewegt. Vertraut darauf, dass die Erde euch lieben, warnen und auf irgendeine Art informieren wird. Vertraut darauf, dass die Insekten, Katzen, Hunde und Vögel zu euch sprechen werden. Wenn ihr diese Kommunikation, diese tiefe Liebe und Wertschätzung für die Energie der

Erdschwingung habt, wird die Erde mit euch arbeiten. Denkt daran, dass sie euch kennt. Ganz gleich, wo ihr euch befindet, sie kennt eure Gefühle und Absichten und reagiert entsprechend.

Indem ihr lernt zu vertrauen, dass die Erde mit euch arbeitet, vertieft ihr das Vertrauen in euch selbst. Wenn ihr einmal nichts zu essen findet, schlagen wir vor, dass ihr euch an etwas erinnert, was ihr sehr wohl besitzt und was eure wertvollste Ressource ist: eure Vorstellungskraft. Es ist bewiesen, dass Menschen sich vorstellen können zu essen und sich dann genährt fühlen. Könnt ihr diesen Gedanken annehmen? Das erfordert große Disziplin. Ihr könnt euch jedoch vorstellen, dass Essen vor euch steht und ihr zugreift. Stellt euch vor, wie es durch euren Körper wandert und stellt euch vor, wie ihr es schmeckt und euch dann satt fühlt. Das ist ein Vorschlag, falls ihr einmal wirklich in diese Extremsituation gelangen solltet.

Während der geopolitischen und topografischen Veränderungen werden viele Tiere die Erde verlassen. Wenn die Menschen den Schmerz darüber verarbeiten, werden recht unterschiedliche Schwingungen auftreten. In jedem ist kollektiver Schmerz gespeichert, der an die Oberfläche geholt werden muss, damit ihr euch entgiftet. Ihr erkennt danach besser, wenn andere giftige Situationen für euch erzeugen. Ihr könnt von diesen Situationen unterjocht und auf der Spirale nach unten gezogen werden. Oder ihr könnt mit Mut und neuer Stärke sagen: »Ich erschaffe meine Wirklichkeit, und während ich das tue, lerne ich, wieviel ich um mich herum erschaffe.«

Erdveränderungen werden mit Tod gleichgesetzt, nicht wahr? Auf eurem Planeten wisst ihr fast gar nichts vom Tod. Dieses Wissen wurde euch vorenthalten, damit ihr schneller Angst empfindet. Doch in Anbetracht all der Veränderungen auf der Erde gibt es großartige Gelegenheiten, über den Tod zu lernen. Einige von euch haben den Eindruck, dass es ein Unglück ist, wenn jemand dahingeht oder stirbt. Sie glauben, etwas ist schiefgegangen oder wurde falsch gemacht. Wir sehen das Gegenteil. Wir sehen die Menschen den Planeten mit einer neuen Sichtweise verlassen. Sie sind begnadet, weil viele von euch ein offenes Herz haben, eine klare Zielvorstellung vermitteln und so den anderen erlauben, zu wissen und zu erkennen, warum sie kamen. Nicht jeder kam hierher, um eine Neue Erde zu erleben. Könnt ihr euch vorstellen, dass einige Menschen auf diesen Planeten kamen, nur um in Frieden, ohne Folter und Schmerz mit einem Bewusstsein der Befreiung zu sterben?

Es gibt zurzeit auf dem Planeten sehr viele Totenbegleiter. Sie können freiwillig den Toten in die Reiche des Unbekannten folgen. Sie schaffen für die Hinübergegangenen Frieden. Es wird zu einem lebhaften Austausch zwischen den Lebenden und den Toten kommen. Diejenigen, die hinübergehen und sterben, werden nichts verlieren. Sie werden an Bewusstsein gewinnen. Einer sagt vielleicht: »Ich habe einen Zyklus vollendet. Ich muss keinen schmerzerfüllten Körper mehr tragen, und ich muss nicht einmal mehr in Angst sterben.« Viele Menschen sind jetzt auf die Erde gekommen, damit der Tod verstanden wird. Sie wurden hier durch die Fallen der niederen Astralebene und durch Frequenzkontrolle festgehalten.

Es ist für jeden Einzelnen von euch eine Herausforderung, anderen beim Verlassen des Planeten zu helfen. Das heißt nicht, dass ihr ihnen das Leben nehmt. Eure Lebenskraft hat einen Zweck und eine Abfolge, und je mehr ihr mit eurem Körper kommuniziert und in ihm seid, desto leichter wird euer Übergang sein. Im Idealfall werdet ihr lernen, wie ihr bewusst sterben und eure Körperfunktionen deaktivieren könnt. Es gibt beim Tod nichts zu fürchten, außer dem, was ihr euch darüber vorstellt. Es ist alles von euch festgelegt oder von denjenigen, denen ihr folgen wollt. Vertraut euch und entwerft eure eigene Erfahrung. Wagt es, das Ideal zu erschaffen. Wenn ihr euch vor dem Tod oder Schmerz fürchtet und Gelegenheit habt, jemandem beim Übergang beizustehen, dann möchte sich euer Herz vielleicht verschließen. Ihr denkt womöglich: »Ich kann es nicht. Ich kann den Tod nicht ansehen. Es macht mir Angst.« Haltet euer Herz offen. Lasst es die Göttin tun, und ihr werdet herausfinden, dass jedes Hinübergehen genau zum richtigen Zeitpunkt erfolgt.

Ja, Ereignisse werden inszeniert; sie können allerdings nicht inszeniert werden, wenn kein Bewusstsein da ist, das ihnen entspricht.

Da ihr gerade die letzten Reste von Angst und Missverständnis klärt, werden viele von euch aufgerufen sein, mit den Toten zu arbeiten und zu helfen, sie zu befreien. Wenn dies in großem Maßstab geschieht, werdet ihr herausfinden, dass die Verstorbenen in Abständen zurückkehren. Durchlebt mit jemandem die Todeserfahrung und kommt zurück. Als Totenbegleiter könnt ihr auf die andere Seite gehen und wiederkommen. Ihr werdet herausfinden, dass viele verschiedene Energien die Reise eines Menschen begleiten.

Bittet ein wissendes, tröstendes, weises und wohlmeinendes Wesen, sich mit euch zu verbinden und euch verstehen zu lassen, wie ein bestmögliches Umfeld für den Toten erschaffen werden kann. Bittet um die Fähigkeit, selbst unbeeinträchtigt an Körper und Geist durch die Todeserfahrung zu gehen und den Menschen wie im alten Ägypten hinüberbegleiten zu können.

Nehmt den Verstorbenen mit auf ein Boot und reist zum jenseitigen Ufer, dann kehrt zurück und erzählt jedem, wohin er gegangen ist. Wenn ihr jemandem beim Sterben helft, werdet wie ein großer Umhang. Lasst dabei zu, dass eure Moleküle sich verteilen. Werdet dann eins mit dem Sterbenden und begleitet ihn. Erzeugt eine Lichtsäule, lasst das Licht sich nach oben bewegen, geht mit und seht, was geschieht. Es wird sehr tiefgreifend sein.

Es kommen sogar Verstorbene zu den geliebten Hinterbliebenen zurück, erzählen, wo sie sich jetzt aufhalten, und bestätigen, wohin ihr sie gebracht habt. Und außerdem sind in den letzten Jahrzehnten viele Nahtoderlebnisse bekannt geworden. Menschen erfahren das Tor des Todes und kehren dann verändert ins Leben zurück. Auch das spielt eine große Rolle. Das Wissen derjenigen, die hinübergegangen und wieder zurückgekehrt sind, ist für den Frieden auf eurem Planeten äußerst wichtig.

Wenn Menschen sich von einer Dimension in eine andere bewegen – wenn sie sterben, wie ihr auf der Erdenebene sagt –, kann dieser Prozess durch Töne wesentlich erleichtert werden. Ihr könnt mit verschiedenen Arten von Tönen experimentieren. Ihr könnt gemeinsam chanten, Instrumente verwenden oder singen.

Ihr werdet wissen, was im jeweiligen Fall angemessen ist. Bittet um Führung und Impulse. Ihr müsst euch damit einverstanden erklären, auf eure Impulse zu vertrauen. Sie werden euren Körper retten. Wenn ihr einen Impuls verspürt, der »Geh weg!« lautet, dann sagt euch etwas, dass ihr euch bewegen sollt; etwas fordert euch auf zu verschwinden, also tut es auch. Lernt, eure Impulse wahrzunehmen und danach zu handeln.

Eines der größten Geschenke, das ihr euren Eltern machen könnt, besteht übrigens darin, ihnen beim Abschied von der irdischen Ebene zu helfen, so wie sie euch geholfen haben, durch das Geschenk des Lebens auf die Erde zu gelangen. Sie brachten euch ins Sein; es gibt somit einen Zyklus. Versteht die Befreiung vom Karma, das Loslassen. Sie sagten zu euch: »Hier bitte, ich gebe dir Leben.« Ihr sagt zu ihnen: »Hier bitte, ich helfe dir aus dem Leben.« Die Menschen haben Kinder, um einen Zyklus zu vollenden. Strebt danach, Freude in allen Phasen des Seins zu entdecken.

Viele von euch werden vielleicht von Toten kontaktiert, die euch erzählen, dass sie festsitzen und Hilfe brauchen, um die andere Seite zu erreichen. Sie können bereits seit Monaten oder Jahren tot sein. Das hat mit einer anderen Art von Totenbegleitung zu tun. Ihr könnt sagen: »Geh ins Licht. Geh und halte nach Freunden Ausschau.« Ihr werdet wissen, wie dies zu tun ist, denn es liegt in euren Zellen. Es ist nicht etwas, wofür ihr erst Kurse besuchen müsst. Ihr werdet euch erinnern, wie es funktioniert. Es kann als Privileg angesehen werden, bei Menschen zu sein, wenn sie die Erdebene verlassen. In eurem bewussten Geist könnt ihr vielleicht nicht mit ihnen in den Tod reisen, denn dazu braucht man bestimmte Fähigkeiten. Auch wenn ihr sehr an dem Menschen hängt, wird es euch vielleicht untersagt, mit hinüberzugehen, denn ihr könntet womöglich nicht mehr zurückkehren wollen. Wenn ihr allerdings glaubt, dass ihr euch vom Tod fernhalten könnt, weil er ungesund ist, dann haben wir Neuigkeiten für euch. In dieser Zeit wird man um den Tod nicht herumkommen. Denkt immer daran: Es ist ein Privileg, Menschen beim Sterben zur Seite zu stehen.

Die Aufgabe des Totenbegleiters besteht darin zu helfen, den Menschen zu einem Ort der Vergebung zu bringen, und dazu beizutragen, dass die Loslösung durch den Tod ohne Anhaftungen an Schuldgefühle, Beurteilungen und Opferrollen geschieht. Das ist eine Kunst, und häufig öffnen sich die Menschen erst in den letzten Augenblicken für Vergebung. Wenn Sterbende ihrem Schöpfer gegenübertreten, kollabiert die Zeit, Augenblicke dehnen sich in überwältigende Lebenslektionen aus, und eine vorher nicht gekannte Gelegenheit wird greifbar. Der größte Akt der Vergebung besteht letztlich darin, euch selbst zu vergeben, denn *ihr* habt Urteile gefällt und Vergebung notwendig werden lassen.

Ihr könnt den Sterbenden beistehen, zu Lebzeiten Frieden zu finden, gelassen und in Liebe hinüberzugehen. Helft ihnen, indem ihr sie bittet, nach Freunden, Verwandten oder Bekannten Ausschau zu halten, die sie weiterführen. Das ist ein entscheidender Schlüssel, wenn man Beistand oder Totenbegleiter ist. Ein Teil dieser Erfahrung besteht darin, dass ihr einem Sterbenden sagen könnt: »Du wirst geliebt. Du bist schön. Du bist wie ein Neugeborenes, das in ein anderes Reich geht. Lass jetzt alles los, was dich belastet. Lass alles ziehen und wisse, dass du dein Leben voll ausgeschöpft hast. Du wirst nicht beurteilt. Geh in Frieden, lächle und lass all deine Beurteilungen los. Entspanne dich und lass zu, dass dein Leben sinnerfüllt ist, wenn du dich in die nächste Phase deiner Identität aufmachst.«

Im Tod liegt Heilung, denn auf der anderen Seite gibt es Leben. Wenn ihr eure Energie zu den Hinübergehenden schickt, übertragt sie auch auf die Erde. Unterstützt die Erde in ihrem Prozess und lasst sie wissen, dass ihr hier sein wollt, um an der Transformation teilzunehmen. Es ist wahres Geschehenlassen, wenn ihr euch dem Prozess hingebt und der Erde erlaubt, das Nötige zu tun.

∞

Da die Erde ihren Tanz der Reinigung fortsetzt und die Erschütterungen und Bewegungen intensiver werden, werdet ihr den

Impuls verspüren, euch zusammenzutun, um bestehende Gemeinschaften zu stärken oder neue zu bilden. Die einzelnen Gemeinschaften werden aufgrund der Fähigkeiten ihrer Mitglieder, mit Gefühlen umzugehen und gemeinsam Gedankenformen zu erschaffen, wachsen und aufblühen. Jede Gemeinschaft wird einen Kodex der Zusammenarbeit energetisieren müssen, so dass alle zusammenkommen und für Nahrung, Unterkunft, Musik, Bewegung und Tanz sorgen können. Dieses Gemeinschaftssystem wird zur alten Lebensweise, dass jeder jeden braucht, zurückkehren. Es wird die uralte Blaupause der Beziehungen wieder einsetzen, wodurch ihr miteinander verbundenes Leben erfahrt. Es wird Unstimmigkeiten geben; im Allgemeinen jedoch müssen alle mitarbeiten wollen, um ähnliche Gedankenformen zu energetisieren. Diese Gedankenformen werden euren Lebensbereich mit energetischen Feldern umgeben, und diejenigen, die dann an eure Tür klopfen, wurden von euren Gedankenformen magnetisch angezogen. Wenn eure Gedankenformen und die Gemeinschaft stark sind, euer Band untereinander gefestigt ist und leicht energetisiert und verstärkt werden kann, werdet ihr solche mit gleichen Absichten zu euch ziehen. Ihr werdet euch nicht fragen, wer diese hundert Menschen sind, die eurer Gemeinschaft beitreten wollen. Wenn hundert Menschen auftauchen und in eure Gemeinschaft integriert werden wollen, werdet ihr wissen, dass eure spezifischen klaren Gedankenformen diese Menschen zu euch und nicht zu anderen Gemeinschaften gezogen haben.

Ist eure Gemeinschaft aus dem Gleichgewicht geraten und herrschen große Unstimmigkeiten, werdet ihr alle möglichen chaotischen Energien hervorbringen. Ihr müsst lernen zusammenzuarbeiten, und wenn jemand nicht in einer Gruppe arbeiten kann und in der Gemeinschaft eine Kraft erschafft, die nach unten zieht, wird die Gemeinschaft danach streben müssen, ihn zu heilen. Der Betreffende wiederum wird bereit sein müssen, geheilt zu werden und Verantwortung dafür zu übernehmen, was die Disharmonie erzeugt. Falls er weiterhin disharmonisch ist, wird er vielleicht in Betracht ziehen müssen, die Gemeinschaft zu verlassen. Ihr werdet euch keine kriegerischen Fraktionen leisten können. Viel von eurer Arbeit wird mit Heilen, Toleranz, Mitgefühl und dem Deuten von Zeichen und Symbolen zu tun haben. Ihr werdet euch selbst und anderen gestatten müssen, das auszuleben, was notwendig ist, um zu tiefen Erkenntnissen zu gelangen und durch sie hindurchzugehen.

Jeder in der Gemeinschaft muss zum Ganzen beitragen und sein Talent einbringen. Gemeinschaften werden sich auf bestimmte Produkte, Talente und Fähigkeiten spezialisieren, was von der Ansammlung des Bewusstseins der Menschen bestimmt wird. Ihr fragt euch vielleicht: »Woher weiß ich, bei welchen Leuten mit welcher Ansammlung von Bewusstsein ich landen werde?« Eine unsichtbare Hand wird euch zu der Gemeinschaft leiten, der ihr dienen könnt und die euch dienen kann, gemäß euren Absichten, Überzeugungen und Wünschen.

Ihr werdet erleichtert sein, wenn ihr zu einer Gemeinschaft gehört und erdnaher lebt, frische Luft atmet und euch lebendig fühlt. Die Nahrung wird neue Vitalität besitzen. Es wird herzhafteres Lachen und tiefere Beziehungen geben, und jeder Augenblick des Lebens wird größeren Wert besitzen. Schließlich werdet ihr zu der Überzeugung gelangen, dass das Leben gespielt werden soll und dass ihr nur durch das Spiel des Lebens zum Erfolg kommt. Wenn ihr nicht richtig spielt, könnt ihr nicht erfolgreich arbeiten. Die Arbeit muss immer dem Wohl der Gemeinschaft dienen. Es wird viele Heilungen geben. Die Gemeinschaften werden zum Bauen inspiriert sein, und die Tempelkultur wird wieder aufleben. Überall im Land werden besondere Plätze ausfindig gemacht und heilige Gebäude von großer Schönheit errichtet werden. Die Veränderungen der Erde werden viele Geheimnisse aus den Tiefen des Erdreichs hervorbringen. Die verstreut unter der Erdoberfläche verborgenen Pyramiden werden entdeckt werden, und viele Spalten und Gräben werden lange verschüttete uralte heilige Plätze freigeben.

Eine Gemeinschaft, die in der Lage ist, ihre Gedankenformen zu verschmelzen, Ego-Schlachten hinter sich zu lassen und einen klaren Zweck und Lebensqualität zu definieren, wird erfolgreich sein. In einigen Gemeinschaften kann auf der Grundlage einer ständigen Kommunikation mit der Natur die Vegetation durch Meditation, Klang und bewusste Absicht zum Gedeihen gebracht werden. Die Mitglieder können gemeinsam singen, Musik machen und träumen. Diese Gemeinschaften, die am besten das Spiel des Lebens spielen, werden die begehrtesten sein. Das heißt nicht, dass ihr in eine Art Sinnenrausch hineintaumelt, wo ihr esst, Drogen nehmt oder trinkt, um zu vergessen, und dann glaubt, das sei das Spiel. Wenn ihr spielt, werdet ihr mit der Energie *bewusst spielen*, sie freisetzen und auf kindliche Weise lenken. Dann werdet ihr die hingebungsvolle Pflicht und Verantwortung haben, eure Gemeinschaft zu einem großartigen Ort zu machen.

Es liegt große Macht in der Interaktion mit einer Gruppe. Viele eurer Talente, die zur Gemeinschaft beitragen werden, sind zurzeit noch unentdeckt und unerkannt. Diese Talente werden aus eurem Inneren kommen. Eure Energiefelder werden sich auf einen gemeinschaftlichen Kodex gründen, über den sich die Kerngruppe der Gemeinschaft geeinigt hat. Diese Kerngruppe wird das nicht im Geheimen tun, denn es wird keine Geheimnisse geben; die Zeiten der Geheimhaltung werden vorbei sein. Ein Verhaltenscode wird also erforderlich sein, und jedes Mitglied der Gemeinschaft wird einen Eid auf seine Einhaltung ablegen. Energiefelder werden jeden umgeben und Weisheit und Gerechtigkeit erschaffen. Alle, angefangen vom kleinsten Baby über das älteste Mitglied bis hin zu den Tieren, werden in diesen Feldern leben.

Als Gründer müsst ihr euch darüber im Klaren sein, was funktioniert und was nicht. Wenn eure Grundvorstellung darin besteht, in der Gemeinschaft überall Harmonie zu entfalten, zusammenzuarbeiten und gemeinsam zu träumen, werdet ihr Erfolg haben. Träumen muss ein essenzieller Teil des Gemeinschaftslebens werden, denn durch Träume enthüllen Menschen, wer sie sind. Durch Träume könnt ihr Energien entdecken, die aus dem Gleichgewicht geraten sind, und danach streben, sie wieder auszugleichen. Menschen, die im wachen Leben Probleme haben, leben sie im Traum aus, und wer in der wachen Welt große Schwierigkeiten hat, steht auch in der Traumwelt vor größeren Problemen. Wenn ihr auf Träume hört, erhaltet ihr Hinweise darüber, wer die Menschen sind. Lernt zuzuhören und zu beobachten, ohne zu beurteilen, und lasst euch von eurer Intuition leiten.

Ihr werdet die Ressourcen zusammenlegen und eure Vorstellungen über Ernährung, Ausbildung, Tauschhandel, Geschäftsleben, Freizeitgestaltung und Meditationsformen teilen. Stellt eine starke Gemeinschaft in den Vordergrund und einigt euch darauf, dass sie Priorität hat und dass jeder eine wertvolle Stütze ist. Wenn ihr das macht, errichtet ihr ein Feld von Ideen, ein Gedankenfeld. Ihr werdet über der Gemeinschaft riesige Gedankenformen erschaffen, die eure Absicht enthalten. Diejenigen, die die Gabe besitzen, Gedankenformen zu lesen, werden eure Gemeinschaft ansehen und wissen, wer ihr seid und was ihr macht. Eure Gedankenformen werden eine neue Art von ätherischer Cloud sein. Es wird kein einzelnes Oberhaupt eurer Gemeinschaft geben. Ihr werdet alle euren gesunden Menschenverstand, eure Impulse und eure Spontaneität einbringen. Ihr könnt nicht nur auf einen Einzelnen blicken und erwarten, dass er die Ideen hat. Es ist unerlässlich, dass ihr euch alle auf dieser Reise selbst wertschätzt.

Wenn ihr eure Gemeinschaft oder euren Lebensraum gestaltet, müsst ihr mit den Pflanzen und Tieren sprechen können. Das ist unbedingt erforderlich. Es klingt ein wenig weit hergeholt, doch das ist es nicht, denn bisher nehmt ihr euch einfach nicht die Zeit dazu. Wie viele von euch haben sich in letzter Zeit hingesetzt und mit der Katze oder dem Hund geplaudert? Das entwickelt eure Sensibilität und bringt euch auf eine neue Ebene, wenn ihr Entscheidungen trefft oder Ratschläge erteilt, denn Tiere und Pflanzen beziehen ihr Wissen direkt von der Erde. Sie sind eingeklinkt und warten geduldig darauf, dass ihr erkennt, wie sehr sie euch helfen und beraten können. Sie können euch all ihre Geheimnisse des Heilens mitteilen und euch die Energieplätze zeigen. Sie können euch alles zeigen. Sie wissen. Und habt ihr eine Ahnung, warum sie wissen? Weil sie die Natur und die

Erde nicht ausbeuten. Weil ihr Menschen als Spezies zu Ausbeutern gemacht wurdet, sind euch die Dinge verborgen.

Tiere und Pflanzen werden eure Wegweiser zum Königreich der Devas und Elementale sein, zu den Naturreichen, die von den Kräften regiert werden, deren wahrhaftige Existenz von eurer Wirklichkeit bisher nicht erkannt wird. Nehmt euch Zeit, Intelligenz in den Chrysanthemen, den Heuschrecken, den Ameisen und Steinen zu entdecken – in all diesen Dingen. Die Erfahrung wird überall implodieren, und zwar für jeden, der sich mit der Erde verbinden möchte. Die Heilung der Erde wird durch die Kommunikation und den Austausch all ihrer Bewohner stattfinden.

Die Gesetze der Geburt werden sich verändern. Der Wert der Geburt und das, was Frauen tun, um Kinder auf die Welt zu bringen, werden zu höchsten Ehren kommen. Es wird eine Ehre für einen Mann sein, neben einer Mutter und einem Kind zu stehen und zu sagen: »Es ist mein Kind.« Er wird den Stolz und die Verantwortung der Vaterschaft wiederentdecken. Frauen werden sich nicht mehr für das Gebären von Kindern schämen.

Warum haben so viele Frauen keine Väter für ihre Kinder? Weil sie sich des Vorgangs schämen und nicht mehr mit dem besonderen Wert dessen, was sie tun, verbunden sind. Es wird eine Zeit kommen, da ein Mann wahrlich nach der Gunst einer Frau streben wird. Er wird sich wünschen, in ihrer Schwingung zu sein und sich stark mit ihr zu verbinden, Teil des Wunders des Lebens zu sein und Kinder in die Welt zu setzen. Es wird sich alles vollkommen ändern. Eure jetzige Zeit wird als die barbarischste Ära angesehen werden, als finsterste Nacht herrschte und selbst die Frauen nicht wussten, dass sie die patriarchalische Variante der Geburt spielten.

Eure Gemeinschaften werden auf Kinder ausgerichtet sein – darauf, was ihr für Kinder tun könnt, um eine sichere, liebevolle und nährende Umgebung zu erzeugen. Ihr werdet von den Kindern lernen, denn sie werden eure Lehrer sein. Sie werden euch unterrichten und ihr Wissen und das, was aus ihrer Sichtweise geschieht, mit euch teilen. Es werden Kinder geboren werden, die wir die Familie der Liebe nennen. Sie werden euch die Energie der Göttin und die Liebe als eine Schöpfungskraft lehren. Sie werden höchste schöpferische Energien in sich tragen. Sie werden denjenigen geboren werden, die ihre Sexualität zu achten wissen. Wenn sich ein Paar in der höchsten Schwingung der spirituellen Energie vereinigt, wenn alle Chakren geöffnet sind und die Absicht besteht, eine Energie ins Leben einzuladen, die dem neuen Ganzen dient, dann können die Mitglieder der Familie der Liebe geboren werden.

Viele dieser Kinder werden hochentwickelt sein und bereits wenige Tage oder Monate nach der Geburt fließend sprechen können. Sie werden vieles wissen und sich an vieles erinnern; sie werden sagen: »Ich bin zurückgekehrt.« Sie werden herumlaufen, sprechen, Aufgaben erledigen und fremde Sprachen beherrschen. Sie werden anders aussehen. Die Schwangerschaft mit diesen Kindern wird kürzer sein, denn alles in eurem Körper wird schneller ablaufen, und somit auch die Schwangerschaft. Diese Kinder werden eine ekstatische Geburt erfahren, werden ihrer Mutter die gleiche Erfahrung vermitteln und ihr so die Geburtsschmerzen nehmen. Sie werden ihre Mutter nicht auslaugen; sie werden sie unterstützen. Ihr Bewusstsein wird vom Bewusstsein des Vaters abhängen und davon, wie hoch entwickelt sich die männliche Schwingung auf dem Planeten darstellen kann. Es liegt diesmal in den Händen der Männer, auf dem Planeten zu demonstrieren, welche Art von Bewusstsein ihr aus dem Weltraum willkommen heißen könnt.

Diese Kinder werden die hochgeschätzten Mitglieder jeder Gemeinschaft sein, gute Omen. Sie werden auf dem gesamten Planeten untereinander in telepathischer Verbindung stehen. Ganz gleich, welchen Raum sie auch betreten werden, sie werden durch ihr Herz unablässig Schöpfungskraft verströmen, denn ihre Gegenwart wird die Schwingung aller, die mit ihnen in Kontakt treten, stimulieren und erhöhen. Sie werden nicht großgewachsen sein. Sie werden blau sein. Sie werden von dem blauen Strahl sein, denn sie werden plejadisches Bewusstsein tragen und bestimmte Aufgaben zu erfüllen haben. Sie werden Bestandteil einer jeden Gemeinschaft auf eurem Planeten sein – auf jedem Kontinent und in jedem Stamm geboren werden. Sie werden herkommen, um die Liebesschwingung zu bringen und euch zu unterrichten.

Diese Kinder werden eine telepathische Verbindung mit der Göttin haben. Sie werden in direkter Kommunikation mit der Göttin stehen, denn sie werden die Schöpfungsfrequenz der Liebe in sich tragen und ausstrahlen. Sie werden die telepathische Kommunikation aller beschleunigen, so dass ihr hören und fühlen werdet, was andere Menschen gerade denken. Dadurch werdet ihr disziplinierter und in eurem Denken ausgerichteter und wählerischer sein. Dies ist zurzeit die größte Herausforderung auf dem Planeten. Ihr müsst begreifen, *dass eure Gedanken sich auf die Realität auswirken.* Jetzt glaubt ihr dies aus dem Vertrauen heraus. Es wird sich jedoch bald mit konkreten Beweisen in der Existenz darstellen, und dann werden alle Menschen es sehen.

Diese Kinder werden phänomenal sein. Sie werden hochgeschätzt sein, weil ihr Bewusstsein so wertvoll ist. Es wird sein, als ob mitten unter euch Gold wandelte. Sie werden die Schwingung aller Menschen und den Fluss der Schöpfungskraft verändern. Da sie als wertvolle Mitglieder von Familien und Gesellschaften auftreten, werden sich alle Gemeinschaften äußerst glücklich schätzen, sie in ihrer Mitte zu haben. Als Avatare der Liebe werden sie zurückkehren. Sie werden euch den Weg weisen und euch mit allen anderen Gemeinschaften auf der ganzen Welt verknüpfen.

Diese Kinder werden mit ihren potenziellen Eltern telepathisch in Verbindung treten, so dass Entscheidungen getroffen werden können. Wir möchten jedem von euch vermitteln, dass ihr sehr wohl die Wahl habt. Werdet ihr von diesem Recht Gebrauch machen? Oder werdet ihr in Machtlosigkeit verfallen und glauben, dass ihr keinen Einfluss darauf habt, was euer Körper tun kann? Diese Lehre ist in den kommenden Tagen entscheidend. Jeder von euch – als männliche oder weibliche Verkörperung der Energie des Gottes oder der Göttin in allen Phasen – muss sich die Vorstellung zu eigen machen, dass ihr Macht über euren Körper habt – über den lebenspendenden

Prozess, über die Verbreitung eurer Kundalini – und dass *ihr* entscheidet, wann ein Kind durch euch hereinkommt.

Nicht alle von euch werden diese einzigartigen Kinder in ihrem Leben haben. Diese Kinder werden sich Eltern mit dem entsprechenden Bewusstsein und den passenden Blutlinien aussuchen. Sie werden in jedem Dorf und jeder Gemeinschaft geboren werden. Sie werden helfen, die Schwingung des Planeten zu verändern, und sie werden von Eltern geboren werden, die ihre Sexualität spirituell und medial erfahren. Diese Kinder werden die Verkörperung der Liebesschwingung sein und sich freiwillig entscheiden, ein Zeichen des Unterschieds in sich zu tragen. Sie werden in eurer DNS selbst und in eurem Blutstrom entwickelt werden.

Je nach den Entscheidungen des Bewusstseins besteht zurzeit die Wahrscheinlichkeit, dass viele, viele Orte aufhören werden zu existieren. Ihr werdet zuerst eure Kinder in Sicherheit bringen, und Spirit wird Kinder aus der ganzen Welt auflesen. Die Kinder sind wahrlich eure wertvollste Ressource, eure Blutlinie in der Form, die danach strebt, sich in einer lebendigen Welt zu entfalten. Setzt an erste Stelle, ihnen eine sichere Welt zu bieten. Zum Ende dieses Jahrzehnts werdet ihr viel mit Kindern und für Kinder arbeiten.

Bald werdet ihr das Leben auf dem Planeten nicht wiedererkennen, denn was ihr jetzt als Routine erfahrt und als selbstverständlich betrachtet, wird nicht mehr sein. Es gibt nichts zu befürchten. Viele von euch werden durch bestimmte Erfahrungen gehen, um zu erforschen, wo der Ort eurer Macht und Energie zu finden ist, und ihr werdet erkennen, dass er in euch liegt. Ihr seid alle qualifiziert, die kommenden Zeiten zu durchschiffen – auf diesen Wellen zu reiten und euch über das aufgewühlte Wasser und die Unterströmungen zu erheben. Ihr alle besitzt das Wissen, um auf dem Kamm der Welle zu reiten; daher braucht ihr euch vor nichts zu fürchten.

Wir möchten euch um etwas bitten. Ganz gleich, wo ihr auch seid, ganz gleich, was auch geschieht, ganz gleich, wie ernst die Lage auch sein mag, wir möchten, dass ihr versprecht, in jeden Tag eures Lebens Spaß, Liebe und Lachen zu bringen.

Nehmt euch Zeit zu sagen: »Hoppla, alle mal hergehört, die Sache ist doch zu komisch. Lasst uns darüber lachen. Machen wir jetzt einfach mal Pause und trinken wir eine Tasse Tee. Energetisieren wir einfach die Frequenz der Freude.« Ihr lebt in den strahlendsten und erhebendsten Zeiten. Sie sind großartig. Es ist eben nur so, dass euch nicht täglich jemand daran erinnert. Aber es gibt einzigartige Technologien mit Ton und Licht, die neue Möglichkeiten der Mühelosigkeit und Zusammenarbeit energetisieren.

Es werden viele, viele Lösungen geboren. Die neuen Zivilisationen möchten vielleicht ein hohes Maß an technologischen Fähigkeiten erreichen. Sie werden nur dann Erfolg haben, wenn ihre Schöpfungen vom Verstand in Verbindung mit dem Herzen und dem Geist regiert werden. Wenn Schöpfungen gemeinsam von Verstand und Herz regiert werden, sind sie lebendige Technologie. Wir differenzieren dahingehend, dass Technologie lebendig werden wird. Sie wird in Zusammenarbeit mit dem Geist derer funktionieren, die sie geschaffen haben. Dann kann sie als Hardware erscheinen, doch sie wird lebendige Hardware sein. In diese Phase werdet ihr eintauchen. Versteht, dass ihr alles mit eurem Geist erschafft. Was ihr mit eurem Geist macht und wie ihr ihn einsetzt, ist ein Schlüssel zu eurem Überleben und zu dem des Planeten Erde.

Energieübung – auf CD & im Download enthalten

Bringe deinen Körper willentlich zur Ruhe und fühle, wie ihn eine Lichtsäule energetisiert, reinigt und an seine idealen Funktionen erinnert. Setze die Absicht, dass die Lichtsäule deinen Körper erfüllt und dass Gesundheit und Wohlbefinden durch die Zellen und die Essenz dessen, was du bist, pulsieren.

Während du dies durch deinen Körper kommen fühlst, verbinde deine Energie so mit deiner Umgebung, dass alle davon profitieren können. Entspanne dich und gehe mit Lichtstrahlen in dich hinein, in den Bereich deines Solarplexus, den Ort des Willens, des Gefühls und der Macht. Stelle dir vor, dass du etwas herausziehst: ein Stück Gold, einen Diamanten, ein kostbares Juwel.

In deinen Händen hältst du den Gegenstand, der für dich unschätzbaren Wert besitzt und den du in dir gefunden hast. Staune über die majestätische Schönheit deines Schatzes.

Stelle dir jetzt vor, dass du dich in einer Gruppe von Menschen befindest, und jeder von euch hält ein inneres Juwel von unschätzbarem Wert in der Hand. Nacheinander geht ihr zu einem grün-goldenen Tuch, und jeder legt ganz sanft und ehrfurchtsvoll seinen Schatz dort nieder. Er steht für euren inneren Wert, den ihr beizutragen bereit seid, so dass die gesamte Menschheit davon profitieren kann. Dein Geschenk kann so groß oder klein sein, wie du möchtest.

Wenn du deinen Beitrag niedergelegt hast, gehe zurück in den Kreis und betrachte die Juwelen und Schätze, alle gesammelten Beiträge der Gruppe. Spüre unsere Gegenwart. Fühle, was durch die Verbindung deines Reichtums mit dem der anderen Gruppenmitglieder entsteht. Nun stelle dir vor, was diese Ansammlung von Reichtum für die Erde und deinen Herzenswunsch bewirken soll.

Während dein Reichtum anerkannt wird, fühlst du, wie die Lichtsäule dich energetisiert. Was ist es, das du dir vorstellst und das für die Erde einen deutlichen Unterschied macht?

Halte deine Vision so klar, wie du nur kannst. Fühle, wie sich die Energie um den Bewusstseinskreis bewegt. Lasse die Energie Spiralen bilden und sich drehen, sich schnell von einem Menschen zum anderen bewegen und dich daran erinnern, dich mit Herz und Verstand für die Zukunft der Erde einzubringen.

12

Erwacht, liebe Freunde, in diesem Traum!

Als lebende Spezies befindet ihr euch gerade an der Schwelle des Augenblicks, in dem von euch erwartet wird, einen Glaubenssprung zu vollziehen.

Wir erzählen euch Geschichten, die euch dabei helfen, euch zu entwickeln und weiter zu entfalten. Es bleibt euch überlassen, ob ihr sie glaubt oder nicht. Wenn ihr sie jedoch glaubt, seid auch bereit, sie loszulassen, wenn sie euch nicht mehr dienen. Zum augenblicklichen Zeitpunkt liegt unser Ansatz und Ziel darin, euch in die Klarheit zu verwirren und innerhalb der Gedankenmuster, die die Zellen eures Seins tragen, unlösbare Widersprüche zu erzeugen. Indem ihr unsere Worte bedenkt, verändert ihr euch. Die vor euch liegenden Tage werden mit majestätischem Glanz erfüllt sein, ebenso wie eure physische Welt euch einmal ursprüngliche Schönheit zum Entdecken bot. Ihr erschafft eine Gelegenheit, die dreidimensionale Wirklichkeit zu transzendieren und in die Zeitkorridore einzutreten, wo Welten und Realitäten vielfältiger und flexibler sind. Eure Aufgabe besteht darin, euch selbst auf einer Schatzsuche durch die Zeitkorridore zu heilen. Wir haben euch viele Schlüssel mitgeteilt und ebenso viele nicht erwähnt. Als Summe der Kraft eurer Existenz müsst ihr euch umwandeln, an der Schwelle des Augenblick eures sich ständig erweiternden Jetzt.

Wir sprechen euch als sich entwickelnde Menschen an – als Botschafter des Lichts. In diesem Augenblick der Zeit seid ihr bereit, noch nie Dagewesenes zu entdecken. Durch eure Bereitschaft und euer Streben seid ihr reif, eine Wahl zu treffen. Wenn wir in eure Wirklichkeit reisen, lernen wir, indem wir die Prozesse beobachten, durch die ihr Widerstand leistet, lernt und Leben erschafft. Ihr könnt euch in diesem Augenblick der Zeit als auf einem Gipfelpunkt der Lebensreise angekommen betrachten. Wenn ihr genau diesen Augenblick erreicht, dass ihr euch zu unseren Worten hingezogen fühlt, deutet das auf einen Abschluss hin.

Was wir euch in den vorhergehenden elf Kapiteln mitgeteilt haben, ist alles darauf ausgerichtet, euch tiefer in euch selbst hineinzubringen. Ihr habt die Überzeugungen und Vorstellungen kennengelernt, um die herum das Selbst strukturiert ist – eigene Entscheidungen, sichtbare oder verborgene auf die Erde wirkende Einflüsse und Einflüsse vom Himmel. Was zählt das? Seid nicht unzufrieden mit der Wirklichkeit. Ihr habt jetzt eine Möglichkeit geschaffen. An diesem Ende seid ihr nun bereit, dafür zu danken, was ihr erfahren habt und wohin ihr gereist seid. Ihr habt mehr darüber gelernt, wer ihr in der Geschichte der Zwölf seid.

Die Zwölf ist in eurem physischen Sein tief eingeprägt und eingebettet. Zwölf ist ein Code, den zahlreiche gefühlsbegabte Wesen verwendet haben, um eure Realität zu betreten. Ihr lebt heute in eurer Welt aufgrund bestimmter mathematischer Übereinkünfte über die Wirklichkeit. Es gibt zahlreiche mathematische Grundlagen, die mit Zahlen ausgedrückt und unterschiedlich interpretiert werden können. Die meisten von euch sind mit der einen Version einverstanden, die allgemein gelehrt und verwendet wird, und ihr glaubt, dass sie die einzige ist. Der Gedanke der Zwölf stimmt mit der verbreitetsten mathematischen Grundlage und Sichtweise überein. Die Geschichte der Zwölf ist viel komplexer als diese Grundlage; sie passt jedoch gut hinein. Durch diese Struktur könnt ihr beeinflusst werden, und sie kann den Weg ebnen, um euch bei der Annäherung an die Wirklichkeit zu leiten und zu führen.

Könnt ihr euch vorstellen, dass es immer und überall auf der Reise durch das Leben und das Sein eine Straße gibt? Angenommen, ihr fahrt mit einem Auto auf der Erde immer auf festen Straßen, verlasst nie den asphaltierten Weg und weicht nie ab. Ihr könnt sehen, was neben der Straße ist, aber euer Fahrzeug funktioniert nur auf der Straße, also könnt ihr nur dorthin fahren, wo es Straßen gibt; nie steigt ihr aus und geht zu Fuß. Versteht, dass die Prägung der Zwölf wie die Straße ist – ob es nun die zwölf Tierkreiszeichen sind, die zwölf Stunden der Uhr, die zwölf Kapitel in diesem Buch oder die zwölf Prägungen eurer Identität als DNS-Stränge oder Chakra-Energiezentren. All diese Dinge sind Straßen durch den Kosmos, auf denen ihr als intelligente Wesen herumgereist seid.

Es ist unsere Absicht, euch bewusster zu machen, dass ihr euch auf einer Straße von zwölf Energieformen befindet. Wenn ihr diese großartige Kartographie der Zwölf wirklich begreift, erlangt ihr vielleicht eine Vorstellung davon, wohin euch die kosmischen Straßen führen werden. Ihr seid dazu angelegt, um als Modelle des universellen Gedankens in zwölf Straßen zu passen. Dies ist Teil der Lehren, die überall im vorliegenden Buch codiert sind. Das Verständnis der zwölf Energiestraßen, die euch an getrennte Orte innerhalb der Existenz führen und euch vereinen, beruht auf dem Gedanken der Schöpfung. Wenn ihr versteht, dass diese Straßen euch zu den großen Verschiebungen des Bewusstseins bringen, die ihr jetzt als Massenbewusstsein sammelt und erfahrt, wird dies ein abruptes Ende der Wirklichkeit bedeuten, wie ihr sie gegenwärtig kennt. Wenn jedoch etwas zu Ende geht, sind das Augenblicke der Vollendung, da ihr euch vor einem neuen, noch nicht sichtbaren Anfang versammelt und innehaltet. Als Wesen von Lebendigkeit seid ihr in dem Augenblick einsatzbereit, da ihr zu einem Glaubenssprung herausgefordert werdet.

Ihr fragt euch vielleicht: »Was nutzt mir dieses Wissen? Was hilft es mir zu wissen, dass ich ein Mitglied der Lichtfamilie bin? Dass ich vielleicht von den Plejaden komme? Dass die Erde wertvoll ist, dass ich wertvoll bin und dass ich, wenn ich auf der Erde wandle und sie erforsche, ihre kostbarsten Geheimnisse, ihre heiligen Plätze und ihre Sinfonien aus Kreisen entdecke, die stumm zu mir sprechen? Was brauche ich über die Echsen, die Göttin und meinen Körper zu wissen? Und was heißt das überhaupt, dass mein Körper Raum in sich haben kann, dass andere mit mir verschmelzen und durch meine Augen blicken können? Und wenn andere mit mir verschmelzen, sehen sie dann dieselbe Welt wie ich? Oder tauchen durch ihr Aufgehen in meinem Wesen plötzlich andere Welten auf oder gehe ich selbst in diesen anderen Welten auf? Was ist Besessenheit? Was bedeutet Verschmelzen und ins Sein treten auf der Erde des einzwanzigsten Jahrhunderts? Was haben meine Drüsen mit all dem und mit meinem Körper zu tun? Und wohin führt mich dabei der Sex?« Da ihr nun über diese Punkte brütet, fragen wir euch: Welche großen Überraschungen erlebt ihr, da ihr lernt, eure persönlichen heiligen Plätze für die Geheimnisse eurer eigenen Bewusstseinsschleifen zu öffnen? Was entdeckt ihr, wenn ihr auf Mauern stoßt und eure tiefsten Geheimnisse kennenlernt?

Wenn ihr lernen könnt, Energie zu transformieren und das kritisierende Urteilen hinter euch zu lassen, werdet ihr an einen erhöhten Ort kommen, der euch über den Augenblick hinaus in einen größeren Aspekt der Zeit bringen wird – eine Zeit, die anders als eure strukturiert ist. Für euch wird die Zeit von Zahlen beherrscht. Hier findet ihr wieder die Geschichte der Zwölf, eingeschlossen in der Zeit, die definiert, wer ihr in einem Kreis seid. Da ihr also den Zwölferzyklus in diesem Buch vollendet, betrachtet die Zeit auf eine neue Art. Erkennt sie als eine Struktur, durch die andere Existenzformen mathematisches Erbe als eine Sprache anwenden, um Geometrie auszudrücken.

Betrachtet die Geometrie der Zeit, die die Zyklen verbindet, von denen ihr glaubt, dass sie außerhalb von euch existieren – die Umdrehungen der Planeten und des Mondes. Ist der Mond ein Computer? Ein Auge am Himmel? Die Muttergöttin? Ein Ort geheimer Stützpunkte? Eine Art Tankstelle? Eine kosmische Bibliothek, ein Lagerhaus uralten Wissens? Der Mond ist der magische Macher und Zyklendreher, der eure eigenen inneren Gezeiten energetisiert und ebenso die Wassergottheit Große Mutter.

Wer ist der Mond in Bezug zur Sonne? Ihr müsst dies auf eurer Reise der Selbstentdeckung herausfinden. Die Sonne ist der große meisterhafte Herrscher, der euer Sonnensystem regiert – denn wer seid ihr ohne Licht? Wer *besitzt* das Licht? Und wer *ist* überhaupt Licht? Und wer sind die draußen kreisenden Energieformen, die majestätischen Planeten, von denen ihr glaubt, dass sie in eurem Sonnensystem existieren, und die wie Perlen im kosmischen Raum verstreut sind – Juwelen, ebenso schön wie die Erde selbst? Manche würden über die Vorstellung spotten, dass jede Einzelne dieser glitzernden Formen im Weltraum Intelligenz besitzt. Wir jedoch, die wir sehr oft auf diesem funkelnden Gestein im Weltraum leben, staunen über diejenigen, die sich von den grandiosen Ideen abschotten, die euren Planeten zurzeit bombardieren. Lasst euch nicht von den Autoritäten zum Narren halten, die euch doch nur einschränken wollen. Lasst euch höher tragen. Ihr erreicht einen erhöhten Zustand, indem ihr euch für eine erweiterte Version der Wirklichkeit entscheidet. Ihr weist allem in eurem Leben eine größere Rolle zu und findet euch im inneren Kern eurer eigenen Autorität wieder.

Wenn ihr an diesen Punkt der Summe dessen, wer ihr seid, reist und all dies wisst, erreicht ihr einen Punkt, euer Wissen jetzt mit eurer Familie, Gesellschaft und Kultur zu teilen. Viele von euch befinden sich in diesem Augenblick in der Schwebe. Ihr habt die Pflicht, euer Wissen zu teilen – nicht zu predigen oder den Samen der Angst in anderen auszusäen, sondern in der Gesamtheit dessen, wer ihr seid, zu schwingen. Ihr müsst alles, was eine Gesellschaft ausmacht, verstehen und integrieren – Leben, Tod, Geburt, Kinder und alle

Mitglieder der Gesellschaft, jung und alt, nicht nur diejenigen, die ihr als produktiv betrachtet. Radikale Veränderungen werden stattfinden. Habt Mitgefühl, wenn ihr das Gelernte umsetzt.

Als Massenbewusstsein steht ihr vor einem kollektiven Karma, da das Fischezeitalter seinen letzten Akt vollendet und dem Wassermann weicht. Das Karma wird jetzt gemäß den universellen Gesetzen von Ursache und Wirkung ausgespielt.

In einer erhabenen, großzügigen Geste lässt es die Schöpfungen der Existenz zu ihrem Erzeuger zurückkehren. *Das seid ihr.* Ihr steht vor einer persönlichen Rückkehr dessen, was ihr erschaffen habt. Es ist entscheidend, dass ihr das jetzt erfahrt. Wir haben ganz am Anfang dieser Aufzeichnungen festgestellt, dass wir wegen unseres Karmas hier sind und die Erde erleben. Auf eure eigene Art erkennt ihr das auch gerade. Es ist daher erforderlich, dass ihr euer Leben betrachtet, zu euch in Distanz tretet und zu Zuschauern werdet, zu Beobachtern eurer Reise durch die Zwölf. Wer seid ihr, und wie habt ihr eure eigenen Selbste unterwegs im Rahmen dieser Versammlung des Bewusstseins angewendet – diesem Spiel der zwölf Lebenszyklen oder der zwölf Einflüsse, die immer kreisen und sich immer wieder vollenden? Könnt ihr aus dem Kreis aussteigen? Was wisst ihr? Und was werdet ihr mit eurem Wissen anfangen?

Wir existieren an einem Ort in der Zeit, der jenseits eurer jetzigen Reichweite liegt, und doch nimmt dieser Ort denselben Augenblick ein, in dem ihr seid. Ihr werdet lernen, wie ihr tiefer in eure Augenblicke der Zeit gehen und entdecken könnt, dass es eine nicht endende zauberhafte Melodie gibt, die euch nach vorn lockt. Wir möchten, dass ihr versteht, dass das, was ihr sucht, irgendwie immer gerade vor euch liegt. Belastet euch nicht mit dieser Vorstellung. Versteht, dass ihr euch auf der Suche in Begeisterung stürzt und mit eurer eigenen Vorstellungskraft anfeuert. Es ist unsere Absicht, euch weiter zur Lebendigkeit zu inspirieren. Wir können euch nicht lebensvoll *machen.* Nur ihr selbst könnt das.

Indem ihr die Macht eurer Kundalini verwendet und diese Kraft in die sich ständig erweiternde Vision des Paradieses und in die

Schwingung der Ekstase lenkt, werdet ihr weitergeleitet, und ihr bewegt euch von einem Augenblick zum nächsten. Das Paradies existiert. Ja, tatsächlich! Ihr sucht alle danach, und ihr werdet es auch finden. Ihr werdet es als einen Augenblick der Glückseligkeit erkennen. Es ist nicht ein fester Ort, an dem ihr für immer lebt und euch allmählich langweilt; es ist ein *Augenblick* der Glückseligkeit. Oft sucht ihr das Paradies vor euch und fragt euch ständig, wann es kommt. Wenn ihr ganz im Augenblick seid, könnt ihr erkennen, dass ihr euch in einem Moment der Glückseligkeit befindet. Ihr könnt auch zurückblicken und über viele Augenblicke der Glückseligkeit reflektieren. Ihr könnt in der Frequenz der Glückseligkeit leben und wissen, dass ihr immer wieder diesen sich ständig erweiternden, spontanen, gleichlaufenden Augenblick erschaffen habt und dass er euch immer lockt, weiter voranzuschreiten.

Wenn ihr den Punkt des Abschlusses und der Vollendung im zwölften Sektor erreicht habt, dann ist das tatsächlich ein Ort des Karmas. Es ist eine Ansammlung von Lektionen, da die Summe dessen, was ihr in Bewegung gesetzt habt, als Vollendung des Zyklus zu euch zurückkehrt. Man kann mit dieser Erkenntnis unterschiedlich umgehen. Ihr könnt euch davon eingesperrt und versklavt fühlen und Leiden erschaffen, was einer Opferrolle gleichkommt: »Ich bin machtlos. Ich kann nichts dagegen tun. Ich bin in einem Teufelskreis gefangen. Ich weiß nicht, wie mir geschieht.« Wenn das eure Einstellung ist, könnt ihr euch sicher sein, dass ihr alles wiederholen werdet. Ihr könnt aber die Summe der Reise der Zwölf auch verwenden, um zu sagen: »Was habe ich auf dieser Reise der Zwölf gelernt? Ich übernehme die Verantwortung für alles in meinem Leben, denn ich selbst habe es entworfen und erschaffen. Auf dieser Reise habe ich sehen gelernt, warum ich bestimmte Dinge gewählt habe, obwohl ich mir darüber nicht bewusst war. Sie dienten mir, indem sie mir zeigten, dass meine Gedanken tatsächlich meine Wirklichkeit erschaffen, und jetzt verstehe ich, wie mir die Reise der Zwölf gedient hat. Ich bin durch meine Entdeckung nicht traurig und fühle mich nicht gefangen. Ich kann mich jetzt befreien.«

Ihr alle durchkreist diesen besonderen Aspekt und erlebt das Ende des Fischezeitalters, das sich als Ereignis eines kosmischen Kalenders abspielt. In nächster Zukunft werdet ihr neue Herausforderungen erfahren. Ihr vollendet, verarbeitet und erkennt die Schleifen eures Lebens als Muster und alle Seinsaspekte verbindende Vorstellungen, durch die ihr gereist seid. Einige von euch, die die Schleifen des äußeren Systems verarbeitet haben, verstehen jetzt die ihres eigenen Systems, tief drinnen im Körper. Einige von euch entdecken, dass sie wie Gefangene sind, eingesperrt in ihrem eigenen Hochsicherheitstrakt. Löst eure Fesseln. Wenn ihr heute Abend schlafen geht, dann visualisiert Schlüssel an den Türen des Gefängnisses, in dem ihr lebt. Wenn ihr euch vorstellen könnt, dass ihr Gefangene in irgendeinem von euch bevorzugten isolierten Wirklichkeitsaspekt seid, könnt ihr euch auch vorstellen, dass es Schlüssel und zudem neue Kleider gibt, mit denen ihr hinausgehen könnt. Lasst euch höher tragen und wisst, dass ihr alles auflösen könnt, was eine karmische Last zu sein scheint.

Wenn euch das Karma gerade zusetzt, müsst ihr euch aus dem Gefängnis befreien, das ihr euch in eurem Bedürfnis nach Strafe, Scham- oder Schuldgefühlen geschaffen habt. Ihr befindet euch alle kurz vor dem großartigen Augenblick des Loslassens. Stellt euch vor, dass ihr Botschafter des Lichts seid und wisst, dass eure Gedanken die Energie erschaffen haben, die euch bewegt. Es erwartet euch Neuland und eine neue Aussicht auf die Welt, wenn ihr das visualisiert und euch vorstellt. Ihr müsst diesen Augenblick der Glückseligkeit visualisieren; er kann nicht ohne euch existieren.

Einweihung ist die Prüfung, durch die ihr lernt, zu vertrauen, loszulassen und euch zu verändern. Wir geben euch ein Beispiel: Wenn ihr noch sehr jung seid und kurze Beine habt, lernt ihr, auf einem Dreirad zu fahren. Ihr seid stolz, wenn ihr ohne fremde Hilfe aufsitzen könnt. Wenn ihr dann die kurzen Beinchen bewegt und lernt, oben zu bleiben und zu fahren, habt ihr eine große Leistung vollbracht. Dann findet eine Einweihung statt. Eure Beine wachsen, und ihr passt nicht mehr auf das kleine Dreirad.

Versteht Ihr? Die Welt ist heute voll mit Menschen, die sich auf Dreirädern in Positionen der Autorität befinden. Sie haben sich nie über den Augenblick des damals erfahrenen Wissens hinausbewegt. Sie zwingen die Wirklichkeit und ihre langen Beine dazu, nur in diesen einen Moment zu passen. Die Einweihung besteht darin zuzulassen, in den sich ständig erweiternden Augenblick zu gehen – auf ein größeres Fahrrad zu steigen und mit den wachsenden Bedürfnissen des Körpers mitzugehen. Versteht, dass euer Körper nicht nur physisch wächst. Er wächst mental, spirituell und emotional in eine multidimensionale Existenz. Der Schlüssel besteht darin, dem Prozess des Wachstums und der Veränderung in allen Dimensionen der Wirklichkeit mit all euren Versionen zu vertrauen. Ihr seid mit einer Krise konfrontiert, in der die Weltführer und Autoritätsfiguren mit Dreirädern um den Häuserblock fahren und sich in einer Schleife von veralteten Überzeugungen verirrt haben.

Die Einweihung besteht darin, mit etwas Großem und Unbekanntem weiterzumachen und es zu meistern. Die Summe all dessen, was ihr durch den Gipfelpunkt der Zwölf lernt, bringt euch oft in eine Krise. Warum kommt es dazu? Weil ihr starrköpfige Wesen seid. Weil ihr gern sagt: »Mein Bewusstsein ist erweitert. Ich bin voller Hochgefühl. Ich bin offen. Ich schaffe Raum in meinem Körper. Ich bin bereit für Veränderung.« Und dann wird auf die Bremse getreten: »Nicht hier, Spirit. O nein, nicht hier. Ich verändere mich jetzt nicht. Ich bleibe lieber so, wie ich bin.« Ihr schafft keinen Raum, durch den die Energien strömen können, und ihr verstopft euer Sieb. Dann kommt es zu einem großen Rückschlag.

Wenn ihr jemals erlebt habt, wie ein Damm bricht, dann wisst ihr, dass es nachher viel aufzuräumen gibt. Ihr werdet das bald sehen. Einige Dämme in eurer Welt werden brechen, weil ihr als Menschen Bewusstsein aufgestaut habt. Statt durch die Einweihung zu gehen, bleibt ihr lieber auf euren Dreirädern sitzen. Ihr fürchtet euch davor, auf ein größeres Fahrrad zu steigen und womöglich hinunterzufallen. Lasst los. Erkennt, dass es eine große Liebe zu euch gibt. Die Wirklichkeit wird von euch entworfen, und ihr könnt sie so entwerfen, dass ihr davon profitiert. Die Seinskraft bewegt sich in eure Richtung, wenn ihr sie ruft. Erschafft also eine großartige Sinfonie dessen, wie ihr die Welt haben wollt. Ihr seid grenzenlos, und dies ist die Lehre der Einweihung. Ihr könnt das Dreirad beiseite lassen, auf ein größeres Fahrrad steigen, damit schneller fahren und eine andere Welt sehen. Als Kollektiv wachst ihr jetzt dahingehend, etwas Größeres zu fahren – ein Fahrzeug, das ihr euch gerade erst vorzustellen beginnt. Habt Mitgefühl für diejenigen, die sich fürchten, vom Dreirad des Lebens abzusteigen. Habt Mitgefühl, öffnet euer Herz; und ladet sie ein. Diejenigen von euch, die den Mut haben, Botschafter des Lichts zu sein, zeigt ihnen den Weg, denn ihr fahrt mit unsichtbaren Fahrzeugen!

Klammert euch nicht an das, was wir gesagt haben. Macht aus unseren Geschichten keine neuen Bibeln der Wahrheit. Wir sind hier, um euch zu unterhalten und, wie bereits erwähnt, neue Bilder zu erschaffen und euch für das, was noch draußen liegt, eine Stufenleiter zu bieten. Das Universum ist gigantisch, beschränkt euch also nicht und stopft nicht alles in eine einzige Schublade. Es gibt viele Arten, das Leben zu betrachten.

Die Verkörperung der Zwölf wird euch eine Summe von euch bieten. Nehmt sie an und erkennt, dass mit der Vollendung der Zwölf eine ganz neue Reise beginnt. Es ist dieser Augenblick, vor dem ihr jetzt steht. Genießt jeden Moment als einen Augenblick der Glückseligkeit. Bleibt in der sich ständig ausdehnenden Möglichkeit, dass die Göttinnen, die Götter und all eure Versionen euren Weg lenken. Akzeptiert den Mantel eurer eigenen Schöpfung.

Die Summe der Zwölf hat auch mit dem Konzept der zwölf Bibliotheken zu tun. Ihr könnt das in diesem Augenblick der Zeit nicht begreifen. Indem wir euch jedoch eine Vision und eine Vorstellung bieten, werden einige von euch anfangen, diese Bibliotheken in ihren eigenen künstlerischen Formen zu erschaffen, erst in der Fantasie, dann durch verschiedene Mittel auf eurem Planeten. Wie ihr diese Bilder in die Form bringt, bleibt eurer freien Wahl überlassen. Wir möchten, dass ihr die Vorstellung behaltet, dass zwölf einzigartige

Zentren, einschließlich der Erde, zum Leben erwachen. Indem ihr eurer Jetzt erhöht und erkundet und ihr den Mut habt, einen neuen Gipfel der Existenz zu erklimmen – darauf zu bestehen, dass es mehr gibt –, hallt das in genau diesem sich in jede Richtung ausbreitenden Augenblick auch in jedem Aspekt der Zwölf wider.

Wenn diese zwölf Wissenszentren wieder als energetisches Lasergitter des Lichts verbunden sind, wird es ein neues Mandala geben – eine neue Energiebahn innerhalb des Universums, in dem ihr euch befindet. Die Geschichte der Zwölf entspricht einem Kreis, und indem sich die Wirklichkeit ausdehnt, um mehrere Augenblicke auszufüllen, entspricht sie einer Spirale.

Wenn ihr einen Zwölferzyklus vollendet, erschafft das eine größere Sphäre oder einen größeren Kreis des Bewusstseins, in dem ihr euch entwickelt. Ihr habt Schwierigkeiten, euch das Grenzenlose vorzustellen, also bindet ihr euch mit einem Kreis. Ihr teilt diesen Kreis in zwölf Teile, ob das nun der Tierkreis, der Kalender oder die Uhr ist. Ihr lebt innerhalb dieses Aspekts der Geometrie, weil ihr euch dort wohl fühlt. Ihr könnt euch auch ohne das bewegen; in diesem Stadium eurer Entwicklung ist es jedoch *hier*, wo ihr eure eigenen Zyklen kennenlernt, und so unterrichten wir euch auch in diesem Bereich. Der Kreis enthält die gesamte Geometrie und ist ein Schlüssel zur Spirale. Er hilft der Spirale, sich durch das Einfangen des Augenblicks selbst zu verstehen.

Wir möchten euch daran erinnern, dass ihr euch mindestens immer in zwei Welten gleichzeitig befindet. Auch wenn ihr mit dem Auto fahrt, auf die Toilette geht, schlaft, esst und all das macht, was Menschen eben so machen, lebt ihr nicht in derselben Welt. Ihr wohnt in einer Welt des Wissens, und ihr habt Zugang zu den Regeln erlangt, um diese beiden Welten zu verbinden.

Wir möchten euch auch daran erinnern, die Vorstellung einer sicheren Welt zu energetisieren. Es geschieht bereits viel, da sich die Prophezeiungen erfüllen und Veränderungen durch tumultartige, schockierende und überraschende Ereignisse eintreten. Ihr tätet gut daran, die Weisheit der Älteren zu suchen, der eingeborenen Völker in allen Kulturen, und auf ihre Lehren zu hören, die sie mit euch teilen. Sie sprechen von diesen Zeiten, und ihre Lehrer sind unsere Lehrer gewesen. Sie verstehen, wenn die Erde spricht.

Wir sind Freunde von vielen, vielen Schöpfungen der Existenz und erinnern euch, dass die Spielleiter Spaß daran haben, Wirklichkeiten ineinander zu verflechten und zu inszenieren, indem sie aus der Ferne erschaffen und doch mittendrin stecken. Erwacht in diesen Traum hinein, liebe Freunde, und erkennt, dass es eure Pflicht und Verantwortung als Menschen ist, euch aufgrund eures Wissens eine sichere Welt vorzustellen und sie zu erleben.

Es wird genauso sein, wie ihr es beschließt, und eure Erfahrungen werden es euch entsprechend widerspiegeln.

Wir verneigen uns vor eurem Mut, die Flamme des Glaubens als den Lebensfunken im Kern eures Seins zu entfachen und bahnbrechende Arbeit für das Neuland eines glückseligen Lebens zu leisten, das von Sinn und Zweck erfüllt ist. Seht diese Flamme wachsen und lasst zu, dass sie als Antrieb eines guten und einzigartigen Abenteuers in höhere Erfahrungsbereiche dient.

Energieübung – auf CD & im Download enthalten

Stelle dir vor, du stehst unter freiem Himmel. Die Luft ist sauber und rein, geradezu lebendig, und der Boden unter deinen Füßen fühlt sich fest und stark an. Nehme einen tiefen Atemzug und sage entschlossen zu dir: »Ich bin lebendig!« Richte deine Aufmerksamkeit auf deine Lebendigkeit und reise als Maler deiner inneren Vision in den Augenblick deiner Vorstellungskraft.

Stelle dir einen uralten Steinkreis vor und öffne dich einige Momente lang für die Schwingungen der zwölf majestätischen Megalithe, die aufrecht und würdevoll unter der Kuppel der Zeit stehen. Fühle die Steine sprechen, da sie die Erfahrung ihrer Hingabe als Bewusstsein vermitteln. Sie sind die Knochen der Erde, seit langen Seinsepochen lebendig und voll Bewusstsein. Gehe zu einem Stein, lege deine Hand auf seine kühle Oberfläche und lausche mit deinen Zellen, während goldene Spiralen ihren Weg durch den Stein in dein Jetzt tanzen. Gehe zu jedem einzelnen Megalithen, erfahre alle zwölf und spüre die Aufgabe und monumentale Energie, die jeder Stein gespeichert hat. Nehme diese Energie und leite sie in dich hinein, so dass die Knochen deines Seins mit goldenen Spiralen erfüllt sind.

Trete nun in die Mitte des Steinkreises und setze dort eine Saat, die eine strahlende und prächtige Version der Erde enthält; eine Version, in der sie von den Ihren geehrt und gekrönt wird.

Mit deinem Wissen über Licht und Absicht erschaffst du einen Lebensfunken, um diese Saat zu aktivieren. Schaue zu, wie sich der Mittelpunkt des Kreises ausdehnt und die Saat aufgeht, während goldene Spiralen in alle Richtungen frei werden, die Durchgänge der Zwölf passieren und eine Neue Erde aussäen.

Jetzt hörst du, wie eine vertraute Stimme zu dir sagt: »Wir sind eins mit euch auf der goldenen Spirale der Zeit, die Epochen des Seins umkreisend besuchen wir uns selbst. Lasst euch höher hinauftragen. Möge eure Reise neu beginnen. Ihr seid wir.«

Liebe Botschafter des Lichts!

Seid euch jederzeit bewusst, dass auch die neuen Vorstellungen, nach denen ihr greift, von Struktur und Begrenzung erfüllt sind. Allerdings führt euch jeder neue »Wagemut«, den ihr aufbringt, zu einem weiteren Aussichtspunkt, so dass ihr die Gipfel der Existenz erklimmt, während sich die göttlichen Lehren in eurer eigenen Version des Lebens ausspielen.

Fragt euch, welches Kapitel sich schließt, wenn ihr das gegenwärtige Segment eures Lebens betrachtet, diesen Augenblick des sich ständig erweiternden Jetzt. Inspiriert euch selbst dazu, weiter in den Augenblick hineinzugehen, indem ihr alte Entdeckungen loslasst und im tiefsten Grund eures Seins darauf vertraut, dass euch ein neuer Zyklus des Lernens erwartet.

Geht voran, Freunde, und lasst euch höher tragen. Lernt auf eure Weise, durch den sich ständig erweiternden, spontanen, gleichlaufenden Augenblick in die Vergangenheit zu gehen. Auch ein neuer Zyklus der Existenz erwartet euch. Verwendet die Werkzeuge des Denkens, damit sie euch auf der neuen Superautobahn des Bewusstseins leiten. Keine Technologie wird jemals die Großartigkeit eures eigenen biologisch-spirituellen Seins übertrumpfen.

Für viele von euch sind diese Tage vielleicht mit Traurigkeit erfüllt, weil das Loslassen zu einer immer größeren Herausforderung wird. Die Schlüssel des Bewusstseins für das Leben in diesen tumultartigen Zeiten auf der Erde haben wir euch jetzt gemäß unseren und euren besten Fähigkeiten gegeben.

Mögt ihr in Weisheit wachsen.

Eure unsichtbaren Freunde und
Kollegen im Unbekannten.

Die Plejader

Danksagungen

Das Buch entstand im Zuge einer engen, vertrauensvollen Zusammenarbeit. Mit Liebe, Hochachtung und tiefer Verbundenheit danke ich sowohl meiner Schwester Karen Marciniak als auch Tera Thomas, den Mitschöpferinnen und Komplizinnen von *Schlüssel zum Wissen der Erde.*

Ein besonderer Dank gebührt Barbara und Gerry Clow für ihre verlässliche, verantwortungsvolle Begleitung und Unterstützung sowie allen Mitarbeitern des Verlags Bear & Company, die bewundernswert mit Energien umzugehen verstehen.

Die Sorgfalt der Lektorin Gail Vivino gab dem Wort »Klarheit« eine neue Bedeutung und half mit, einen flüssigen, lesbaren Text zu erarbeiten. Der Findigkeit von Marilyn Hager verdankt dieses Buch seinen letzten formalen Schliff.

Mein größter liebender Dank geht an meine Eltern Ted und Bertha Marciniak und an meine gesamte Familie, die immer für mich dagewesen ist. Mein Dank geht außerdem an die Pioniere des Denkens, an euch abenteuerlustige Seelen voller Begeisterung für die Welt von Spirit, den Geistigen Welten, und an die Erde selbst, die uns allen eine so großartige Heimat bietet.

Schließlich danke ich den Plejadern, wo immer sie gerade sein mögen, die uns in unserer menschlichen Entwicklung mit solcher Leichtigkeit und Treue zur Seite stehen. Ihre unerschütterliche Liebe ist ein Wunder für mich und gibt mir die Kraft und den Mut, durchzuhalten und unablässig weiterzumachen.

Ich wünsche mir, dass dieses Werk als Katalysator für eine emotionale Reinigung auf Massenebene dient, tiefgreifende geistige Erkenntnisse hervorruft, Befreiung auslöst und die alten selbsterrichteten Kerker aufbricht. Möge die Erde unsere Heilung widerspiegeln. Ein Segen an alle, die diese Ziele und Vorstellungen teilen.

Friede, Fülle und Dank an euch!

Barbara

Barbara Marciniak

ist ein international anerkanntes Trancemedium mit einem Abschluss in Sozialwissenschaften, eine inspirierende Rednerin und Bestsellerautorin von vier Plejaden-Büchern, die zusammen in mehr als zwanzig Sprachen übersetzt wurden und sich allein in den USA über fünfhunderttausend Mal verkauften. Auf einer dreiwöchigen Reise durch Ägypten, die sie mit der Absicht unternahm, bestimmte Tempel entlang des Nils sowie die Große Pyramide von Giseh in diesem Leben neu zu erfahren, erweiterte sich Barbaras Bewusstsein. Als sie sich kurz darauf in Athen befand, meldeten sich erstmals Sternenwesen bei ihr, um durch sie zu sprechen. Es handelte sich um eine Gruppe von Plejadern, bestehend aus fünfundsiebzig bis einhundert Wesen, zu denen später weitere hinzukamen. Zwanzig Jahre lang war sie anschließend Herausgeberin und Redakteurin von *The Pleiadian Times*, führte Seminare und Workshops durch und leitete ausgedehnte Reisen zu heiligen Stätten nicht nur in Ägypten und Griechenland, sondern auch in Peru, Mexiko, Bali und Australien. Ihre weltweiten Exkursionen, astrologischen Studien und die lebenslange Beschäftigung mit alternativem Freidenkertum erweiterten ihr persönliches Verständnis für die Informationen in ihren Channelings.

Die Plejader sprechen durch Barbara, um die Menschheit bei der spirituellen Transformation zu unterstützen. Ihr unverwechselbarer Stil verbindet dabei Witz und Weisheit, gesunden Menschenverstand und kosmisches Wissen zu tiefgreifenden Lehren, die den Leser zur Selbstermächtigung ermutigen und seine persönliche Bewusstseins-

erweiterung fördern. Ihre langjährige Erfahrung mit den Plejadern betrachtet die Autorin als ein unschätzbares Geschenk. Ihre Arbeit bringt sie nach wie vor mit Möglichkeiten der persönlichen, globalen und kosmischen Transformation in Verbindung, und dafür ist sie unendlich dankbar.

www.pleiadians.com

Weitere Channelings von den Plejaden

Pavlina Klemm
LICHTBOTSCHAFTEN VON DEN PLEJADEN BAND 9
Erwachen im Licht der Freiheit
240 Seiten, gebunden, oranges Leseband
€ [D] 19,99 / € [A] 20,60 • ISBN 978-3-95447-571-1

Schritt für Schritt lehren uns die Plejader die kosmische Freiheit und das Channeln durch den Heiligen Herzensraum. Sie aktivieren mit dem Sonnensymbol unsere Zirbeldrüse, binden uns mit dem Erdsymbol an die höhere Ordnung an, bringen uns die Innenerde nahe, die kosmischen Kinder, Farbwesen und Erzengel, schützen uns vor fremden Einflüssen und erhöhen durch neue Übungen unser Licht und Bewusstsein.

Tipps & Ratschläge zur persönlichen Stabilisierung erleichtern den Einstieg in höhere Frequenzen!

Eva Marquez
HEILUNGSCODE DER PLEJADER BAND 3
Alien-Fragmente, Reise der Seele und multidimensionales Leben
240 Seiten, gebunden, oranges Leseband
€ [D] 22,99 / € [A] 23,70 • ISBN 978-3-95447-390-8

Es findet gerade der Aufstieg statt, und du hast Anteile in dir, die dir als Wegweiser dienen können. Durch ihre Aktivierung erfährst du mehr über die Reise deiner Seele und über die Hintergründe der Galaktischen Kriege, die dich zur Erde führten. Du kannst Programme verlassen, die dir nicht mehr dienlich sind. Lichtinformationen schließen neue Türen auf, heilen deine Seele und binden dich an ein großes Wissensfeld an.

Wo die Vergangenheit endet, beginnt deine Zukunft!
Vorwort der SPIEGEL-Bestsellerautorin Pavlina Klemm.

Monika Cardinal
KOSMISCHES WISSEN VON DEN PLEJADEN
224 Seiten, gebunden, oranges Leseband
€ [D] 22,99 / € [A] 23,70 • ISBN 978-3-95447-651-0

Mit ihren lichtvollen Botschaften unterstützen und begleiten uns die Plejader auf dem Weg in die neue Welt – eine Welt, in der wir unsere Verbindung zum Kosmos leben und gemeinsam eine harmonische und nachhaltige Zukunft gestalten. Sie helfen uns, die Veränderung zu bewirken, die wir in der Welt sehen wollen, bringen uns in Kontakt mit den kosmischen Vorfahren und geben uns Kraft, die aktuelle Zeit leichter zu bewältigen.

»Erlebe die Kraft und das hilfreiche Wissen der Sieben Kosmischen Schwestern!«

Workshop-CDs der Plejader exklusiv auf www.AmraVerlag.de